授業UDを目指す 国語 全時間授業パッケージ 6年

編著
桂聖
小貫悟
一般社団法人 日本授業UD学会

東洋館出版社

明日の国語授業にワクワクを。全員参加の「Better」授業。
―国語授業が得意な先生は、使わないでください―

日本の教室では、一人一人の教師が、最善の工夫をして国語授業を行っている。決してマニュアルに基づいて進めているわけではない。日本には、それぞれの教師が目の前の子どもの実態に応じて国語授業を創造するという優れた文化がある。

だが一方で、そうは言ってられない状況もある。

●明日の国語授業をどうやって進めればいいのか、よく分からない。
●この文学教材で何を教えればいいのだろう。
●とりあえずは、教師用指導書のとおりに国語授業を流そう。

悩んでいる現場教師は多いのである。

少なくとも、若い頃の私はそうだった。国語授業の進め方がよく分からなかった。今思えば、当時担当した子どもたちには申し訳ない気持ちでいっぱいになる。

それで苦手な国語授業を何とかしたいと、一念発起をして学んできた。様々な教育書を読み、先達に学んだ。研修会にも数え切れないくらい参加した。授業のユニバーサルデザイン研究会（日本授業UD学会の前身）では、特別支援教育の専門家の方々にも学んだ。

こうやって学んでいくうち、やっと**「明日の国語授業にワクワクする」**ようになってきた。こんな気持ちになったのは、意外かもしれないが、最近のことである。

さて、本書は、**授業UDを目指す「国語の全時間授業パッケージ」**である。

授業UD（授業のユニバーサルデザイン）とは、発達障害の可能性のある子を含めた「全員参加」の授業づくりである。私たちが学んできた知見をこの「全時間の国語授業パッケージ」にして、ぎゅっと詰め込んだ。**教材研究のポイント、単元のアイデア、1時間ごとの授業展開、板書、課題・発問、子どもの反応への返し方、センテンスカード**など、授業に必要なほとんどを含めている。特別支援教育専門の先生方には、全時間の**「学びの過程の困難さに対する指導の工夫」**に関してご指導をいただいた。

ぜひ、明日の国語授業に悩んでいる先生には、本書を活用して、楽しく学び合い「わかる・できる」授業を実現してほしい。「わかった！」「なるほど！」という子どもの声が聞こえてくるはずだ。**教師自身が「ワクワクした気持ち」で国語授業に取り組むからこそ、子どもたちも「ワクワクした気持ち」で主体的に取り組めるのである。**

もちろん、**本書は「Must」ではない。最低限やっておきたい「Better」の国語授業である。**

国語が得意な先生は、この本に頼らないで、もっともっと質の高い授業をつくってほしい。

最後になったが、本書に関わっていただいた日本トップクラスの優れた先生方、東洋館出版社の皆様には大変お世話になった。記して感謝したい。

本書によって日本の子どもたちの笑顔が国語授業で少しでも増えるように願っている。

編著者代表　一般社団法人 日本授業 UD 学会 理事長　　桂　　聖

（筑波大学附属小学校 教諭）

『授業 UD を目指す「全時間授業パッケージ」国語』

掲載教材一覧

1年

文学　「おおきな　かぶ」
「やくそく」
「ずうっと、ずっと、大すきだよ」

説明文「うみの　かくれんぼ」
「じどう車くらべ」
「どうぶつの　赤ちゃん」

2年

文学　「ふきのとう」
「お手紙」
「スーホの白い馬」

説明文「たんぽぽのちえ」
「馬のおもちゃの作り方」
「おにごっこ」

3年

文学　「まいごのかぎ」
「三年とうげ」
「モチモチの木」

説明文「言葉で遊ぼう」「こまを楽しむ」
「すがたをかえる大豆」
「ありの行列」

4年

文学　「白いぼうし」
「ごんぎつね」
「プラタナスの木」

説明文「思いやりのデザイン」「アップとルーズで伝える」
「世界にほこる和紙」
「ウナギのなぞを追って」

5年

文学　「なまえつけてよ」
「たずねびと」
「大造じいさんとガン」

説明文「見立てる」「言葉の意味が分かること」
「固有種が教えてくれること」
「想像力のスイッチを入れよう」

6年

文学　「帰り道」
「やまなし」
「海の命」

説明文「笑うから楽しい」「時計の時間と心の時間」
「『鳥獣戯画』を読む」
「メディアと人間社会」「大切な人と深くつながるために」

もくじ

授業UDを目指す「全時間授業パッケージ」国語 6年

本書は、令和2年発行の光村図書出版『国語 六 創造』を参考にしています。

本書活用のポイント

本書は、取り上げる単元ごとに、単元構想、教材分析、全時間の本時案を板書イメージと合わせて紹介しています。
単元構想ページでは、単元目標・評価規準や単元計画など、単元全体の構想にかかわる内容を網羅しています。単元構想ページの活用ポイントは以下の通りです。

（単元構想ページ）

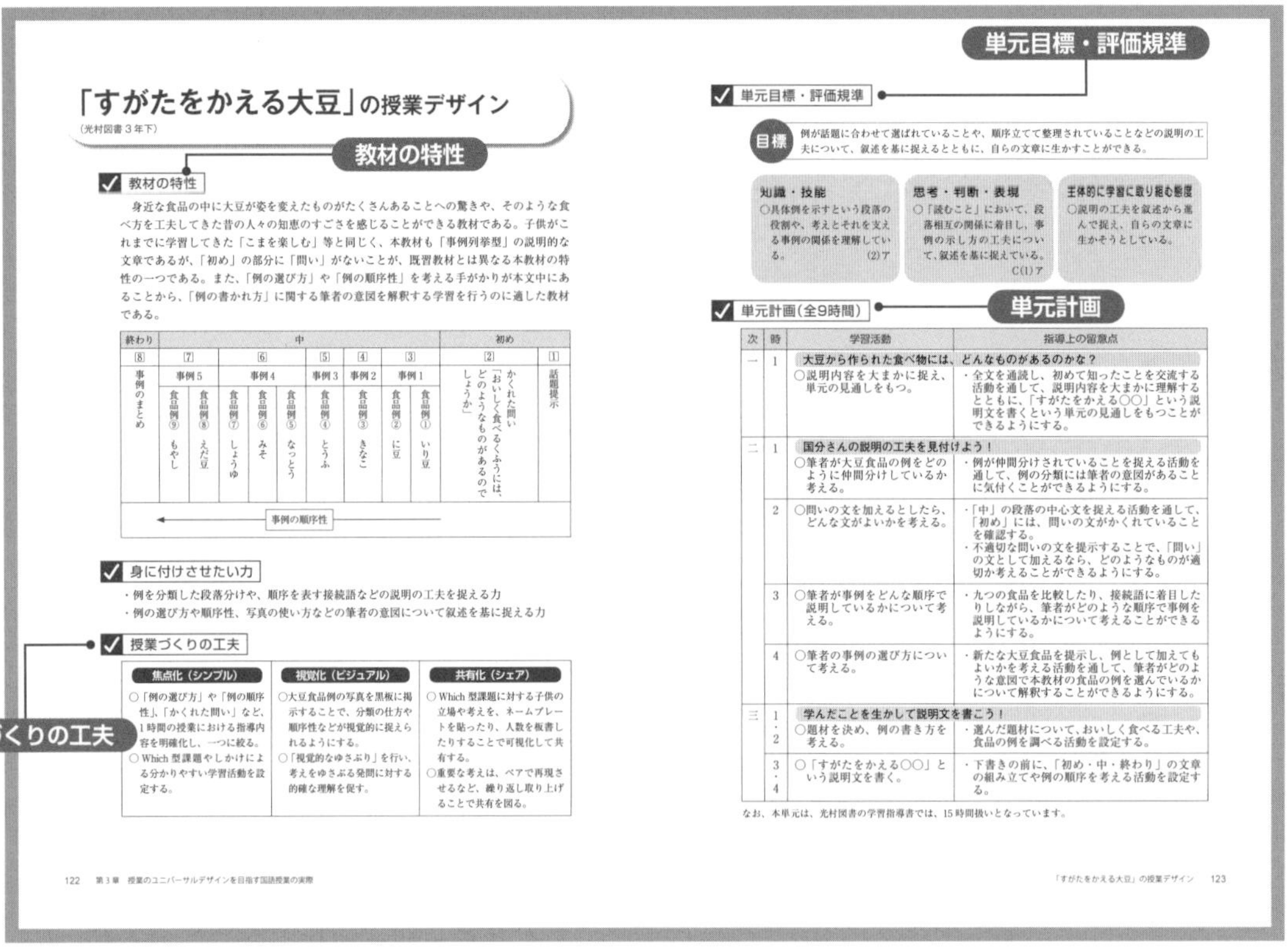

「すがたをかえる大豆」の授業デザイン
（光村図書３年下）

教材の特性

教材の特性

身近な食品の中に大豆が姿を変えたものがたくさんあることへの驚きや、そのような食べ方を工夫してきた昔の人々の知恵のすごさを感じることができる教材である。子供がこれまでに学習してきた「こまを楽しむ」等と同じく、本教材も「事例列挙型」の説明的な文章であるが、「初め」の部分に「問い」がないことが、既習教材とは異なる本教材の特性の一つである。また、「例の選び方」や「例の順序性」を考える手がかりが本文中にあることから、「例の書かれ方」に関する筆者の意図を解釈する学習を行うのに適した教材である。

終わり	中									初め	
8	7		6			5	4	3		2	1
事例のまとめ	事例5		事例4			事例3	事例2	事例1		かくれた問い「おいしく食べるくふうには、どのようなものがあるのでしょうか」	話題提示
	食品例⑨ もやし	食品例⑧ えだ豆	食品例⑦ しょうゆ	食品例⑥ みそ	食品例⑤ なっとう	食品例④ とうふ	食品例③ きなこ	食品例② に豆	食品例① いり豆		

事例の順序性

身に付けさせたい力

・例を分類した段落分けや、順序を表す接続語などの説明の工夫を捉える力
・例の選び方や順序性、写真の使い方などの筆者の意図について叙述を基に捉える力

授業づくりの工夫

授業づくりの工夫

焦点化（シンプル）	視覚化（ビジュアル）	共有化（シェア）
○「例の選び方」や「例の順序性」、「かくれた問い」など、1時間の授業における指導内容を明確化し、一つに絞る。 ○ Which 型課題やしかけによる分かりやすい学習活動を設定する。	○大豆食品例の写真を黒板に掲示することで、分類の仕方や順序性などが視覚的に捉えられるようにする。 ○「視覚的なゆさぶり」を行い、考えをゆさぶる発問に対する的確な理解を促す。	○ Which 型課題に対する子供の立場や考えを、ネームプレートを貼ったり、人数を板書したりすることで可視化して共有する。 ○重要な考えは、ペアで再現させるなど、繰り返し取り上げることで共有を図る。

122　第３章　授業のユニバーサルデザインを目指す国語授業の実際

単元目標・評価規準

単元目標・評価規準

目標　例が話題に合わせて選ばれていることや、順序立てて整理されていることなどの説明の工夫について、叙述を基に捉えるとともに、自らの文章に生かすことができる。

知識・技能	思考・判断・表現	主体的に学習に取り組む態度
○具体例を示すという段落の役割や、考えとそれを支える事例の関係を理解している。(2)ア	○「読むこと」において、段落相互の関係に着目し、事例の示し方の工夫について、叙述を基に捉えている。C(1)ア	○説明の工夫を叙述から進んで捉え、自らの文章に生かそうとしている。

単元計画（全9時間）

単元計画

次	時	学習活動	指導上の留意点
一	1	大豆から作られた食べ物には、どんなものがあるのかな？ ○説明内容を大まかに捉え、単元の見通しをもつ。	・全文を通読し、初めて知ったことを交流する活動を通して、説明内容を大まかに理解するとともに、「すがたをかえる○○」という説明文を書くという単元の見通しをもつことができるようにする。
二	1	国分さんの説明の工夫を見付けよう！ ○筆者が大豆食品の例をどのように仲間分けしているか考える。	・例が仲間分けされていることを捉える活動を通して、例の分類には筆者の意図があることに気付くことができるようにする。
	2	○問いの文を加えるとしたら、どんな文がよいかを考える。	・「中」の段落の中心文を捉える活動を通して、「初め」には、問いの文がかくれていることを確認する。 ・不適切な問いの文を提示することで、「問い」の文として加えるなら、どのようなものが適切か考えることができるようにする。
	3	○筆者が事例をどんな順序で説明しているかについて考える。	・九つの食品を比較したり、接続語に着目したりしながら、筆者がどのような順序で事例を説明しているかについて考えることができるようにする。
	4	○筆者の事例の選び方について考える。	・新たな大豆食品を提示し、例として加えてもよいかを考える活動を通して、筆者がどのような意図で本教材の食品の例を選んでいるかについて解釈することができるようにする。
三	1・2	学んだことを生かして説明文を書こう！ ○題材を決め、例の書き方を考える。	・選んだ題材について、おいしく食べる工夫や、食品の例を調べる活動を設定する。
	3・4	○「すがたをかえる○○」という説明文を書く。	・下書きの前に、「初め・中・終わり」の文章の組み立てや例の順序を考える活動を設定する。

なお、本単元は、光村図書の学習指導書では、15時間扱いとなっています。

「すがたをかえる大豆」の授業デザイン　123

教材の特性

学習材としての教材の特性について説明しています。どのような内容を学ぶのに適した教材かが分かり、単元計画の際の手がかりになります。また、文章構造図により、ひと目で教材のポイントが分かります。

授業づくりの工夫

全員参加の授業のユニバーサルデザインを目指すため、授業づくりのポイントを「焦点化」「視覚化」「共有化」の３つに絞って記載しています。それぞれの視点が実際の本時において具体化されます。

単元目標・評価規準

本単元における目標と評価規準です。「知識・技能」「思考・判断・表現」には、該当する学習指導要領の指導事項が記載されています。

単元計画

単元全体の大まかな計画を記載しています。光村図書の学習指導書とは、時数設定が異なる場合があります。「指導上の留意点」には、それぞれの時間において、特に留意して指導したい事柄や指導方法について記述しています。

教材分析ページでは、教材分析の際に手がかりとするポイントや本文の記述について具体的に示しています。教材ページの活用ポイントは以下の通りです。

（教材分析ページ）

教材分析のポイント

教材分析の際に、どのような事柄に着目すればよいのかについて説明しています。「事例の順序性」や「例の選び方」など、教材の特性や指導事項を踏まえたポイントを示しています。

指導内容

本教材で指導したい内容を記載しています。教材分析の際の手がかりとなります。

注目したい記述

本文内の特に注目したい記述を色付き文字で示しています。右肩に**ア**や**イ**の記号が付されている場合は、「指導内容」と対応しています。

指導のポイント

教材文における具体的な指導内容や記述を確認した上で、それらを指導する際の指導法の概要について示しています。末尾に記されている記号**ア**や**イ**は「指導内容」と対応しています。

また、「Which 型課題」や「教材のしかけ」なども位置付けています。

本時の展開は、各時の学習活動の進め方や板書のイメージなどがひと目で分かるように構成しています。本時の展開の活用ポイントは以下の通りです。

目標

「全員の子供に達成させる目標」です。本時の学習活動や、「個への配慮」により、全員の子供が「分かる・できる」ようにする目標を記載しています。

本時展開のポイント

本時における一番の勘所です。しっかり頭に入れて、授業に臨んでください。

個への配慮

全体指導を工夫しても、授業への参加が難しい子がいるかもしれません。こうした困難さを感じている子供を支援する手立てを記載しています。

下段の学習活動にある「**配慮**」とそれぞれ対応しています。

（本時の展開）

本時の展開　第二次　第3時

目標 最初の場面を詳しく読む中で、物語の設定や人物像について考えることができる。

［本時展開のポイント］

Which 型課題を用いてカードを比較しながら考える活動を行うことで、全員が自分の考えをもち、意見交流の場に参加することができる。

［個への配慮］

ア自由に交流する時間を設定する

どのカードが一番なのかを選ぶのが困難な場合、何をヒントにして、どのように考えればよいかが分かるように、自分の席を離れて自由に友達と交流する時間を設定する。その際、考えのヒントになることを全体の場で共有するのもよい。

イ手がかりとなる叙述と理由を確認する

「りいこ」の人物像をまとめることが困難な場合、定型句を使って人物像を表現することができるように、考えのヒントとなる叙述や、理由（どのカードが一番かを選んで交流した際の意見）を再度確認する。

⑤りいこは、勇気を出して顔を上げました。落とした人が、きっとこまっているにちがいない。

○人

一番は、見方によってちがう。

★◇登場人物のせいかくや人がらなどのことを「人物像（じんぶつぞう）」と言う。

3

「りいこ」の人物像を短文で表現する

もしも「りいこ」を、○○（な）女の子と紹介するとしたら、どのように紹介しますか？

「思いやりのある女の子」です

どうやって書けばいいのか分からない……

しかけ（仮定する）

もしも「りいこ」のことを知らない人に、「りいこ」を紹介するとしたら、どのように紹介するか、「○○（な）女の子」という定型句を使って考える。 配慮イ

4

人物像という用語を確認し、学習をまとめる

物語に出てくる登場人物の性別や性格、人柄などのことを、「人物像」と言います

他の物語でも人物像を考えてみよう

「りいこ」は、最初悲しそうな感じだな

「りいこ」が、どのような女の子か意見を交流した後で、人物像という用語を確認する。最初の場面で「りいこ」の気持ちがマイナスになっていることを確認できると、次時の学習につなげやすい。

62　第3章　授業のユニバーサルデザインを目指す国語授業の実際

本時の「まとめ」

本時の「まとめ」を板書している箇所には★を付け、ハイライトしています。

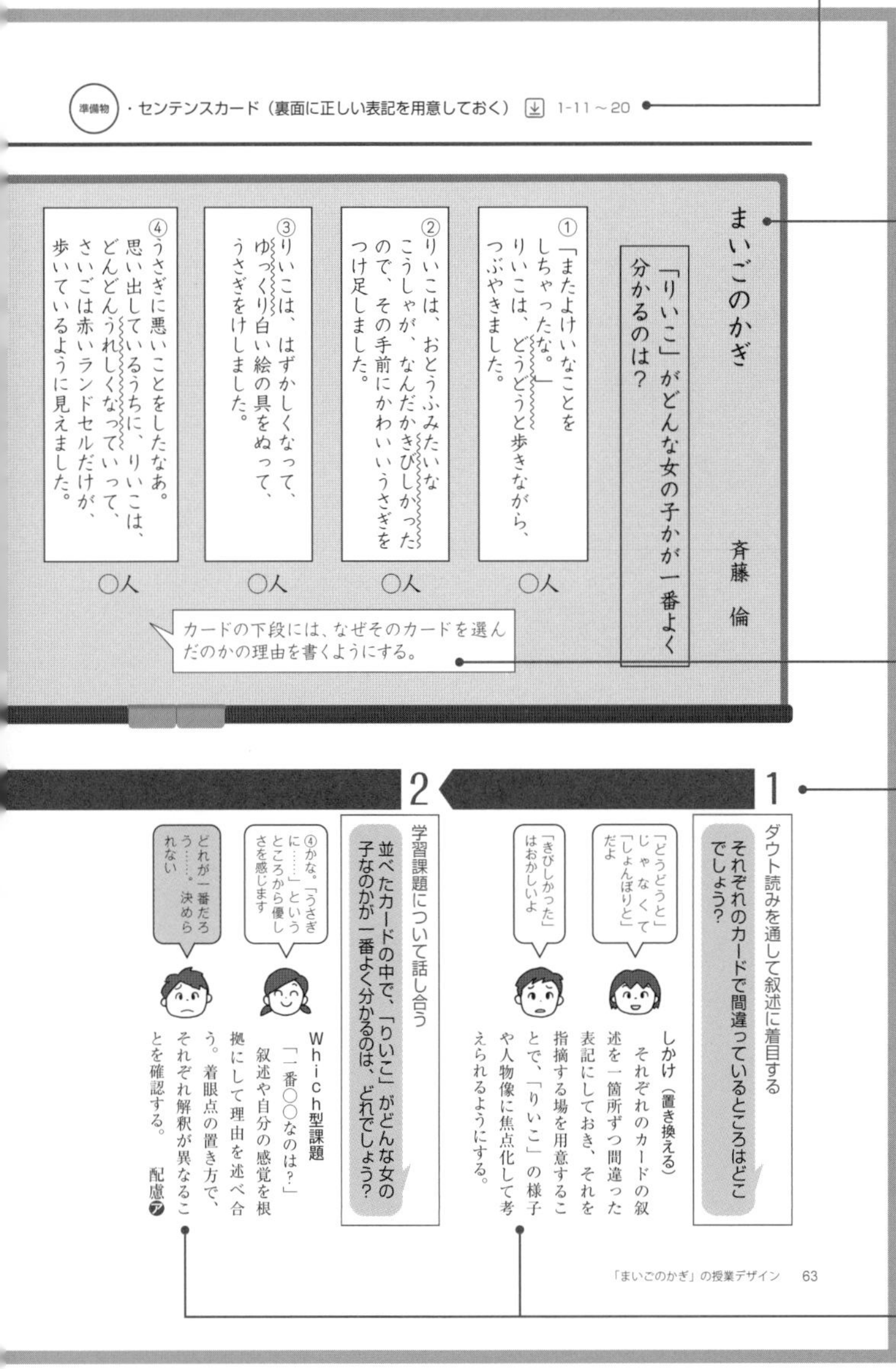

準備物 ・センテンスカード（裏面に正しい表記を用意しておく） 1-11～20

まいごのかぎ

斉藤　倫

「りいこ」がどんな女の子かが一番よく分かるのは？

①「またよけいなことをしちゃったな。」りいこは、どうどうと歩きながら、つぶやきました。

○人

②りいこは、おとうふみたいなこうしゃが、なんだかきびしかったので、その手前にかわいいうさぎをつけ足しました。

○人

③りいこは、はずかしくなって、ゆっくり白い絵の具をぬって、うさぎをけしました。

○人

④うさぎに悪いことをしたなあ。思い出しているうちに、りいこは、どんどんうれしくなっていって、さいごは赤いランドセルだけが、歩いているように見えました。

○人

カードの下段には、なぜそのカードを選んだのかの理由を書くようにする。

1 ダウト読みを通して叙述に着目する

それぞれのカードで間違っているところはどこでしょう？

「どうどうと」じゃなくて「しょんぼりと」だよ

「きびしかった」はおかしいよ

しかけ（置き換える）

それぞれのカードの叙述を一箇所ずつ間違った表記にしておき、それを指摘する場を用意することで、「りいこ」の様子や人物像に焦点化して考えられるようにする。

2 学習課題について話し合う

並べたカードの中で、「りいこ」がどんな女の子なのかが一番よく分かるのは、どれでしょう？

④かな。「うさぎに……」というところから優しさを感じます

どれが一番だろう……。決められない

Which型課題

「一番○○なのは？」

叙述や自分の感覚を根拠にして理由を述べ合う。着眼点の置き方で、それぞれ解釈が異なることを確認する。　配慮ア

「まいごのかぎ」の授業デザイン　63

準備物

黒板に掲示するものやセンテンスカードなど、本時の授業のために事前に準備が必要なものを記載しています。本書掲載のQRコードからダウンロードが可能な資料については、⬇のマークが付いています。

板書例

活動の流れ、学習範囲、指導内容がひと目で分かるように板書設計をしています。

色付き文字で記載しているものは、実際には板書しないもの（掲示物）です。

センテンスカードは、白い枠内に黒い文字で書かれたものです。

板書時の留意点

白い枠内に色付き文字で書かれた吹き出しには、実際の授業で板書をするときに気を付けたいポイントや声がけの工夫などを記載しています。

本時の流れ

1時間の授業の流れを学習活動ごとに示しています。それぞれ、教師の発問、学習活動の具体的な進め方、子どもの反応という構成になっています。

子供の反応

指示や発問に対する子供の反応を記述しています。色付きの吹き出しは、困難さを感じている子供の反応です。困難さを感じている子供への支援については、「個への配慮」を行います。

第1章

国語授業のユニバーサルデザインに関する理論と方法

国語授業のユニバーサルデザインに関する理論と方法

筑波大学附属小学校　桂　聖

1．授業のユニバーサルデザインの考え方

ユニバーサルデザイン（以下 UD）とは、文化・言語・国籍や年齢・性別などの違い、能力などにかかわらず、出来るだけ多くの人が利用できることを目指した建築・製品・情報などの設計のことである。

例えば、シャンプー・ボトルのギザギザ、階段横のスロープなどが有名である。UD という概念は、米ノースカロライナ州立大学のロナルド・メイスにより、1985 年ごろに提唱されたものである。「年齢や能力、状況などにかかわらず、デザインの最初から、できるだけ多くの人が利用可能にすること」が基本コンセプトである。

こうした建築や製品などに関する UD の考え方を授業づくりに応用して考えたのが「授業のユニバーサルデザイン」（以下授業 UD）である。その定義は次のとおりになる。

> 発達障害の可能性のある子を含めて、全ての子が楽しく学び合い「わかる・できる」ことを目指す通常学級の授業デザイン

平たく言えば、**通常学級における「全員参加の授業づくり」**である。

この定義は、言わば**「教育の哲学（指導の理念）」**である。日本全国のどの通常学級でも目指すべき目的だからである。通常学級という制度がある限り、昔も今も、そして未来も必要になる。もしかしたら、諸外国で行われている通常学級の授業にも通じる定義かもしれない。つまり、通常学級に関わる全ての教師は、この授業 UD という「教育の哲学（指導の理念）」の実現に向けて努力していく必要がある。

授業 UD には、決まった指導方法はない。例えば、後述する「焦点化・視覚化・共有化」*[1] の視点で授業をつくることで、全体指導の効果が上がることもある。しかし、全ての子に対応できるわけではない。絶対的なものでもない。当然だが、子ども一人一人の学び方に応じた個別指導も重要になる。

また、**子ども一人一人が、自分に合った学び方を選べる学習環境を教師が整える**ことも大切である。米国では、先進的に**「学びのユニバーサルデザイン」（Universal Design for Leaning = UDL）***[2] が実践されている。UDL のように、一人一人の多様な学び方を生かす授業改善も重要な視点である。

授業 UD に関する理論や方法は、子どもの数だけある。通常学級における子どもの学びに有効に働く理論や方法は、言わば、全て授業 UD である。**「目の前の子どもやクラスの実態に応じて、教師が適切な指導方法を工夫し続けること」こそが、授業 UD の本質なのである。**

2. 授業の UD モデル

「授業の UD モデル」[*3] とは、図 1 のように、「教科教育」「特別支援教育」「学級経営」の知見を生かして、授業での学びを 4 つの階層でとらえたモデルである（詳しくは第 2 章で述べる。重要な考え方なので、本章でも取り上げて概要を説明しておく）。

授業 UD における子どもの学びには、図 1 の下の部分から「参加」「理解」「習得」「活用」という 4 つの階層が想定できる。

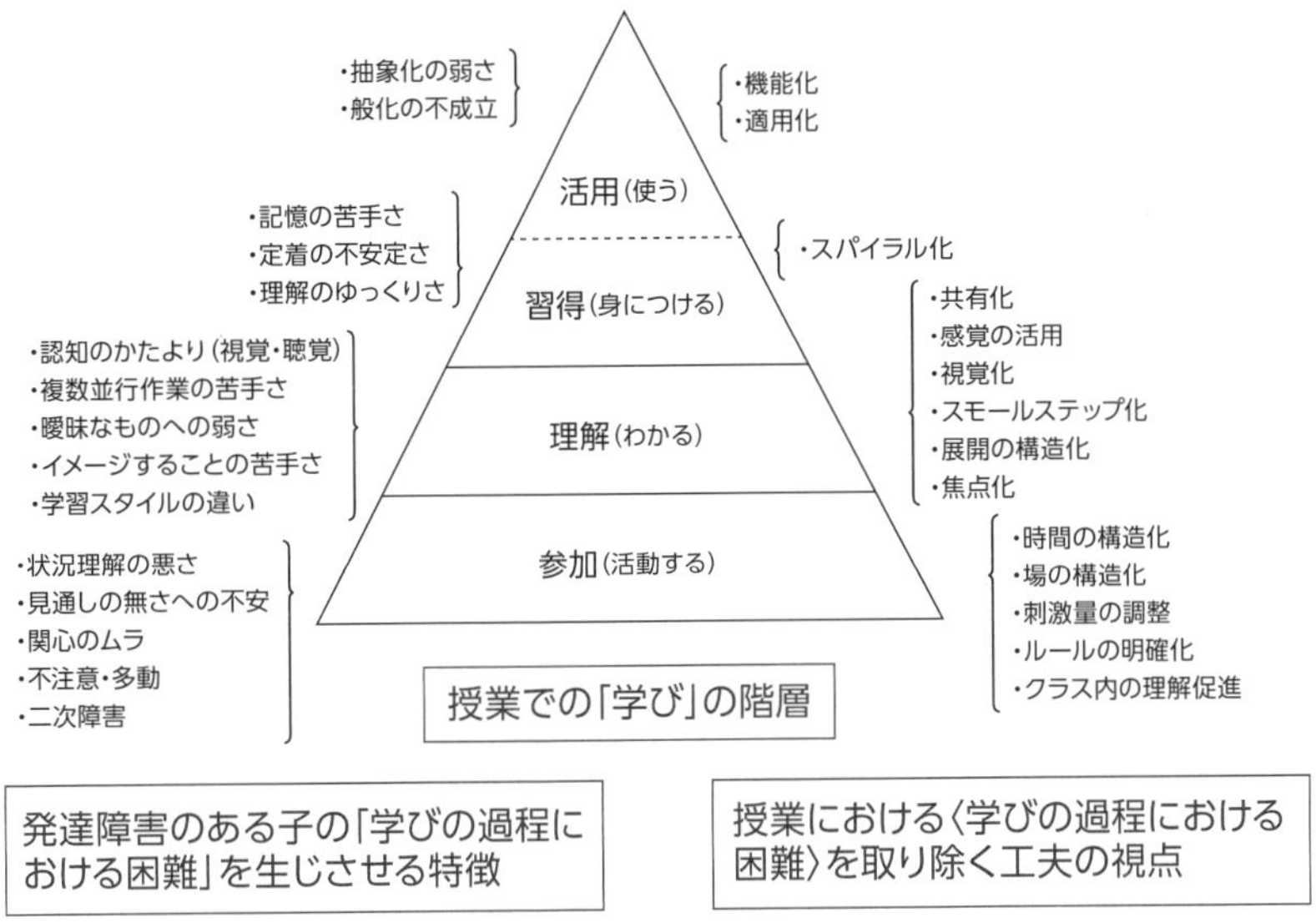

図 1　授業 UD モデル

1 つ目の「参加」階層における学びとは、通常学級において「活動する」というレベルである。発達障害の可能性のある子は、そもそも、教科教育の授業以前の問題として、人間関係や学習環境でつまずくことがある。この階層の学びでは、特に「クラス内の理解の促進」「ルールの明確化」のような学級経営の工夫、「刺激量の調整」「場の構造化」「時間の構造化」のような学習環境の整備が必要になる。「参加」階層における学びとは、言わば「学級経営の UD」である。これは「理解」「習得」「活用」階層の「学びの土台」になる

2 つ目の「理解」階層における学びとは、通常学級の授業において「わかる・できる」というレベルである。発達障害の可能性のある子は、興味・関心が沸かなかったり、人の話を一方的に聞いたりすることが苦手である。教科の授業そのものを、楽しく学び合い「わかる・できる」にように工夫しなければならない。この「理解」階層における学びこ

そが、教科の授業において一番重要な学びである、子どもにとって、1時間の授業そのものが楽しく学び合い「わかる・できる」授業にならなければ意味がない。

3つ目の「習得」階層における学びとは、通常学級の授業において「わかったこと・できたこと」が身につくというレベルである。発達障害の可能性のある子は、ある日の授業で「わかった・できた」としても、次の日の授業では習ったことを忘れることがある。各授業や各単元、そして教科間のつながりを意識しながら、系統的・発展的に「スパイラル化」して指導する。子どもの学びが「習得」レベルになるように、単元構成やカリキュラムを工夫する必要がある。

4つ目の「活用」階層における学びとは、通常学級の授業で学んだことを実生活に「使う」というレベルである。発達障害の可能性がある子は、学んだことを抽象化したり生活に般化したりすることが弱いことがある。例えば、国語で文学作品の読み方を学んだとしても、それを日常の読書活動に生かせないことがある。授業で学んだことを実生活に生かせるように指導を工夫していくことも大切である。

「参加」「理解」階層の学びに対しては、授業や学級経営で「指導方法」を工夫する必要がある。また、「習得」「活用」階層の学びに対しては、中・長期的なスパンで「教育方略」を工夫していくことが大切である。

以下では、主として**「理解」レベルにおける国語の授業UD**について述べる。

3．国語の授業UDとは

国語科の授業UDとは、次のとおりある。

> **発達障害の可能性のある子を含めて、全ての子が楽しく学び合い「わかる・できる」ことを目指す通常学級の国語授業づくり**

国語における重要な目標は、「論理」である。ここで言う「論理」とは、「論理的な話し方・聞き方」「論理的な書き方」「論理的な読み方」のことである。

例えば4年生物語文「ごんぎつね」の授業では、中心人物〈ごん〉の心情を読み取る活動を、日本全国のどの教室でも行っている。こうした人物の心情を読み取る活動も、文学的文章の授業では重要な活動である。

しかし、問題はこの活動だけで終わっていることである。より重要なことは、「〈ごん〉の心情を読み取る」と同時に、「心情の読み取り方」を指導することである。この「心情の読み取り方」こそ、「論理的な読み方」の一つである。

発達障害の可能性がある子は、「曖昧」が苦手な子が多い。様々な解釈を出し合うだけではなくて、それを生み出す「論理的な読み方」を明示的に指導していくことも大切になる。

さらに、こうして4年生「ごんぎつね」で学んだ「論理的な読み方」を、5年生「大造じいさんとガン」や6年生「海の命」でも活用できるようにする。

「論理的な読み方」同様、「論理的な書き方」「論理的な話し方」も重要な目標になる。こうした**「論理」こそ、資質・能力としての「思考力・判断力・表現力」育成の中核になる**。国語では、他の文章や言語活動に活用できる「論理」を指導していくことが不可欠である。

4．系統的な指導

他教科の学習でも、様々な言語活動を行っている。例えば、社会科では新聞を作ったり、理科では実験について議論をしたり、家庭科ではレポートを書いたりする。こうした**各教科と国語との明確な違いは、国語では「論理的読み方」「論理的な書き方」「論理的な話し方」を系統的に指導すること**である。

2017年告示の学習指導要領の解説おいても、次のように「学習の系統性の重視」を示している*[4]。とはいえ、指導内容はまだ曖昧である。

例えば、「読むこと」における文学的文章の指導内容は、以下のとおりである*[5]。

◆構造と内容の把握

●場面の様子や登場人物の行動など、内容の大体を捉えること。
（第1学年及び第2学年）

●登場人物の行動や気持ちなどについて、叙述を基に捉えること。
（第3学年及び第4学年）

●登場人物の相互関係や心情などについて、描写を基に捉えること。
（第5学年及び第6学年）

◆精査・解釈

●場面の様子に着目して、登場人物の行動を具体的に想像すること。
（第1学年及び第2学年）

●登場人物の気持ちの変化や性格、情景について、場面の移り変わりと結び付けて具体的に想像すること。
（第3学年及び第4学年）

●人物像や物語などの全体像を具体的に想像したり、表現の効果を考えたりすること。
（第5学年及び第6学年）

つまり、文学の授業においては、6年間でこの6つの内容を指導すればよいことになる。

だが、これだけでは、国語授業が曖昧な指導にならざるを得ない。「論理的な話し方」「論理的な書き方」「論理的な読み方」に関して、系統的・段階的に指導していくより詳細な目安が必要である。

例えば、筑波大学附属小学校国語科教育研究部では、こうした**「論理的な読み方」の目安として、7系列の読む力から整理した「文学の系統指導表」「説明文の系統指導表」**（本章末尾に付録として所収）を提案している*[6]。各学級や各学校で活用したり更新したりすることが望まれる。

ただし、**系統指導表は、あくまでも指導の目安である**。系統的に順序よく指導することは本質ではない。**子どもの学びの状態に応じて、指導の系統を念頭に置いた上で、教師が柔軟に対応していくこと**こそ、本質的に重要である。

5．国語の授業 UD に関する実践理論

⑴　授業の「焦点化」「視覚化」「共有化」を図る

国語の授業 UD では、「論理」を授業の目標にした上で、授業の「焦点化・視覚化・共有化」[*7] **を図る**ことが大切になる。

授業の「焦点化」とは、ねらいを絞ったり活動をシンプルにしたりすることである。複数の作業を同時に行うことが難しい子がいる。情報が多くなると理解できない子もいる。授業の「焦点化」をすることで、その子はもちろん、他の子にとっても学びやすい授業になる。

授業の「視覚化」とは、視覚的な手立てを効果的に活用することである。人の話を聞いたり文章を読んだりするだけでは、理解が難しい子がいる。聴覚的な言語情報や文字情報だけでは、内容をイメージすることが苦手なのである。そこで例えば「写真」「挿絵」「動画」「センテンスカード」「寸劇」など視覚的な手立てを活用する。

しかし、ただ単に、こうした視覚的な手立てを活用すればよいというわけではない。冒頭で述べたように「効果的に活用する」ことが大切になる。「効果的」とは、「授業のねらいに通じる」ことである。「一部分だけ見せる」「一瞬だけ見せる」「一定時間見せて、あとは見せない」「ずっと見せ続ける」など、「何を」「どのように」提示するかを綿密に考えておかねばならない。

授業の「共有化」とは、話し合い活動を組織化することである。多くの授業は「挙手－指名」方式で話し合い活動を進める。教師が手を挙げている子を指名していく方式である。しかし、手を挙げて発表することが難しい子がいる。簡単な問いには応えられても、ちょっと難しい問いになると、発表できなくなる子も少なくない。「挙手－指名」方式だけの授業では、クラスの一部の子だけで授業を進めることになりがちになる。

そこでまずは、課題設定の場面においては、全員が参加できるように、例えば「Aか？Bか？」「1、2、3のうち、どれが一番○○か？」などの「Which 型課題」[*8] を設定する。次に、全体の話し合い活動に入る前に、一人学びの時間を設定したり、ペア、グループ、フリーの活動を設定したりして、全員の考えを出しやすくする。さらに、全体の話し合い活動では、全員の子が集中して話を聞けるように、ある**モデル発言**（例えばAさん）**に対して次のように関連づけて話すように促す**。

- Aさんは、何と言ったかな？　もう一度、言ってくれる？（再現）
- Aさんが言ったことって、どういうこと？どういう意味か教えてくれる？（解釈）
- Aさんは～を選んだけど、なぜこれを選んだのかな？　理由が想像できる？（想像）

●Aさんの言ったことについて、「例えば」を使って、例を出せるかな？	（具体）
●Aさんが言ったことは、「つまり」どういうこと？	（抽象）
●Aさんの考えのいいところは何かな？	（批評）

友達の発言に関連づけて**「小刻みな表現活動」**を促すことで、全員の**「理解の共有化」「課題の共有化」**を図ることが大切になる。

なお、「焦点化」とは、厳密に言えば、指導内容に関係する視点である。「視覚化」「共有化」は指導方法である。**「視覚化」や「共有化」は、「焦点化」に有効に働いてこそ意味がある**のである。

(2) 「教材のしかけ」をつくる

◆「教材のしかけ」とは

「教材のしかけ」[*9]とは、教材を意図的に「不安定」にすることで、子どもの意欲と思考を活性化する指導方法である。

例えば、1年生の説明文の授業。段落の順序をかえて提示する。すると、子どもは「先生、変だよ！」と口々に言い始める。「だって、問いの後に答えがあるはずなのに、答えの後に問いがあるからダメだよ」と言う。これは「段落の順序をかえる」という「教材のしかけ」である。子ども自らが「問いと答えの関係」という「論理」に気付く。

教師が「問いの段落はどれですか？」「答えの段落はどれですか？」と尋ねることもできる。だが、こうしたやり取りに終始すると、子どもは受け身になる。教材を意図的に「不安定」にすることで、子ども自らが「話したくなる」「考えたくなる」動きを引き出す。

「教材のしかけ」は、「焦点化・視覚化・共有化」の手立てになる。「教材のしかけ」をつくることは、単に楽しいクイズをやることではない。授業のねらいが「焦点化」されなければならない。また、「教材のしかけ」をつくることは、「視覚的」に教材を提示したり、課題や理解の「共有化」を図ったりすることに通じる。

発達障害の可能性のある子は、「先生、違うよ！」と言って、違いに目を向けることが得意な子が多い。特別支援教育の観点からも、理にかなった指導方法だと言える。

◆「教材のしかけ」10の方法

国語科授業における「教材のしかけ」には、次の「10の方法」がある。

①順序をかえる	②選択肢をつくる	③置き換える	④隠す	⑤加える
⑥限定する	⑦分類する	⑧図解する	⑨配置する	⑩仮定する

こうした10の方法には、それぞれに表現の対象がある。例えば「文の選択肢をつくる」だけではなくて、「語句の選択肢をつくる」こともできるし、「主題の選択肢をつくる」こともできる。授業のねらいに応じて、方法や対象を変えることが大切になる。

ただし、単に「教材のしかけ」をつくって提示すればよいのではない。**子どもが自然に**

「考えたくなる」「話したくなる」ように、提示の仕方を「工夫」することが大切である。

例えば、物語文の授業においては、「挿絵の順序を変える」というしかけで、それを並び替えることで、話の内容の大体をとらえることができる。だが、単に挿絵の順序を変えておいて、「どんな順番なのかな？」と問いかけるだけでは、子どもの意欲はそう高まらない。一方、黒板の右から左に矢印（→）を引いておいて、「挿絵はこんな順番だったね」と話しながら、バラバラになった挿絵を置いていく。すると、子どもは挿絵の順序性に違和感をもち、「先生、順番が違うよ！」と話し始める。

また、物語文の授業においては、「主題の選択肢をつくる」ことがある。単に、間違った主題や正しい主題を提示するだけではなくて、「主題くじを引く」という活動にアレンジしてみる。正しい主題が「当たり」である。子どもは喜々として活動に取り組み始める。

このように、「教材のしかけ」はただ単に提示するのではなくて、

●場づくりをした上で、しかける
●教師が言葉がけをしながら、しかける
●活動をアレンジして、しかける

などをして、提示の仕方を工夫することが大切である。

(3) 「考える音読」による思考の活性化

◆「考える音読」とは

国語の学習活動として必ず行われるものに「音読」がある。教師は、物語文の授業では「登場人物の心情を考えながら音読をしましょう」と、よく指示する。また、説明文の授業では「文章の内容を思い浮かべながら音読をしましょう」と助言する。つまり、大抵は、考えながら「音読」をすることを子どもに促している。

しかし、本当に、子どもが「人物の心情」「文章の内容」を考えながら音読しているだろうか。それは怪しい。子どもの頭の中は、教師にはわからない。

「考える音読」[*10*11]**とは、言わば「考えざるを得ない状況をつくる音読」**である。「考えざるを得ない状況」をつくることによって、一部の子どもだけではなくて、**「全員の思考」を活性化**することができる。

◆3つの型

「考える音読」には、次の3つの型がある。

①すらすら型　　②イメージ型　　③論理型

1つ目の**「すらすら型」とは、語、文、文章を正しく読む音読**である。文章の内容理解の基礎になる。「はりのある声」「はっきり」「正しく」「、や。に気をつけて」など、正確に音読で表現することがねらいになる。例えば、次のような活動がある。

●マル読み……………「。」のところで、読む人を交代して読む。
●マル・テン読み……「。」「、」のところで、読む人を交代して読む。
●リレー読み…………好きな「。」「、」で、読む人を交代して読む。

こうした音読では、文章の内容をイメージするよりも、とにかく、正しく読むことに集中しがちになる。

2つ目の**「イメージ型」とは、人物の心情や文章の内容を思い浮かべながら読む音読**である。例えば、「ここ・ここ読み」。「先生が、今から文章を音読していきます。中心人物の心情がわかる言葉になったら、『ここ、ここ』と言いましょう」と指示すれば、子どもが中心人物の気持ちを想像せざるを得なくなる。

また、「つぶやき読み」。「ペアで音読をします。一人は筆者の役、もう一人は読者の役です。筆者の役は、読者に伝えるつもりで一文ずつ読みます。読者の役は、『おお、～なんだよね』のように、一文ずつ、文章の内容に合わせてつぶやきましょう」と指示すれば、文章の内容を思い浮かべざるを得なくなる。

他にも、次のような音読がある。

●動作読み………人物の言動や説明内容を動作化しながら読む。
●ダウト読み……教師の読み間違いで、「ダウト！」と言い、正しい内容を確認する。
●指差し読み……友達や教師の音読を聞いて、挿絵や写真の該当箇所を指差す。

3つ目の**「論理型」とは、文章の「論理」を考えながら読む音読**である。「論理」とは、平たく言えば、「関係」である。文章の「論理」に着眼して読むことで、より深く、人物の心情を読み味わったり、文章の内容や筆者の意図をとらえたりすることができる。

「論理型」の音読には、例えば、次のような活動がある。

●ぼく・わたし読み………三人称の登場人物の名前に、一人称の「ぼく」「わたし」を代入して読むことで、視点人物を明らかにする。
●クライマックス読み……中心人物の心情の高まりに合わせて音読することで、クライマックスをとらえる。
●問い・答え読み…………問いの部分と答えの部分を役割分担して読む。
●事例・まとめ読み………事例の部分は一人で読んで、まとめの部分は全員で読む。

このように、「考える音読」では、「すらすら型」の音読によって「文章を正確に読める」ようにすることはもちろん、「イメージ型」の音読によって「文章の内容を理解」した上で、「論理型」の音読によって文章中の「論理的な関係をとらえて読める」ようにする。

「考える音読」のバリエーションは、すでに100種類以上ある[*1*2]。ただし、これらは絶対的なものではない。**それぞれの教師が、目の前の子どもたちの「全員参加」「全員思考」を想定して、新しい「考える音読」をつくることに意義がある。**

◆「考える音読」を活用した授業づくり

授業では、「すらすら型」「イメージ型」「論理型」のねらいにそって取り入れることが大切である。例えば、単元構成。大まかに言えば、次のような構成が想定される。

●第一次……中心教材を読み、音読練習をしたり単元の見通しをもったりする。
●第二次……中心教材の内容や論理を確認する。
●第三次……学んだ論理を使って、選択教材を読んだり表現活動をしたりする。

こうした単元構成では、**第一次で「すらすら型」、第二次で「イメージ型」「論理型」**の音読を取り入れることが目安になる。

また、授業構成についても、概して言えば、次のような構成になる。

●導入………………問題意識を醸成したり、学習課題を設定したりする。
●展開（前半）……文章の内容を理解する。
●展開（後半）……文章の論理に気付く。
●まとめ……………学習課題や文章の内容・論理などについて振り返る。

こうして考えると、**授業の展開（前半）では「イメージ型」の音読、展開（後半）では「論理型」の音読**を設定することが望ましいことになる。

ただし、**導入において、あえて「イメージ型」「論理型」の音読を取り入れる**ことで、子どもの読みのズレを引き出し、それを展開（前半・後半）で解決していくという構成も考えられる。

(4) 「Which 型課題」の国語授業

◆「Which 型課題」とは

「Which 型課題」[*12] **とは、「選択・判断の場面がある学習課題」**である。例えば、「Aか？　Bか？」「1、2、3のうち、どれか？」「1、2、3のうち、どれが一番～か？」のようにして、子どもが選択・判断する場面をつくる。

「Which 型課題」のメリットは、何よりも、全ての子どもが参加できることである。明確に理由をイメージできなくても、どれかを選択・判断することは誰でもできる。**「What 型（何？）」、「How 型（どのように？）」、「Why 型（なぜ？）」**という課題では答えられない子がいる。しかし、**「Which 型（どれ？）」で選択・判断するだけなら、誰もが学びの第一歩を踏み出せる。**

◆「Which 型課題」の国語授業モデル

この「Which 型課題」の国語授業では、次の4つの授業場面を想定している（[　] は子どもの学びのプロセス）。

①問題意識の醸成	[面白いね。ん？]
②「Which 型課題」の設定	[えっ、どれ？]
③考えのゆさぶり	[違うよ！　だって…]
④まとめ・振り返り	[〜が大事だね。他にもあるかな]

「①問題意識の醸成」では、課題設定に向けて、全員の理解をそろえ、問題意識の醸成を図る。**「②『Which 型課題』の設定」**では、問題意識を引き出した上で課題を設定して、子どもの考えのズレを際立たせる。学びの第一歩としての「主体性」を引き出したり、考えのズレを際立たせて「対話的な学び」を引き起こしたりする。**「③考えのゆさぶり」**では、子どもの考えを整理した上で、「ゆさぶり発問」を投げかけて「深い学び」を促す。**「④まとめ・振り返り」**では、課題に対する答えを確認したり、その思考のプロセスで有効だった読み方を整理したり、その読み方の活用場面を提示したりする。また、自分の学び方の振り返りを促す。「Which 型課題」の国語科授業モデルは、学習指導要領が目指す**「主体的・対話的で深い学び」**の実現を図るための有効な方法の一つである。

ただし、こうして授業場面を想定することは、かえって子どもの「主体性」を奪う可能性がある。**子どもの「学びの文脈」に寄り添いつつ、学び合いが促進・深化するように、教師が適切にファシリテーションをしていくことが大切になる。**

◆「Which 型課題」のバリエーション

「Which 型課題」は図２で示す「三つの読みの力」[*13] に基づいて構想できる。

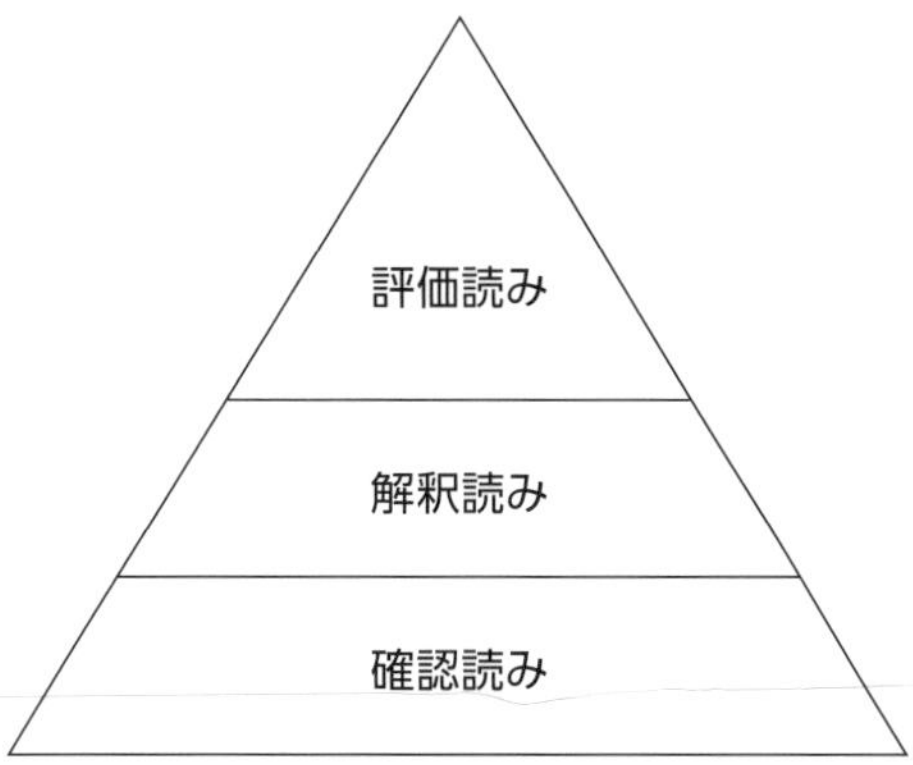

図２ 「三つの読みの力」の構造

１つ目は**「確認読み」**。クラス全員が共通して確認できる読みである。二つ目は**「解釈読み」**。解釈読みには、様々な読みがある。私たち読者は、確認読みをベースにしながら、独自の解釈読みをしている。三つ目は**「評価読み」**。評価読みは、「面白い／面白くない」「わかりやすい／わかりにくい」など、誰もができる読みである。質の高い「評価読み」は、「確認読み」や「解釈読み」がベースになっている。

以下は、「三つの読みの力」をベースにして、これまでの授業実践や長崎伸仁氏らの先行研究*[14]をふまえて**「Which 型課題」を 10 のバリエーションに整理**したものである。

◆「Which 型課題」確認読みレベル（答えが一つに決まる）
①○○は、A か？　B か？
②○○は、A ～ C（三つ以上）のうち、どれか？
◆「Which 型課題」解釈読みレベル（答えは、一つに決まらない）
③○○として適切なのは、A か？　B か？
④○○は、A か？　それとも、not　A か？
⑤一番○○（○○として一番適切）なのは、A ～ C（三つ以上）のうち、どれか？
⑥もしも○○だったら、A ～ C（三つの以上）のうち、どれか？
⑦もしも○○の順位をつけるなら、その順番は？
⑧もしも○○を目盛りで表すなら、いくつになるか？
◆「Which 型課題」評価読みレベル（誰もが評価できる）
⑨○○は、いる？　いらない？
⑩いい文章？　よくない文章？

◆拡散と収束

「Which 型課題」の設定では、では、子どもの多様の読みが出る。言わば**「拡散」**である。だが、「拡散」したままでは、子どもには、何が大事な読み方なのかががわからない。「拡散」した後は、その**「収束」**を図る必要がある。そこで、授業の後半では「考えのゆさぶり」として、**子どもの学びの文脈に寄り添いつつ、「ゆさぶり発問」を投げかける。読みの「収束」として「新たな着眼としての読み方」に気付く**ことができるようにする。

「ゆさぶり発問」には、例えば、次のようなものがある。

(T) がまくんにお手紙を速く届けたいなら、かたつむりくんじゃなくて、チーターの方がいいよね？　　(2 年物語文「お手紙」)
(T) ごんは、村人に嫌われたいから、いたずらばかりするんだよね？　　(4 年物語文「ごんぎつね」)
(T) 大造じいさんは、2 年半、ガン一羽だけしか捕らなかったんだよね？　　(5 年物語文「大造じいさんとガン」)
(T) しごとの文は、つくりの文の方があとでもいいよね？　　(1 年説明文「じどう車くらべ」)
(T)「初め」はなくても、「中」と「終わり」の説明だけでもいいよね？　　(4 年「ウナギのなぞを追って」)
(T) 要旨を 2 回繰り返さなくても、別に 1 回だけでいいよね？　　(5 年説明文「見立てる」)

このようにして、**意図的に「不適切な解釈」を投げかけることで、「適切な解釈」を引き出し、「新たな着眼としての読み方」に気付くことができるようにする。**子どもの学びの文脈に寄り添って投げかけることが大切である。

◆「Which 型課題」の国語授業モデルと「教材のしかけ」との関係

「Which 型課題」の国語授業モデルは、「教材のしかけ」*15 を授業展開に位置づけたものだとも言える

①問題意識の醸成	【順序を変える？　語句を置き換える？　隠す？……】
②「Which 型課題」の設定	【選択肢をつくる】
③考えのゆさぶり	【仮定する】
④まとめ・振り返り	

上記の②**は「選択肢をつくる」**、③**は「仮定する」**という「教材のしかけ」である。そうすると、①**では、それ以外のしかけ**を使えばよい。「Which 型課題」の国語授業モデルと「教材のしかけ」の関係づけることで、授業展開をシンプルに構想することができる。

(5) 国語科授業のファシリテーション力

◆ファシリテーション力とは

発達障害の可能性のある子の存在を前提にした学び合いでは「単線的で、右肩上がりの学び」になるはずがない。「考えのずれ」が生まれたり、「間違い」が出たり、「わからない」という声が上がったりする。つまり、国語の授業 UD とは、複線的で行きつ戻りつする**「多様性のある学び合い」**である。

こうした「多様性のある学び合い」を支える教師の力量を**「国語授業のファシリテーション力」**[*16] と呼ぶことにする。**ファシリテーション（facilitation）とは「集団による知的相互作用を促進する働き」**である。Facilitate には、「物事をやりやすくする、容易にする、促進する、助長する」という意味がある。問題解決、アイデア創造、合意形成など、集団における知識創造活動を促進していく働きがある。

このファシリテーション力として、次の五つのスキルを想定している。

①授業のストーリーづくりのスキル
②教室の空気づくりのスキル
③多様な意見を拡散的に引き出すスキル
④異なる意見を収束的に整理するスキル
⑤即時的にアセスメントし対応するスキル

以下、簡単に解説する。

◆授業のストーリーづくりのスキル

「『Which 型課題』の国語授業モデルに基づいて、「子どもの学びのプロセス」イメージ

するスキル」である。次のように授業展開を考えることで、授業のストーリーをクリアに考えることができる。([　] は子どもの学びのプロセスを示す)

①問題意識の醸成	[面白いね。ん?]
②「Which 型課題」の設定	[えっ、どれ?]
③考えのゆさぶり	[違うよ!　だって…]
④まとめ・振り返り	[～が大事だね。他にもあるかな]

◆教室の空気づくりのスキル

「子ども同士の共感的な呼応関係や前向きな雰囲気をつくるスキル」である。共感的な呼応関係とは、話し手が語りかけると、聞き手がオリジナルの反応をするような関係である。また、アイスブレイクで自己開示ができるようにしたり、授業の導入(問題意識の醸成)おいて、子どもの「楽しい」や「気になる」を引き出したりすることも大切である。もちろん「遊び心のある」「温かく」「誠実な」教師の話し方や雰囲気も欠かせない。

◆多様な意見を拡散的に引き出すスキル

「多様な意見や反応を引き出して、受容的に対応するスキル」である。一番重要なのは「教師や子どもの授業観の転換」である。私たちは、無意識のうちに「授業とは、正しい答えを発表し合うことである」と考えていることが多い。だが、こうした「正答ベースの授業観」では、多様な意見は出ない。「授業とは、困ったことや悩んでいることに寄り添って、全員で解決していくことである」という「困りベースの授業観」に変えていく必要がある。「～に困っている人?」と教師が問いかけ、学習者が困っていることを語り出し、それを全員で解決していく。「～がわかる人?」という問いかけでは参加できる子が限られる。「困りベースの授業観」では、全ての学習者が参加できる。

「「Which 型課題」のように、課題や発問に「選択肢」をつくることも効果的である。「Which 型」(どれ?)の課題や発問から始めると、全員が参加しやすい。自分の立場を明示して授業に参加できるようにする。

子どもが様々な意見を出し合うには、まずは、教師が子どもの意見に対して「受容的・共感的」に反応することが必要である。うなずきながら全身で聞いたり、適切なポジショニングをとったり、プラスの相槌を打ったり、適切なリボイシングをしたりする。

◆異なる意見を収束的に整理するスキル

「考えの違いを整理した上で、問題を明確化したり論理を共有したりするスキル」である。例えば、話し合い活動において、子どもの意見の違いを対比・類別等で「整理」して問い返す。モデル発言の「再現・解釈・想像・評価・再構成」を促す。一人の子の発見を「着眼点(ヒント)」を共有していくことで、「全員の発見」を促す。

「考えのゆさぶり」の場面では、「ゆさぶり発問」として、「だったら～だよね?」と、意図的に不適切な解釈を投げかけて、適切な解釈を引き出す。

また「学習のまとめ」として「①課題に対する答え　②読み方の整理　③読み方の活用」を確認したり、「学習の振り返り」として「学び方の成果と課題」を見つめ直すように投げかけたりする。

◆即時的にアセスメントし対応するスキル

「『学びのズレ』をアセスメントしながら、『立ち止まり』『立ち戻り』によって、即時的に対応するスキル」である。例えば、一人の子の「わからない」「困っている」「間違い」を積極的に取り上げて「立ち止まる」。一人の子の問題は、実は他の子も同様の問題を抱えていることが多い。その上で、「間違いの思考過程」を共感的に理解しながら「立ち戻る」。間違いの結果ではなくて、その思考過程のよさに共感しつつ、一緒に改善策を考えることができるようにする。

◆即時的に対応できる力

授業の成否は、およそ「事前の準備が６割、事中の対応が３割、事後の評価と指導が１割」である。「国語科教育」「特別支援教育」「学級経営」に関する専門的な研鑽を続けた上で**「子どものつまずきを想定して、授業の準備を綿密に行い、授業のイメージや学びの姿を描けるようになること」**が、実際の授業においても**「自然な振る舞いとして即時的に対応できる力を高めること」**につながるのである。

⑹　単元構成の基本的な考え方

◆単元とは

単元とは「一つのまとまり」のことである。例えば、次のような目安で、単元を構成する。

●第一次……中心教材を読み、音読練習をしたり単元の見通しをもったりする。
●第二次……中心教材の内容や論理を確認する。
●第三次……学んだ論理を使って、選択教材を読んだり表現活動をしたりする。

子どもの問題解決の文脈に寄り添いつつ構成することが大切になる。

下学年の単元の第二次では、「場面ごとの読み」ではなくて、中心人物の心情変化に着眼して**「場面をつなげる読み」**で指導していくことが効果的である。

例えば、第２次１時では１場面だけの中心人物の心情を読み深める。次の第２時では、１場面と２場面をつなげて、中心人物の心情変化を読み深める。そして第３時では、１場面から３場面をつなげて、中心人物の心情変化を読み深める。こうやって指導していけば、最後には、１場面から最終場面までの中心人物の心情変化が明らかになるというわけである。

一方、**上学年の単元の第二次では、下学年での学びをふまえて、文章丸ごとを扱って「論理的な読み方」に着眼して指導する**ことが大切になる。その着眼する「論理的な読み方」は、これまでの述べてきた中で、次の５つが目安になる。

①作品の設定（「時（いつ）」「場所（どこで）」「登場人物（誰が）」「出来事（何をしたか）」）は？

②視点（語り手は「誰」の目と心かから地の文を語っているか）
③文学特有の表現技法（この表現技法によって、視点人物のどんな心情が解釈できるか？）
④中心人物の変化（中心人物の心情は、どのように変化しているか）
⑤主題（人間の生き方として一番強く感じることは何か？）

第一次では、単元に関する問題意識を引き出した上で、第二次では、問題解決のプロセスとして、こうした「論理的な読み方」を確認していく。そして第三次では、学んだ「論理的な読み方」を活用して別の物語文を読んだり表現したりできるようにする

⑺　三段構えの指導

◆三段構えの指導とは

通常学級の授業においては、全体指導だけでも個別指導だけでも進めることはできない。全体と個別のバランスや順序性を考えて指導することが大切になる。

「三段構えの指導」（図3）*[17]とは、通常学級において「①全体指導の工夫」「②個別の配慮」「③個に特化した指導」という順序で、「全員参加」の指導をすることである。例えば、図2における三角形は、通常学級のクラス全員の子どもを表している。

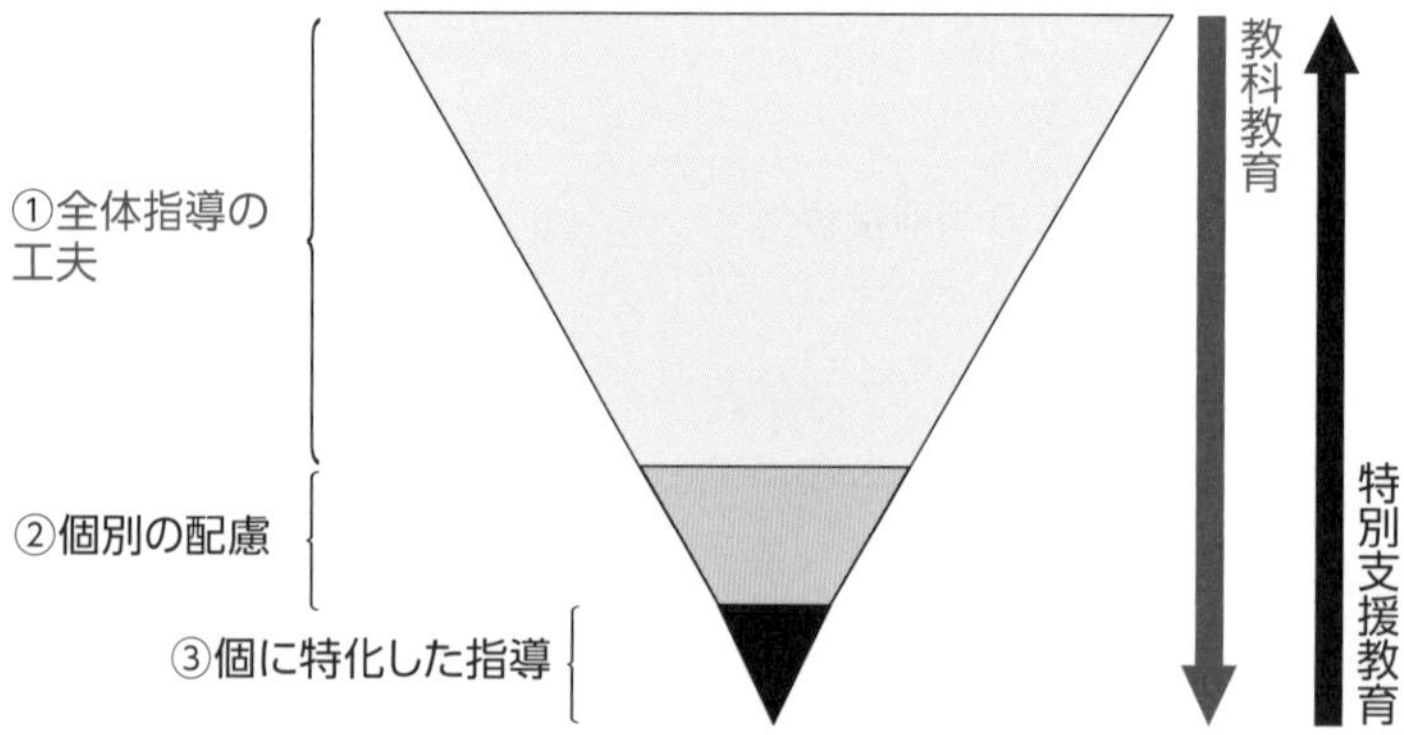

図3　三段構えの指導

◆全体指導の工夫

まずは「①全体指導の工夫」によって、発達障害の可能性のある子を含めて、全ての子が楽しく学び合い「わかる・できる」授業を目指す。ここで言う「①全体指導の工夫」とは、国語で言えば、これまでに述べてきたように、「論理」を授業の目標にしたり、授業の「焦点化・視覚化・共有化」を図ったり、その手立てとして「教材のしかけ」つくったりする、「考える音読」を設定したりする、「Which 型課題」の国語授業モデルで授業を展開するなどの指導内容の精選や指導方法の工夫である。

◆個別の配慮

しかし、「①全体指導の工夫」を行っても、学習活動に乗れない子がいることがある。その際には、授業の中で、例えば次のような「②個別の配慮」を行うことがある。

- 漢字を読むことが苦手な子がいる場合には、ふりがな付きのプリントを与える。
- 教材を提示しても注目していない場合には、その子に注目して話したり近寄ったりする。
- ペアの話し合い活動が難しい場合には、教師が二人の間に入って話し合い活動の調整役をする。
- 全体の話し合い活動での発表が難しい場合には、つぶやきやノートの記述を取り上げて、その子に発言するように勧めたり、その子の考えを教師が紹介したりする。
- 書くことが苦手な子がいる場合には、書き出しを指示したり、お手本や他の子の意見を写しすることを許可したりする。

こうした「②個別の配慮」とは、授業時間の中で行う個別の指導である。

ただし、こうした**「授業内での個別指導」では、個別指導をされる側の子どもの気持ちを十分配慮することが必要である**。例えば、自分の考えをノートに書く時間で、長時間、書くことが苦手な子を指導することは、「またあの子は書けていない」ということを他の子に知らせることになる。そこで、机間指導の1周目に指示をしておいて、その2周目に確認をするなどして、できるだけ早めに何度も子どもたちを見て回るようにする。すると、書くことが苦手な子が目立たなくなる。つまり、「②個別の配慮」としての授業内での個別指導では、苦手な子が目立たないように指導していくことが大切である。

◆個に特化した指導

だが、**こうした「授業内での個別指導」でも、理解できない子や表現できない子がいることがある。その場合には「授業外での個別指導」として、「③個に特化した指導」を行っていく必要がある**。例えば、授業が終わった後の休み時間に漢字の指導をしたり、「通級による指導」で該当の子だけは文章を事前に読ませたりする。「授業外での個別指導」においても、まずは個別指導される側の気持ちを優先して、本人や保護者の納得や同意の下で適切に行うことが大切である。教師が親切に行った個別指導が、子どもや保護者にとって嫌な出来事にならないように細心の配慮が必要である。

◆指導の順序性

授業UDでは、「①全体指導の工夫」として、まずは、発達障害の可能性がある子も含めて、他の子も楽しく参加しやすい、言わば「ユニバーサルデザイン的な対応」する。その上で「②個別の配慮」「③個に特化した指導」として、つまずきが生じる子への合理的な配慮、言わば「バリアフリー的な対応」(合理的配慮)をする。

こうした**「①全体指導の工夫」「②個別の配慮」「③個に特化した指導」という指導の順序も大切である**。やはり、まずは「①全体指導の工夫」を大事である。これが有効に働かなければ、多く子がつまずいて、多くの子に対して「②個別の配慮」「③個に特化した指導」をしなければならなくなる。まずは「①全体指導の工夫」として「授業の質を高める」ことが大切なのである。

授業UDでは、「①全体指導の工夫」「②個別の配慮」「③個に特化した指導」という

「三段構え」で、通常学級の全ての子どもを支えていくことを大切にしている。

【文献】

*[1] 桂聖（2011）『国語授業のユニバーサルデザイン』東洋館出版社

*[2] トレイシー・E・ホール、アン・マイヤー、デイビッド・H・ローズ著、バーンズ亀山静子翻訳（2018）『UDL 学びのユニバーサルデザイン』東洋館出版社.

*[3] 小貫悟・桂聖（2014）『授業のユニバーサルデザイン入門』東洋館出版社.

*[4] 文部科学省（2018）『小学校学習指導要領　解説国語編』東洋館出版社.

*[5] 前掲 4

*[6] 筑波大学附属小学校国語教育研究部・青木伸生・青山由紀・桂聖・白石範孝・二瓶弘行（2016）『筑波発 読みの系統指導で読む力を育てる』東洋館出版社.

*[7] 前掲 1

*[8] 桂聖・N5 国語授業力研究会（2018）『「Which 型課題」の国語授業』東洋館出版社

*[9] 桂聖・授業の UD ユニバーサルデザイン研究会沖縄支部編著（2013）『教材に「しかけ」をつくる国語授業 10 の方法　文学のアイデア 50 ／説明文のアイデア 50』東洋館出版社

*[10] 桂聖・「考える音読」の会編著（2011）『論理が身につく「考える音読」の授業文学アイデア 50 ／説明文アイデア 50』東洋館出版社

*[11] 桂聖・「考える音読」の会編著（2019）『全員参加で楽しい「考える音読の授業＆音読カード文学／説明文』東洋館出版社

*[12] 前掲 8

*[13] 前掲 1

*[14] 長崎伸仁・桂聖（2016）『文学の教材研究コーチング』東洋館出版社

*[15] 前掲 9

*[16] 桂聖（2017）「『多様性のある学び』を支える国語授業のファシリテーション力」桂聖・石塚謙二・廣瀬由美子・日本授業 UD 学会編著『授業のユニバーサルデザイン Vol.9』東洋館出版社

*[17] 授業のユニバーサルデザイン研究会・桂聖・石塚謙二・廣瀬由美子（2014）『授業のユニバーサルデザイン Vol.7』東洋館出版社

Ⅰ　文学の系統指導表

◆筑波大学附属小学校「文学の読みの系統指導表」（2015試案を一部変更）

学年	読みの技能	読みの用語
①「作品の構造」系列の読む力		
1年	作品の設定に気をつけて読む	時、場所、登場人物、出来事（事件）
1年	場面をとらえて読む	場面
1年	連のまとまりをとらえて読む	連
2年	あらすじをとらえて読む	あらすじ
3年	中心となる場面を読む	中心場面
4年	物語のしくみをとらえて読む	起承転結（導入部・展開部・山場・終結部）
4年	時代背景と関連づけて読む	時代背景
4年	場面と場面を比べて読む	場面の対比
5年	額縁構造をとらえて読む	額縁構造
5年	伏線の役割を考えながら読む	伏線
②「視点」系列の読む力		
1年	語り手の言葉をとらえて読む	語り手、地の文
1年	語り手の位置を考えながら読む	語り手の位置
3年	立場による見え方や感じ方の違いをとらえて読む	立場による違い
4年	視点をとらえて読む	視点、視点人物、対象人物
4年	視点の転換の効果を考えながら読む	視点の転換
6年	一人称視点と三人称視点の効果を考えながら読む	一人称視点、三人称視点（限定視点、客観視点、全知視点）
③「人物」系列の読む力		★1，2年→気持ち、3，4年＝心情
1年	登場人物の気持ちや様子を想像しながら読む	登場人物、中心人物、気持ち、様子
1年	登場人物の言動をとらえて読む	会話文（言ったこと）、行動描写（したこと）
2年	登場人物の気持ちの変化を想像しながら読む	気持ちの変化、対人物、周辺人物
3年	人物像をとらえながら読む	人物像（人柄）
3年	中心人物の心情の変化をとらえて読む	心情、変化前の心情、変化後の心情、きっかけ
5年	登場人物の相互関係の変化に着目して読む	登場人物の相互関係
6年	登場人物の役割や意味を考えながら読む	登場人物の役割
④「主題」系列の読む力		
1年	題名と作者をとらえて読む	題名、作者
1年	いいところを見つけながら読む	好きなところ
2年	自分の経験と関連づけながら読む	自分の経験
2年	感想を考えながら読む	感想、読者
3年	自分の行動や考え方を重ねて読む	自分だったら
4年	読後感の理由を考えながら読む	読後感
5年	中心人物の変化から主題をとらえる	主題
5年	作品のしくみ（山場や結末）の意味から主題をとらえる	山場の意味、結末の意味
6年	題名の意味から主題をとらえる	題名の意味、象徴
6年	複数の観点から主題をとらえる	複数の観点（中心人物の変化、山場、結末、題名など）の意味
⑤「文学の表現技法」系列の読む力		
1年	会話文と地の文を区別しながら読む	会話文、地の文
1年	リズムを感じ取りながら読む	音の数、リズム
1年	繰り返しの効果を感じ取りながら読む	繰り返し（リフレイン）
2年	比喩表現の効果を考えながら読む	比喩（たとえ）
2年	短文や体言止めの効果を考えながら読む	短文、体言止め
3年	会話文と心内語を区別して読む	心内語
3年	擬態語や擬声語の効果を考えながら読む	擬態語・擬声語
3年	擬人法の効果を考えながら読む	擬人法
4年	五感を働かせて読む	五感の表現
4年	情景描写の効果を考えながら読む	情景描写

4年	倒置法の効果を考えながら読む	倒置法
4年	呼称表現の違いをとらえながら読む	呼称表現
4年	記号の効果を考えながら読む	ダッシュ（—）、リーダー（…）
5年	方言と共通語の違いを考えながら読む	方言、共通語
6年	対比的な表現の効果を考えながら読む	対比
⑥「文種」系列の読む力		
1年	昔話や神話を読む	昔話、神話
1年	物語文と詩の違いをとらえて読む	物語文、詩
2年	日本と外国の民話の違いをとらえて読む	訳者、外国民話、翻訳
3年	ファンタジーをとらえて読む	ファンタジー、現実、非現実
3年	俳句を音読する	俳句、季語、十七音、切れ字
4年	脚本を読む	脚本、台詞、ト書き
4年	短歌を音読する	短歌、三十一音、上の句、下の句、百人一首
5年	古文を読む	古文、古典
5年	伝記の特徴を考えながら読む	伝記、説明的表現、物語的表現
5年	随筆の特徴を考えながら読む	随筆、説明的表現、物語的表現
5年	推理しながら読む	推理小説
6年	漢文を音読する	漢文
6年	古典芸能を鑑賞する	狂言、歌舞伎、落語
⑦「活動用語」系列の読む力		
1年	物語文の読み聞かせを聞く	読み聞かせ
1年	語のまとまりや言葉の響きなどに気をつけて音読・暗唱する	音読、暗唱
1年	人物になりきって演じる	動作化、劇化
2年	場面や人物の様子を想像しながら、絵を描いたり音読したりする	紙芝居
2年	場面や人物の様子を想像しながら、絵や吹き出しをかく	絵本
2年	日本や外国の昔話を読む	昔話の読書
3年	人物の気持ちや場面の様子を想像して、語りで伝える	語り
4年	学習した物語文に関連して、他の作品を読む	テーマ読書
5年	学習した物語文に関連して、同じ作者の作品を読む	作者研究
5年	自分の思いや考えが伝わるように朗読をする	朗読

※筑波大学附属小国語研究部編『筑波発　読みの系統指導で読む力を育てる』（東洋館出版社）2016年２月

Ⅰ　説明文の系統指導表

◆筑波大学附属小学校「説明文の読みの系統指導表」（2015試案）

学年	読みの技能	読みの用語
①「文章の構成」系列の読む力		
１年	問いと答えをとらえて読む	問い、答え
１年	事例の内容をとらえて読む	事例、事例の順序
２年	三部構成をとらえて読む	三部構成（初め・中・終わり）、話題、まとめ、意味段落
３年	問いの種類を区別して読む	大きな問い、小さな問い、かくれた問い
３年	事例とまとめの関係をとらえて読む	事例とまとめの関係
３年	観察・実験と考察の関係をとらえて読む	実験・観察、考えたこと
４年	文章構成（序論・本論・結論）をとらえて読む	序論、本論、結論
４年	文章構成の型をとらえて読む	尾括型、頭括型、双括型、文章構成図
４年	事例の関係をとらえて読む	事例の並列関係、事例の対比関係
５年	まとめから事例を関連づけて読む	まとめと事例の関係
６年	文章構成の型を活用して読む	文章構成の変形
②「要点・要約」系列の読む力		
１年	文と段落を区別しながら読む	文、段落
２年	小見出しの効果を考えながら読む	小見出し
２年	主語をとらえながら読む	主語、述語
３年	キーワードや中心文をとらえながら読む	キーワード、中心文
３年	段落の要点をまとめながら読む	要点、修飾語、常体、敬体、体言止め
３年	大事なことを要約しながら読む	筆者の立場での要約、要約文
４年	目的や必要に応じて、要約しながら読む	読者の立場での要約
③「要旨」系列の読む力		
１年	題名と筆者ととらえて読む	題名、筆者
２年	まとめをとらえて読む	まとめ
４年	要旨の位置を考えながら読む	要旨、筆者の主張、尾括型、頭括型、双括型
５年	要旨と題名の関係を考えながら読む	要旨と題名の関係
６年	具体と抽象の関係から要旨を読む	要旨と事例の関係
④「批評」系列の読む力		
１年	初めて知ったことや面白かったことを考えながら読む	初めて知ったことや面白かったこと
１年	「問いと答え」や「事例の順序」の意図を考えながら読む	筆者の気持ち
２年	自分の経験と関連づけながら読む	自分の経験
２年	感想を考えながら読む	感想、読者
３年	説明の工夫を考えながら読む	説明の工夫
３年	「事例の選択」の意図を考えながら読む	事例の選択、筆者の意図
４年	「話題の選択」の意図を考えながら読む	話題の選択
４年	文章構成の型の意図を考えながら読む	文章構成の意図
６年	筆者の説明に対して自分の意見を考えながら読む	共感、納得、反論
⑤「説明文の表現技法」系列の読む力		
１年	問いの文と答えの文を区別しながら読む	問いの文、答えの文、疑問の文末表現
１年	説明の同じところや違うところを考えながら読む	説明の観点、同じ説明の仕方（類比）、説明の違い（対比）
２年	事実の文と理由の文を区別しながら読む	事実の文、理由の文、理由の接続語、理由の文末表現
２年	順序やまとめの接続語の役割を考えながら読む	順序やまとめの接続語
２年	図や写真と文章とを関係づけながら読む	図、写真
３年	抽象・具体の表現の違いを考えながら読む	抽象的な語や文、具体的な語や文
３年	事実の文と意見の文を区別しながら読む	意見の文、事実や感想の文末表現
３年	指示語の意味をとらえて読む	指示語（こそあど言葉）
４年	語りかけの表現をとらえて読む	語りかけの文末表現
４年	言葉の定義に気をつけながら読む	定義づけ、強調のかぎかっこ
４年	対比的な表現や並列的な表現などに気をつけて読む	順接、逆接、並列、添加、選択、説明、転換の接続語、長所・短所
４年	時の流れに着目しながら読む	西暦、年号

4年	説明の略述と詳述の効果を考えながら読む	略述、詳述
5年	具体例の役割を考えながら読む	具体例
5年	表やグラフの効果を考えながら読む	表、グラフ、数値
5年	譲歩的な説明をとらえて読む	譲歩
6年	文末表現の効果を考えながら読む	常体、敬体、現在形、過去形
⑥「文種」系列の読む力		
1年	物語文と説明文の違いをとらえて読む	物語文、説明文
3年	実験・観察の記録文の特徴を考えながら読む	実験、観察、研究、記録文
4年	報告文の特徴を考えながら読む	報告文
5年	論説文の特徴を考えながら読む	論説文
5年	編集の仕方や記事の書き方に注意して新聞を読む	新聞、編集、記事
5年	伝記の特徴を考えながら読む	伝記、ドキュメンタリー、説明的表現、物語的表現
5年	随筆の特徴を考えながら読む	随筆、説明的表現、物語的表現
6年	紀行文の特徴を考えながら読む	紀行文
6年	ドキュメンタリーの特徴を考えながら読む	ドキュメンタリー
⑦「活動用語」系列の読む力		
1年	語のまとまりに気をつけて音読する	音読
2年	生き物や乗り物など、テーマを決めて読む	テーマ読書
4年	目的に必要な情報を図鑑や辞典で調べる	調べる活動、図鑑、辞典、索引
5年	自分の思いや考えが伝わるように音読や朗読をする	朗読

※筑波大学附属小国語教育研究部編『筑波発 読みの系統指導で読む力を育てる』（東洋館出版社）2016年2月より

※筑波大学附属小国語研究部編『筑波発　読みの系統指導で読む力を育てる』（東洋館出版社）2016年2月

第2章

授業のユニバーサルデザインを目指す国語授業と個への配慮

―「学びの過程において考えられる困難さに対する指導の工夫」の視点から―

授業のユニバーサルデザインを目指す国語授業と個への配慮
―「学びの過程において考えられる困難さに対する指導の工夫」の視点から―

明星大学　小貫　悟

1．各教科の学習指導要領における特別支援教育の位置付け

小学校では2020年度から実施される学習指導要領を特別支援教育の立場からみたときに、これまでの学習指導要領からの注目すべき変更点と言えるのが、各教科の学習指導要領の中に、

> 障害のある児童などについては、学習活動を行う場合に生じる困難さに応じた指導内容や指導方法の工夫を計画的、組織的に行うこと。

の文言が新たに加わったことである。ここで「通常の学級においても、発達障害を含む障害のある児童が在籍している可能性があることを前提に、全ての教科等において、一人一人の教育的ニーズに応じたきめ細かな指導や支援ができるよう、障害種別の指導の工夫のみならず、学びの過程において考えられる困難さに対する指導の工夫の意図、手立てを明確にすることが重要である。（下線は筆者加筆）」と説明されている。教科教育の基本的な枠組みとして（つまり、授業内において）「学びの過程に困難がある子」への指導をしっかり行うことが明記されたわけである。

2．通常の学級における特別支援教育とは

ここで、教科教育における「学びの過程において考えられる困難さに対する指導」の前提となる「通常の学級における特別支援教育」について今一度確認しておこう。平成19年度の学校法改正に伴い「特別支援教育」は誕生した。特別支援教育の定義としては、平成15年3月の文部科学省調査研究協力者会議の「今後の特別支援教育の在り方について（最終報告）」に示された説明がその定義として、しばしば引用されている。

> 特別支援教育とは、従来の特殊教育の対象の障害だけでなく、LD、ADHD、高機能自閉症を含めて障害のある児童生徒の自立や社会参加に向けて、その一人一人の教育的ニーズを把握して、その持てる力を高め、生活や学習上の困難を改善又は克服するために、適切な教育や指導を通じて必要な支援を行うものである。（下線は筆者加筆）

ここで示されている通り、それまで障害児教育を担ってきた「特殊教育」との決定的な違いは、「LD、ADHD、高機能自閉症を含む」としたところである。現在、この三つの障害を教育領域では「発達障害」とし、特別支援の対象に位置付けている。特に、この三つの障害のベースには「知的な遅れを伴わない」との前提がある。つまり、従来の公教育システムにおいて「通常の学級に在籍する」児童とされていた子どもであり、結果、障害のある子は「特別な場」での教育を受けるという前提を覆すものとなった。ここを源流として考えると、現在、「通常学級」に求められている「インクルーシブ教育」「ユニバーサルデザイン（以下、UD）」「合理的配慮」などの教育的配慮の意味合いがよくみえてくるであろう。

3．LD、ADHD、高機能自閉症の「学びの過程における困難」とは

以下に、通常学級における特別支援教育の対象とされた「LD、ADHD、高機能自閉症」を説明する。これは、すでに多くの類書の詳しいため、ここでの説明は本稿のテーマである授業の中での「学びの過程における困難さ」がその子たちにどう生じるのかの説明を中心に述べる。

◎ LD のある子が直面する「学びの過程における困難」

LD（学習障害）のある子は「聞く、話す、読む、書く、計算する、推論する」などの基礎学力の習得に特異的なつまずきを見せ、授業においては、学習内容への「理解のゆっくりさ」が課題になる。なぜ、こうしたことが生じるかは不明なことが多いが、そうした子の心理検査などの結果には「認知能力のかたより」が見られることが多く、特に「視覚認知（形や文字などを目で捉える力）」や「聴覚認知（音や口頭言語などを耳で捉える力）」などの外部からの情報を捉えて思考すること（情報処理）に弱さをみせることがある。また、同様に「記憶能力」に弱さをみせることもあり、ここから学習内容の「定着の悪さ」が生じることがある。このような特徴のある子には「学習スタイルの違い」つまり個々の学び方の違いに配慮する必要がある。さらに、学習の遅れから「二次症状」と呼ばれる自信喪失、劣等感などの心理面のつまずきが生じることも多く、その配慮も必要になる。

◎ ADHD のある子が直面する「学びの過程における困難」

ADHD（注意欠如多動性障害）は「不注意・多動・衝動性」などの行動特徴が生じる障害である。この特徴は、外部からの刺激（音、掲示物、人の動き等）に弱く、すぐにそれに反応してしまうため、今、進行している作業が中断しがちになったり、別のことに関心が移ってしまったりするなどの行動が頻繁に起こる。こうした特徴は「集中力の無さ」「やる気の無さ」と位置付けられ、授業において教師からの注意・叱責を受けがちになる。そうした中で、授業参加の放棄、教師への反抗、他児とのいさかいなどの行動が「二次症状」として現れることもあり、授業の不参加がさらに顕著になるといった負の連鎖が

生じることも少なくない。

◎高機能自閉症のある子が直面する「学びの過程における困難」

高機能自閉症は、知的には遅れがみられない自閉症の特徴のある子を指す概念である。医学的には「自閉スペクトラム症」と診断される。高機能自閉症の子は対人関係の苦手さや「状況理解の悪さ」を指摘されがちである。また、特定の物や、スケジュール、やり方などに固執するなどの「こだわり」をもつことも知られている。こうしたこだわりは「関心のムラ」につながったり、突然の予定変更の弱さなどを生じさせ、それが「見通しの無さへの不安」へとつながったりすることもある。このような行動面での特徴とともに、独特な状況理解や考えをもつこともある。特に「イメージすることの弱さ」をもつことが知られており、これが「曖昧なものへの弱さ」「抽象的思考の弱さ」につながることもある。また、複数のことを同時に行うことは苦手であり「複数並行作業の弱さ」を補う配慮も必要になる。

4.「発達障害のある子」の困難（つまずき）と「すべての子ども」との共通点

以上のように発達障害と呼ばれる子どもたちには様々な「学びの過程における困難（つまずき）」が生じる。しかし、その困難（つまずき）は、すべての子にとっても地続きのつまずきである。発達障害のある子のつまずきは、どの子にも生じるつまずきとして言い換えが可能である。そのことを示したのが、**表1**である。

表1　発達障害の「学びの過程における困難」とどの子にも起きうる困難の関係

状況	発達障害のある子に「学びの過程における困難」を生む特徴	どの子にも起きうる「学びの過程における困難」を生む特徴
参加	状況理解の悪さ	学習準備／作業の取り掛かりの悪さ
	見通しの無さへの不安	授業がどこに向かっているのか理解不足
	関心のムラ	全体の流れからはずれる思考
	注意集中困難／多動	気の散りやすさ
	二次障害（学習意欲の低下）	引っ込み思案／自信の無さ
理解	認知のかたより（視覚・聴覚）	指示の聞き落とし／ 課題内容や細部の見落とし
	学習の仕方の違い (learning differences)	得意、不得意の存在／ 協力しての作業の苦手さ
	理解のゆっくりさ (slow learner)	協働的な学習でのペース合わせが苦手／ 学習内容の背景理解や深めることの苦手さ
	複数並行作業の苦手さ	すべき作業の取りこぼし
	曖昧なものへの弱さ	質問の意図の取り間違い／思い込みをする傾向／断片的な理解をする傾向

習得	記憶の苦手さ	既習事項の積み上がりにくさ
	定着の不安定さ	学び続ける態度の弱さ
活用	抽象化の弱さ	知識の関連付けの弱さ／応用への弱さ
	般化の不成立	日常生活に結び付ける意識の低さ

表 1 における対応関係をベースにすると、発達障害のある子の「学びの過程における困難」への配慮は、同時に、授業中に多くの子に生じるつまずきへの配慮となっていると考えることが分かる。つまり、これが「授業の UD」を成立させる根拠の土台なのである。

5.「ユニバーサルデザイン」における授業改善

ここで、授業を UD 化するためのモデルを提示したい。それを示したのが**図 1** である。

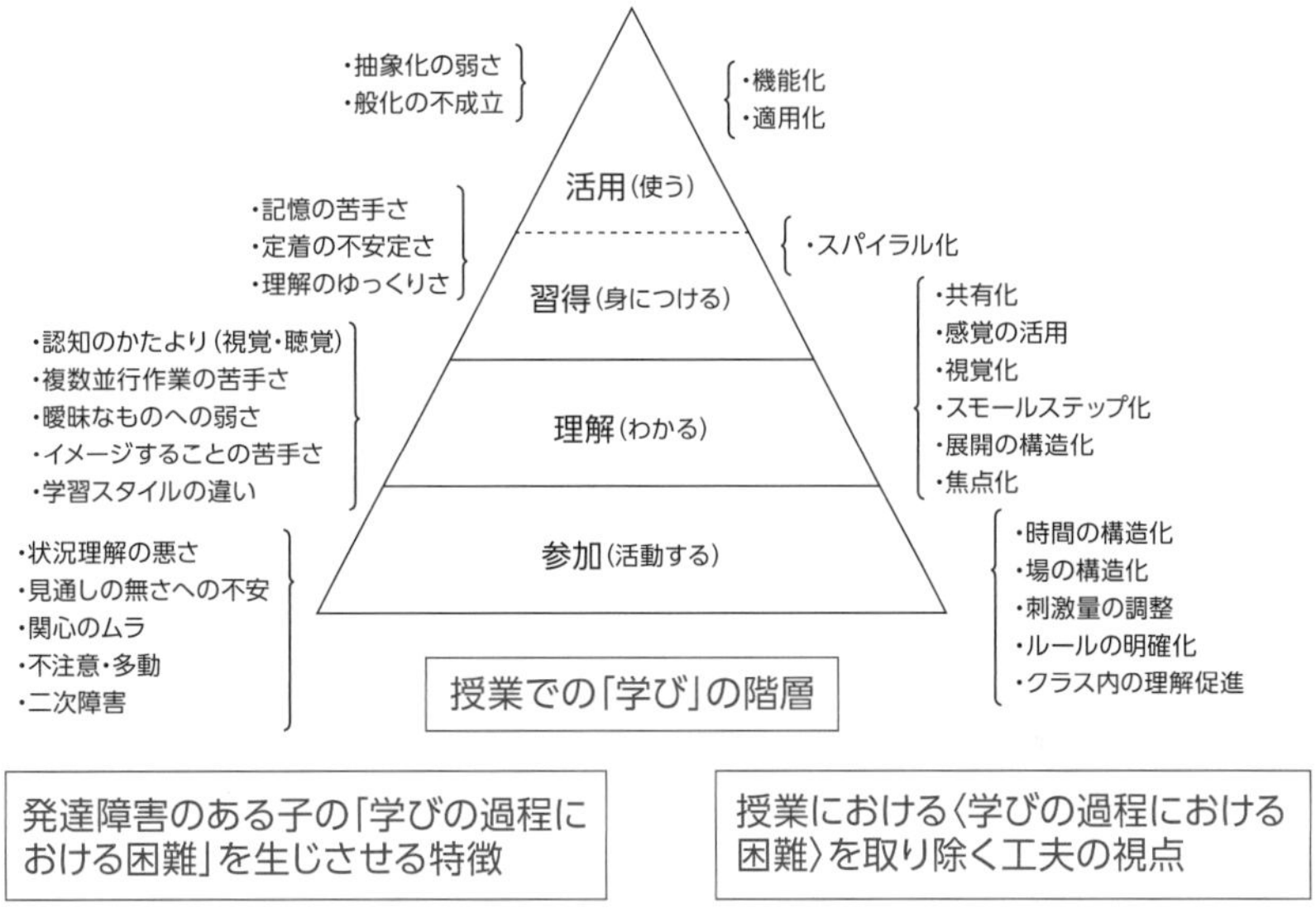

図 1　授業 UD モデル

まず、図（モデル）の左側に、ここまでに述べてきた〈発達障害のある子の「学びの過程での困難」を生じさせる特徴〉を列挙した。次に図の中心にある三角形に注目してほしい。これは、通常学級での〈授業での「学び」の階層〉を示したモデルである。授業の最も土台となっているのは、子どもの〈参加〉である。授業は参加しないと始まらない。一方、授業は参加すればよいというものではない。参加の上部には〈理解〉が乗る。参加した上で理解できることが授業では求められる。また、授業において理解したものは、自分のものになっていかなければならない。そのときは理解したけれど、その学習の成果が別の場面では使えないならば、授業から学んだことにはならない。つまり〈理解〉階層の上には〈習得〉〈活用〉階層が乗るのである。こうした「授業の階層性」を整理棚にして〈発達障害のある子の「学びの過程での困難」を生じさせる特徴〉を階層ごとに配置すると図中の左側に示したようになる。この整理によって、どの階層を意識した授業を行うかによって、配慮すべき点を絞ることができる。また、この図の左側の「学びの過程の困難を生じさせる特徴」をカバーするための指導上の「視点」、つまり〈「学びの過程での困難」を取り除く視点〉を配置したのが図中の右側部分である。これらの「視点」について、以下に一つずつ解説する。各視点は、下部に置かれたものが上部の視点を支える要素をもっている。そのため、本稿の解説の順も下部から上部へという進め方で行う。

〈参加階層〉

・クラス内の理解促進

この視点は、クラス内の子が発達障害のある子を適切に理解できるように促すことを目的としている。クラス全体に学習がゆっくりであることをからかうような雰囲気がないか、そうした子をカバーする雰囲気が作られているかをチェックする。こうした視点で発達障害のある子をクラスで支えていくことは、結局、すべての子に対しての配慮にもなる。なぜなら、どの子にも起きてくる可能性のある「間違うこと」「分からないこと」は恥ずかしいことではないということを、そのクラス全員のスタンダードにできるからである。そして「分からない」ことがあったときに「わからない」と安心して言えるクラスでは、担任も「授業の工夫」の方向性を見出しやすくなり、その結果、授業改善、授業のUD化が実現しやすくなる。

・ルールの明確化

暗黙の了解事項やルールの理解が極端に苦手なのが高機能自閉症のある子の特徴である。暗黙に決まっている（授業者が、どの子も知っていると思い込んでいる）授業内のルールは意外に多い。これらのルールの運用が上手にできずに授業に参加できていない子がいないであろうか。質問の仕方、意見の伝え方、話し合いの仕方などには、ある程度のルールが必要である。授業参加の前提となる、そうした授業内での振る舞い方をどの子も理解し、できるようになっているかをチェックしたい。

・刺激量の調整

前述したようにADHDの子は周囲の刺激に反応しがちな子である。授業に集中してほしいときに、他に気が散る刺激があれば、授業への集中は低下する。黒板周りの壁に、様々な掲示物を貼ることに特段の問題意識は無かった時代もある。当時は「大切なことは常に目に見える場所に貼っておくべきである」という考えが主流だった。この考え方自体は悪いことではない。ただし、授業のUD化という文脈では、やはり黒板に注意を向けやすい環境づくりをしたい。子ども目線から、教室前面（黒板）がどのように見えているかを、時々、刺激性の観点からチェックしておきたい。

・場の構造化

特別支援教育での自閉症へのアプローチとして有名なのが教室空間などに一定の規則性

を持ち込んで使いやすくする工夫であり、これが「場の構造化」と呼ばれる。これを通常の学級での応用として導入すると学級における学習活動の効率がよくなる効果がある。例えば、教室内のすべての物品に置く場所が決まっていれば、全員が無駄な動きなくその物品を使うことができる。また、教室内の物品の配置も、全員の動線を考慮して考えてみるとよい。

・時間の構造化

通常学級においては一日の流れを黒板に書き出すことはある。しかし、授業の一コマの内容を示さないことも多い。試しにそうした配慮をしてみると、授業中での学習活動の「迷子」を防いだり、迷子になったときにはその時点で行っている学習活動に戻るための助けになったりすることがある。学習活動の迷子とは「あれっ、今、何をしているんだろう」と授業の流れについていけなくなる状態である。授業の迷子は誰にでも起きうる。学習内容が分からなくなるときには学習活動の迷子が先に起きていることも多い。授業の流れを視覚的に提示する「時間の構造化」の方法によって、助かる子が意外に多いはずである。

〈理解階層〉

・焦点化

これは、授業の〈ねらい〉や〈活動〉を絞り込むことを意味する。発達障害のある子は授業内の活動や説明が「ゴチャゴチャ」したものになると、途端についていけなくなりがちである。しっかりとフォーカスした〈ねらい〉とシンプルな〈活動〉によって授業を構成したい。

・展開の構造化

〈ねらい〉と〈活動〉が焦点化されたら、それに基づいた展開の工夫をしていく。論理的かつ明示的な展開であると、多くの子が授業に乗りやすく活躍しやすくなる。逆に展開が分かりにくい授業では、子どもたちが正しい方向への試行錯誤ができなくなり、思考のズレ、思考活動からの離脱、流れについていくことへの諦めが生じやすくなる。「学習内容」が分からなくなる前に「授業展開」についていけなくなっているのではないかのチェックが必要である。展開自体の工夫は、授業 UD 論の中で極めて大きな視点の一つである。

・スモールステップ化

ある事柄の達成までのプロセスに、できるだけ細やかな段階（踏み台）を作ることで、どの子も目標に到達しやすくする。用意された踏み台は使っても使わなくてもよいといった選択の余地があるように工夫するとよい。踏み台を必要としない子がいるにもかかわらず、スモールステップにした課題を全員一律に行うと「簡単過ぎる」と感じモチベーションの低下が生じる子もいる。理解が早い子にも、ゆっくりな子にも、同時に視点を向けるのが授業UDの基本である。

・視覚化

これは、情報を「見える」ようにして情報伝達をスムーズにする工夫である。授業は主に聴覚情報と視覚情報の提示によって行われる。この二つの情報を同時提示することで情報が入りやすくなる。また、この二つの情報の間にある違いは「消えていく」「残る」であり、視覚情報の「残る」性質を大いに利用することで授業の工夫の幅が広がる。

・感覚の活用

発達障害のある子の中には「感覚的に理解する」「直感的に理解する」ことが得意な子がいる。感覚的に捉え、認識していける場面を授業の中に設定すると効果的な支援になることがある。例えば、教材文を読み、それを演じてみる（動作化）と、そこから得られた感覚（体感）によって、文字情報からだけでは分からなかった深い理解が可能になることもある。

・共有化

例えば、ペアトーク、グループ学習など子ども同士で行う活動を要所で導入する。これは、協同学習、学び合いなど様々な呼称で、授業の方法論としてすでに大切にされてきている視点でもある。授業者主導の挙手指名型が多い授業は「できる子」のためだけの授業になりやすい。子ども同士の相互のやりとりによって、理解がゆっくりな子には他の子の意見を聞きながら理解をすすめるチャンスを、そして、理解の早い子には他の子へ自分の意見を伝えたり説明したりすることでより深い理解に到達できるチャンスを作りたい。

〈習得・活用階層〉

・スパイラル化

教科教育の内容はどの教科でも基本的にスパイラル（反復）構造になっている。つまり、ある段階で学んだことは、次の発展した段階で再び必要となる。つまり既習事項には再び出会う構造になっているとも言える。こうした「教科の系統性」と呼ばれる特徴を利用して、前の段階では理解が十分でなかったことや、理解はしたけれど再度の確認を行う必要のあることなどについての再学習のチャンスを可能な範囲で授業内に作りたい。

・適用化／機能化

「活用する」とは、学んだことを応用、発展することである。ここで、基本事項を別の課題にも「適用」してみたり、生活の中で「機能」させてみたりすることで、授業で学んだことが本物の学習の成果となっていく。さらに、肌感覚がある具象的な事柄から、抽象的な概念の理解が可能になっていくことは多い。常に、学びの内容がどこと、何と「つながっているのか」を考える視点をもつと、子どもの理解を促す糸口が見つかることは多い。

6．ユニバーサルデザインと個への配慮の関連
―学習のつまずきに対する三段構え―

さて、ここまで、授業のUD化の〈視点〉を整理してきた。それらを踏まえて、ここで「すべての子が分かる授業」の実現に向けて、一歩進んだ枠組みを示しておきたい。それが〈学習のつまずきに対する「三段構え」〉である。その発想は「すべての子が分かる授業」の実現のための現実的な教育対応の枠組みを示すものであり、〈授業の工夫〉〈個への配慮〉〈授業外の補充的な指導〉の三つの組合せで構成される。**図2**を見ていただきたい。図の一番上の部分には〈授業内容〉がある。これは指導案とも言い換えられる。最初の原案となる指導案をより精錬して授業をUD化していくためには、その指導案に沿って実際に授業を行ってみると、クラス内の一人一人の子どもにどのようなつまずきが起きうるかを想定してみるのである。ここで、気付いた（想定される）つまずきが授業において有効にカバーされる配慮を入れることで「UD化された授業」が作られる。この**図2**では、図の上部で明らかになった〈想定されるつまずき〉の一つ一つについて〈授業の工夫〉だけでカバーできるのか、授業内の〈個への配慮〉も必要なのか、さらに〈授業外の補充的な指導〉の導入も検討する必要があるのかといった判断が必要になることを**図2**の中段の矢印の枝分かれによって示している。

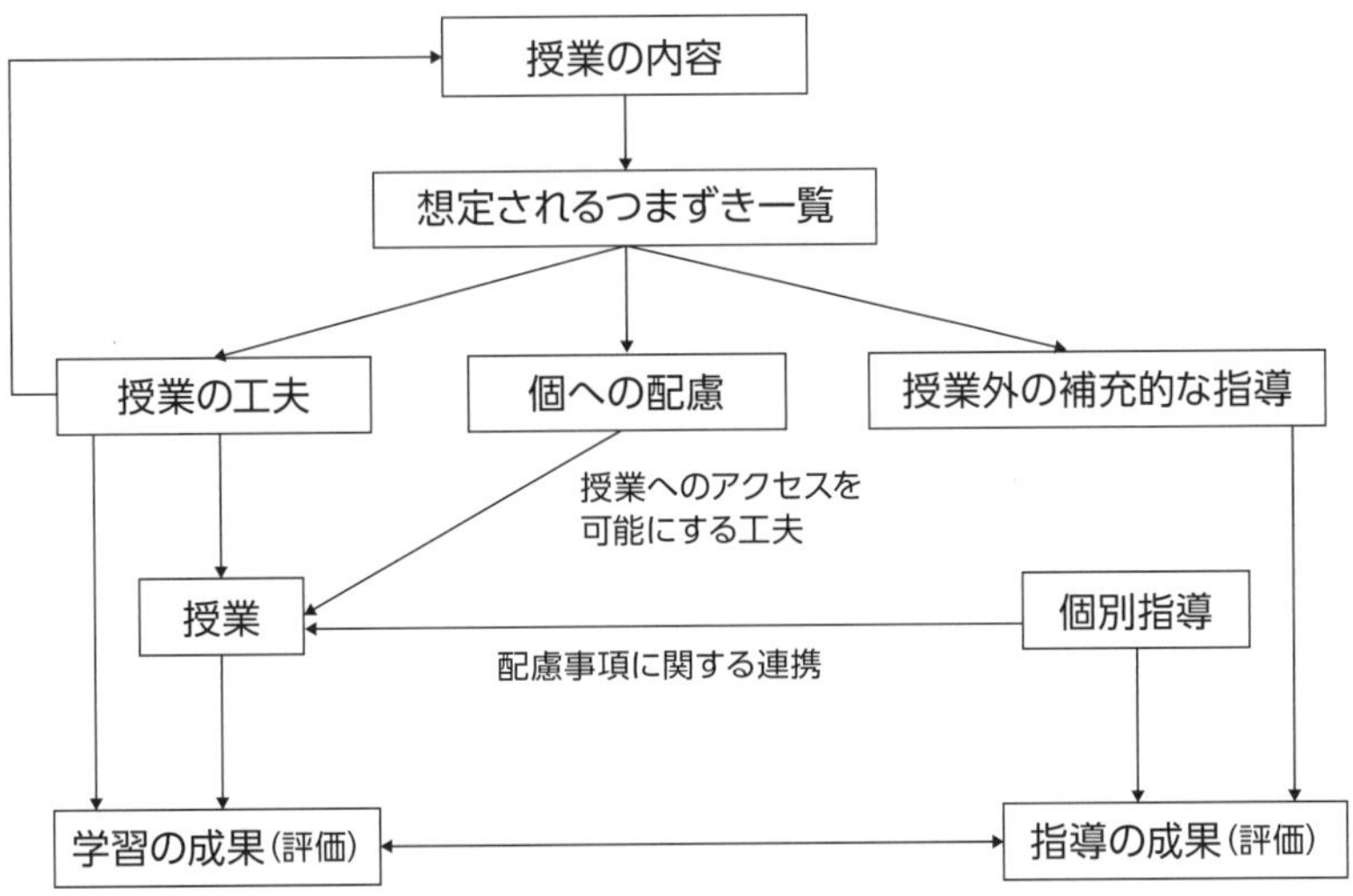

図2　学習につまずきに対する三段構え

第一段階：授業の工夫

まずは、**図2**の一番左側の流れを説明したい。ここが授業UDの中核作業である。ここでの工夫がうまくいくかどうかは、実際に授業してみないと分からないというのはすべての授業者の本音である。しかし、**図2**の上部の「授業内で生じうるつまずきを徹底的に想定してみる、想像してみる」ことをどれだけ丁寧に行うかによって、その成功の確率が変わってくることは、授業者が誰でも体験していることでもあろう。このように、具体的にどのようなつまずきが生じるかをまず可能な限り想定し、その上で、ここまでに説明

したような授業UDの視点を下敷きにして、つまずきをカバーする具体的な手立てを考えてもらいたい。本書の指導案には、それらの工夫のサンプルがあふれている。是非、参考にしてほしい。

第二段階：個への配慮

これは、**図2**では真ん中の流れである。ここでは第一段階の全体指導として行われる「授業の工夫」と違い、ある特定の「学びの過程における困難」がある子に対してのみに行う「配慮」であり、つまりは「個への配慮」である。読みにつまずきをもつ子に対して読み仮名付きや拡大文字の教材文を用意したり、書きにつまずきをもつ子に対して板書における視写範囲の限定を行ったりするなどの配慮は、その例の一つである。理想を言えば、前述の第一段階の〈授業の工夫〉で「すべての子」のつまずきをカバーしたい。しかし、現実には、第二段階の「その子」だけの配慮の視点無くして、それは達成できない。〈個への配慮〉において注意したいのは、この配慮は、あくまで、その子が全体の授業に参加する（アクセスする）ための配慮であるという点である。個別の支援・配慮の一つ一つは、全体の授業に参加できて初めて成功したと言える。そのためには、全体の授業は事前に〈個への配慮〉を必要とする子を含むように工夫されていなければならない。つまり、第一段階〈授業の工夫（＝授業のUD化）〉の充実があって、初めて第二段階〈個への配慮〉としての工夫が生きるのである。

第三段階：授業外の補充的な指導

これは、**図2**の一番右側の流れである。第一、第二段階での支援ではカバーできない部分について、第三段階として（最終段階として）、ここで授業以外の個別指導形態によって支援するのである。これは基本的には特別支援教育の領域としての支援である。ただし、この〈補充的な指導〉は「通級による指導」のみでなく、担任が行う場合も、あるいは家庭学習による連携もありうる。

この「授業外の補充的な指導」とは、言い換えれば、その子その子の「オーダーメイドの指導」であり、一人一人の子どもの状態によって千差万別の方法が展開されるはずである。この部分は、今後の我が国の教育界が目指す「個別最適化」との文脈でさらなる研究が必要であろう。

そして、ここでの〈授業外の補充的な指導〉も、第二段階〈個への配慮〉と同様に、授業の中で活かされなければならない。そうした意味で、第一段階の〈授業の工夫〉との連携は必須である。

7.「個への配慮」へのヒントとなる学習指導要領解説の〈例示〉

それでは、**図2**における第二段階の〈個への配慮〉を授業中にいかに実現したらよいであろうか。そのヒントとなるのが各教科の学習指導要領解説に実際に収載されている障害のある子への指導時の配慮の〈例示〉である。国語の学習指導要領解説には小学校、中学校の各教科毎に〈例示〉は数例ずつが載っている。

例えば、小学校の学習指導要領解説の国語編には〈例示〉として、

> 文章を目で追いながら音読することが困難な場合、自分がどこを読むのかが分かるように教科書の文を指等で押さえながら読むよう促すこと、行間を空けるために拡大コピーをしたものを用意すること、語のまとまりや区切りが分かるように分かち書きされたものを用意すること、読む部分だけが見える自助具（スリット等）を活用すること

と配慮例が示されている。この学習指導要領解説に示されている〈例示〉を読むには少々のコツが必要になる。基本的にどの例示も【困難の状態】【配慮の意図】【手立て】の３つの部分から書かれている。各〈例示〉は「○○のような困難を抱える子がいる場合【困難の状態】」（上記例では「文章を目で追いながら音読することが困難な場合」）は、「○○のために／○○ができるように【配慮の意図】」（上記例：「自分がどこを読むのかが分かるように」）、「○○のような支援が考えられる【手立て】」（上記例：①教科書の文を指等で押さえながら読むよう促すこと、②行間を空けるために拡大コピーをしたものを用意すること、③語のまとまりや区切りが分かるように分かち書きされたものを用意すること、④読む部分だけが見える自助具（スリット等）を活用すること」）という構造で述べられている。それぞれの〈例示〉によって、多少の書きぶりの違いがあるにしても、小学校、中学校におけるすべての教科の学習指導要領解説で、このような統一した構造で〈例示〉が記載されたことについては、教科指導における特別支援教育的発想の根付きの一つとして注目すべき点である。

ここでは、国語科における小学校の（本書には直接的な関連はないが参考として中学校についても）例示を**表２、３**にまとめた。さらに、その一つ一つの例について、前述の授業UDの工夫の視点との関連も示した。

８．あらゆる【困難の状態】への【手立て】を案出するために

ここに示した学習指導要領解説の〈例示〉は、あくまで例示であり、おそらくその紙面の都合のために、典型例や一部の視点による数例の提示に留まっている。しかし、日本中の教室での日々の授業の中には様々な【困難の状態】があふれている。学習指導要領解説の〈例示〉を参考にしつつも、我々はそこには無い自分の周囲で現実に起きるすべての【困難の状態】への【手立て】を自分たち自身で産出していく必要がある。この〈困難の状態⇒配慮の意図⇒手立て〉の論理展開で、様々な対応を考えていく際に、図１で示した授業UDモデルを下敷きとして大いに活用していただきたい。なぜなら、表２、３で示したように、学習指導要領解説で示された〈例示〉の【手立て】の内容のほとんどが授業UDモデルの〈視点〉で説明できるからである。ここでは、授業の中で様々な【困難の状態】に遭遇したときに、授業者自らが【手立て】を自由自在に案出ができるプロセスの中

表２　小学校　学習指導要領　解説（国語）での配慮の例示

困難の状態	配慮の意図	手立て	UD 視点
文章を目で追いながら音読することが困難な場合	自分がどこを読むのかが分かるように	教科書の文を指等で押さえながら読むよう促すこと、行間を空けるために拡大コピーをしたものを用意すること、語のまとまりや区切りが分かるように分かち書きされたものを用意すること、読む部分だけが見える自助具（スリット等）を活用すること	**感覚の活用** **視覚化** **焦点化** **刺激量の調整**
自分の立場以外の視点で考えたり他者の感情を理解したりするのが困難な場合		児童の日常的な生活経験に関する例文を示し、行動や会話文に気持ちが込められていることに気付かせたり、気持ちの移り変わりが分かる文章の中のキーワードを示したり、気持ちの変化を図や矢印などで視覚的に分かるように示してから言葉で表現させたりする	**感覚の活用** **焦点化** **視覚化**
声を出して発表することに困難がある場合や人前で話すことへの不安を抱いている場合	自分の考えを表すことに対する自信がもてるよう	紙やホワイトボードに書いたものを提示したり、ＩＣＴ機器を活用して発表したりする	**視覚化**

表３　中学校　学習指導要領　解説（国語）での配慮の例示

困難の状態	配慮の意図	手立て	UD 視点
自分の立場以外の視点で考えたり他者の感情を理解したりするのが困難な場合	生徒が身近に感じられる文章（例えば、同年代の主人公の物語など）を取り上げ、文章に表れている心情やその変化等が分かるよう	行動の描写や会話文に含まれている気持ちがよく伝わってくる語句等に気付かせたり、心情の移り変わりが分かる文章の中のキーワードを示したり、心情の変化を図や矢印などで視覚的に分かるように示してから言葉で表現させたりする	**感覚の活用、焦点化、視覚化**
比較的長い文章を書くなど、一定量の文字を書くことが困難な場合	文字を書く負担を軽減するため	手書きだけでなくICT機器を使って文章を書くことができるようにする	**代替手段の活用**
声を出して発表することに困難がある場合や人前で話すことへの不安を抱いている場合	自分の考えを表すことに対する自信がもてるよう	紙やホワイトボードに書いたものを提示したり、ICT機器を活用したりして発表するなど、多様な表現方法が選択できるように工夫	**視覚化** **代替手段の活用**

※表中の下線は筆者が加筆

で、授業UDモデルを活用していく方法を、3つのステップに分けて示す。

ステップ1 【困難の状態】を確定し【配慮の意図】を決める

授業中に出会う【困難の状態】に対して【手立て】を生みだすには、両者の間にある【配慮の意図】が非常に重要になる。同じ【困難の状態】に対しても【配慮の意図】に何を置くかによって、その【手立て】は全く違ったものになる。例えば、前述した「文章を目で追いながら音読することが困難な場合」の〈例示〉では、その【困難の状態】に対して、「自分がどこを読むのかが分かるように」という【配慮の意図】が設定されている。しかし、この【困難の状態】に対して【配慮の意図】として、例えば「一字一字を読み取りやすくするために」や「目で追う形の読み取りだけにならないように」といった形で、別の【配慮の意図】を設定することも可能である。【配慮の意図】が変われば、当然、【手立て】も変わってくる。「一字一字を読み取りやすくするために」と【配慮の意図】を設定すれば「文字そのものを拡大したり、見やすいフォントの字体での教材を使ったりする」などの【手立て】案が考えられよう。また、「目で追う形の読み取りだけにならないように」とする【配慮の意図】であれば、「まずは指導者の音読を聞き、その教材文の内容が理解した上で、指導者と息を合わせて「同時読み」での音読をする」などの【手立て】も考えられよう。このように、【配慮の意図】は「自分がどこを読むのかが分かるように」「一字一字を読み取りやすくするために」「目で追う形の読み取りだけにならないように」といったように実態に応じて変化させることが可能である。どこに、そのポイントを置くかを決めるのは実際の子どもの様子次第である。授業者としての自分自身が、その子に何を「してあげたい」と感じているか、あるいは、何を「すべきか」と考えているかを自らキャッチすることが大切である。

ステップ2 〈発達障害のある子の「学びの過程における困難」を生じさせる特徴〉から【手立て】を導く

ステップ1での「こうしてあげたい」という思いをベースに【配慮の意図】が決められようとしている、まさにその状況の中で、同時並行的に「そもそも、その【困難の状態】はなぜ起きているのだろうか」と考えるようにしてほしい。それを考える下敷きとして、図1の授業UDモデルにおける左側部分の〈発達障害のある子の「学びの過程における困難」を生じさせる特徴〉に示した内容を思い出してほしい。その内容をざっと眺め直してみると、今回の【困難の状態】が生じた「原因」を推測するのに役に立つことがある。先ほどの〈例示〉で言えば、「文章を目で追いながら音読することが困難」という【困難な状態】と遭遇したときに「文章を追いやすくしてあげたい」と考えるタイミングで、その背景を探るために、モデルの左側部分を「ざっと」見てみると、発達障害のある子には「外部の視覚情報の読み取りについてうまくいかない」などの〈認知のかたより〉や「思考作業で、集中し続けることが苦手」である〈不注意〉の特徴があることが確認できるであろう。そうして目についた特徴が、その子にも当てはまりそうであると思えば（あるいは気付けば）、そのまま、モデルの右側の工夫の視点での「感覚の活用」「視覚化」

「焦点化」「刺激量の調整」などが具体的な手立てを作るためのヒント（下敷き）にならないかと考えてみるのである。その結果、【手立て】として「行間を空けるために拡大コピーをしたものを用意すること（〈視覚化〉による工夫）、語のまとまりや区切りが分かるように分かち書きされたものを用意すること（〈感覚の活用〉による直観的な分かりやすさへの工夫）、読む部分だけが見える自助具（スリット等）を活用する（〈焦点化〉〈刺激量の調整〉の視点による工夫）」というように、具体的なアイディアの案出につながるわけである。

ステップ３【手立て】を案出する際には「教科」としての判断を重視する

ステップ２の要領で、授業UDモデルからピックアップした工夫の視点を具体的な【手立て】にまで落とし込む一連のプロセスは、指導アイディア案出の「手助け」をしようとするものである。しかし、実際に有効な【手立て】を生み出す中心は、その授業者の「教科」に対する本質的な理解や、教材や工夫の引き出しの多さ、そして教科の本質に沿った柔軟な発想が主役でもある。今回取り上げている〈例示〉のように、小学校から中学校にかけて国語の授業における様々な場面で、教材文を「目で追いながら読む」場面は必須である。「文章を目で追いながら読むのが苦手」という「学びの過程における困難」の状態をそのまま放置すれば、おそらくその後のすべての国語の学習への影響は避けられないだろう。その意味で、こうした【困難の状態】への配慮は国語教科としての優先順位が高く、できるだけ丁寧な配慮を行う必要性が高いと判断されるものである。さらに、〈例示〉にあるような「教科書の文を指等で押さえながら読むよう促すこと」「行間を空けるために拡大コピーをしたものを用意すること」「語のまとまりや区切りが分かるように分かち書きされたものを用意すること」「読む部分だけが見える自助具（スリット等）を活用すること」などの【手立て】を打つ際には、その【手立て】によって、何を捨て、何が残るのかという教科学習の意味合いからの分析が求められる。つまり、案出された具体的な【手立て】を実際に行うかどうかの判断は、教科、単元、学習内容の本質によって行われるべきなのである。

本稿で示した授業UDモデルは、教科学習における個への配慮としての【手立て】を案出する一歩手前まで誘導してくれる。しかし、その具体的な一手が本当に有効になるかどうかは、授業者の教科教育への研究の深みにかかっている。深く教科研究を進めた授業者が、日々の授業の中で特別支援教育にも通じるような有効な個別的配慮を何気なく行っているような場面に出くわすことがあるのは、こうした「教科教育」と「特別支援教育」は独立し合いながらも、常に関連し合い、つながっているからなのであろう。

9．まとめ

本稿では「授業UD」と「個への配慮」との関連を、学習指導要領に記された「学びの過程において考えられる困難さに対する指導の工夫」としてまとめた。しかし、繰り返し述べたように「授業UD」は「学びの過程における困難」のある子のためだけに限った視点ではなく、そうした子を含めて、学級全体の「すべての子」への「学びの補償」を実現しようとする極めて統合的、実践的、具体的な試みである。今後「授業改善」の旗の下でのたくさんの授業研究を通してその発展が期待される。本書は、その一翼を担う存在である。そして、その文脈の中で、収載されたすべての授業、指導案において、「学びの過程において考えられる困難さ」に対しての「個への配慮」の例を示すという先進的な試みをしているのも本書の特徴の一つとなっている。

ぜひ、一つ一つの配慮例をご確認いただき、ご自身の日々の工夫と照合し、さらに、そのセンスを高めていただきたいと思う。

第3章 授業のユニバーサルデザインを目指す国語授業の実際

「帰り道」の授業デザイン

（光村図書6年）

教材観

同じ出来事を共有した律と周也、それぞれの視点から書かれた物語である。地の文は、一人称視点であるため、視点人物の主観で話が進み、同じ出来事でも感じ方がそれぞれ違うという面白さがある。また、作品の設定は子供たちにとって身近であり、自分自身の経験と重ね合わせながら読むことができる。子供たちは、二人の視点から語られた物語をくらべながら読むことで、会話文や心内語を基に二人の人物像を捉えることができ、心情の変化や関係性の変化を読むのに適した教材である。

	初め	きっかけ	終わり
律	…はてしなく遠く感じられる。 周也はふだんと変わらない。 周也は…ぐんぐん前へ進んでいくんだろう。 なやみ 思っていることが、なんで言えないんだろう。 もうだめだ。追いつけない。	今、言わなきゃ、きっと二度と言えない。	できたこと 分かってもらえた気がした。 「行こっか。」「うん。」 ぼくたちはまた歩きだした。
場	玄関口　歩道橋　市立公園	天気雨	
周也	野球の練習を休んでまで… ぼくがしゃべればしゃべるほど、その音は遠のいていく なやみ いい球を投げられたなら 今日も律はおっとりと一歩一歩をきざんでいる。		できたのは、だまってうなずくだけ。 「行こっか。」「うん。」 律の言葉をちゃんと受け止められたのかもしれない。 できたこと

身に付けさせたい力

・登場人物の人物像を自分と重ねたり、叙述から捉えたりする力
・登場人物の心情の変化や関係性を捉える力

授業づくりの工夫

焦点化	視覚化	共有化
○人物像や心情の変化など1時間の指導内容を明確化し、一つにしぼる。 ○「Which 型課題」や「しかけ」により分かりやすい学習活動を設定する。	○会話文や心内語を構造的に配置することで人物像や心情の変化が視覚的に捉えられるようにする。 ○登場人物の心情を場所ごとに整理することで話の流れを理解しやすくする。	○黒板にネームプレートを貼ることで「Which 型課題」に対する全員の立場を共有する。 ○相手への見方の共通点や心情の変化を捉えた発言は、ペアで再現させたり、自分の言葉で言い換えさせたりするなどして共有を図る。

単元目標・評価規準

目標 登場人物の相互関係や心情の変化について、会話文や心内語、行動描写を基に捉え、共感的に読むことができる。

知識・技能
○読み取ったことを基に、会話文、心内語、行動描写等の叙述を登場人物の心情が伝わるように工夫しながら音読している。 (1)ケ

思考・判断・表現
○「読むこと」において、登場人物の心情の変化や人物像などについて、描写を基に捉えている。 C(1)イ

主体的に学習に取り組む態度
○進んで心情の違いを捉えて読んだり、考えを伝え合おうとしたりしている。

単元計画(全4時間)

次	時	学習活動	指導上の留意点
一	1	**視点が違うことの面白さを感じながら読もう**	
		○「帰り道」を読んで感想を書く。	・「1」だけを読み、感想を交流する。その後「2」を読み、作品全体の感想を交流することで、視点が異なる作品の面白さに気付かせる。
二	1	**心内語や行動描写を手がかりに登場人物の心情の変化を読み取ろう**	
		○律と周也の人物像を考える。	・律と周也のどちらにより共感できるか、叙述を基に理由を考えることを通して、二人の人物像を捉える。 ・二人の「実は似ているところ」を考えさせ、共通点を捉えさせる。
	2	○「行こっか。」「うん。」は、それぞれ律と周也のどっちの言葉かを考える。	・律と周也の初めと終わりの心情を構造的に板書することで、どのような心情の変化があるのかを捉えさせる。 ・「周也の悩みは、解決できなかったね」と考えをゆさぶることで、周也の変化に着目するとともに、律と周也のこれからについて考えさせる。
三	1	**観点を決めて感想を書こう!**	
		○観点を決めて「帰り道」の感想を書く。	・面白いと感じたのはどこかを交流してから、観点を示す。 ・観点の違いで感想が違うことや、同じ観点でも感想が違うことなどを知り、考えを広げさせる。

教材分析

イ　物語の設定（場所）

「1」と「2」では、玄関口→歩道橋→市立公園内と場所が共通して変わっていく。

場所ごとに心内語や行動描写を整理すると、登場人物の心情の変化や登場人物同士の心情を対比して考えやすくなる。

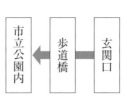

玄関口 → 歩道橋 → 市立公園内

ウ　人物像

「1」の心内語や行動描写からは、律から見た周也の人物像、律自身の悩みなどの心情が読み取れる。

「2」の心内語や行動描写からは、周也から見た律の人物像、周也自身の悩みなどの心情が読み取れる。

そこから、二人の人物像の相違点や共通点を明らかにすることができる。

かったみたいに、周也はふだんと変わらない。[ウ・オ]ぼくだけがあのことを引きずっているみたいで、一歩前を行く紺（こん）色のパーカーが、どんどんにくらしく見えてくる。

昼休みの出来事

今日の昼休み、友達五人でしゃべっているうちに、「どっちが好き。」って話になった。「海と山は。」「夏と冬は。」「ラーメンとカレーは。」「歯ブラシのかたいのとやわらかいのは。」――みんなで順に質問を出し合い、「海。」「海。」「山。」「海。」と、ぽんぽん答えていく。そのテンポに、ぼくだけついていけなかった。

[エ]「どっちかなあ。」とか、「どっちもかな。」とか、一人でごにょごにょ言っていたら、周也が急にいらついた目でぼくをにらんだんだ。

「どっちも好きってのは、どっちも好きじゃないのと、いっしょじゃないの。」

[ウ・オ]先のとがったするどいものが、みぞおちの辺りにずきっとささった。そんな気がした。そのまま今もささり続けて、歩いても、歩いても、ふり落とせない。

歩道橋

返事をしないぼくに白けたのか、周也の口数もしだいに減って、[イ]大通りの歩道橋をわたるころには、二人してすっかりだまりこんでいた。階段をのぼる周也と、ぼくとの間に、きょりが開く。広がる。[ウ]ここ一年でぐんと高くなった頭の位置。たくましくなった足どり。ぼくより半年早く生まれた周也は、これからもずっと、どんなこともテンポよく乗りこえて、ぐんぐん前へ進んでいくんだろう。

はぁ。声にならないため息が、ぼくの口からこぼれて、足元のかげにとけていく。[ウ・エ・オ]どうして、ぼく、すぐに立ち止まっちゃうんだろう。思っていることが、なんで言えないんだろう。ぼくは海のこんなところが好きだ。山のこんなところも好きだ。[ウ・エ・オ]その「こんな」をうまく言葉にできたなら、周也とちゃんとかたを並べて、歩いていけるのかな。「どっちも好き」と「どっちも好きじゃない」がいっしょなら、「言えなかったこと」と「なかったこと」もいっしょになっちゃうのかな。[ウ・オ]考えるほどに、みぞおちの辺りが重くなる。

■第二次・第2時

「「行こっか。」は律と周也どちらの言葉か」／ゆさぶり発問「周也の悩みは、解決できなかったね」

（Which型課題）

「行こっか。」は律と周也どちらの言葉かを考えることで、二人の心情の変化や人物像を基に解釈させる。また、発問で考えをゆさぶることで、周也の心情の変化を確認するとともに、今後の二人の関係性についても考えさせるようにする。

（エ、オ）

◆教材分析のポイント　その①【視点】

本単元の教材は、「1」と「2」で視点人物が異なる。同じとき、同じ場所での出来事を追っていくが、視点が異なることで、感じ方や考え方が人物ごとに異なることも捉えられる。

教材分析の際は、「1」を読む際には、視点人物である律の心情と対象人物である周也の様子だけでなく、「2」で描かれている周也の心情も捉えながら読むなど、二つの視点を関連付けながら読みたい。

◆教材分析のポイント　その②【人物像の相違点と共通点】

それぞれの視点から語られる対象人物の見方、自分自身の悩みなどを心内語や行動描写から読み取ることができる。また、登場人物がいる場所を基に、物語の流れを整理することで、登場人物の人物像（共通点や相違点）や心情の変化、関係性が捉えやすくなる。

指導内容

ア 視点

「1」と「2」とでは、視点人物が異なる。同じとき、同じ場所を二人の登場人物の視点で語られており、視点人物によって感じ方、考え方が異なり、対象人物の見方の違いや、それぞれの人物自身の悩みが心内語や行動描写から捉えられる。

「1」…律の視点

「2」…周也の視点

玄関口から外へ

帰り道

森 絵都

1

放課後のさわがしい玄関口で、いきなり、周也から「よっ。」と声をかけられて、どきっとした。

「あれ。周也、野球の練習は。」

「今日はなし。かんとく、急用だって。」

うわばきをぬぎながら周也が言って、くつしたにぽっかり空いた穴から、やんちゃそうな親指をのぞかせた。その指をスニーカーにおさめても、周也はなかなか歩きだそうとしない。どうやら、いっしょに帰る気のようだ。

小四から同じクラスの周也。家も近いから、周也が野球チームに入るまでは、よくいっしょに登下校をしていた。なのに、今日のぼくには、周也と二人きりの帰り道が、はてしなく遠く感じられる。

もたもたとくつをはきかえて外へ出ると、五月の空はまだ明るく、グラウンドに舞う砂ぼこりを西日がこがね色に照らしていた。

「ああ、腹へった。今日の夕飯、何かなあ。あしたの給食、何かなあ。」

「な、律。昨日の野球、見たか。」

「夏休みまで、あと何日だったっけ。」

周也の話があちこち飛ぶのは、いつものこと。なのに、今日のぼくにはついていけない。まるでなんにもな

指導のポイント

■第一次・第1時

「「1」「2」を分けて提示する」
（しかけ「限定する」）

単元の導入では、まず「1」のみを範読し、感想を交流させる。その後、「2」を読んで気付いたことや感想を交流させることで、視点が変わることの面白さや物語の設定などについて確認できるようにする。（ア、イ）

■第二次・第1時

「視点を基に心内語や行動描写を分類する」
（しかけ「分類する」）

律や周也の心内語や行動描写を分類することを通して、二人の人物像を捉え、共通点や相違点を話し合う。（ウ）

✓ 教材分析

エ 関係性

「1」と「2」を読みくらべると、二人の登場人物の相違点だけでなく、共通点も浮き彫りになってくる。

「実は…。」という言葉で人物像を捉え直すと、二人の関係性もはっきりと捉えやすくなる。

・「あなた、おしゃべりなくせして、どうして会話のキャッチボールができないの」

→周也の悩み

律に対して本当の思いを伝えられない、今の状況と重なる。

オ 心情の変化

場所ごとに心内語や行動描写に注目して、二人の心情を整理することで、心情の変化を捉えやすくなる。

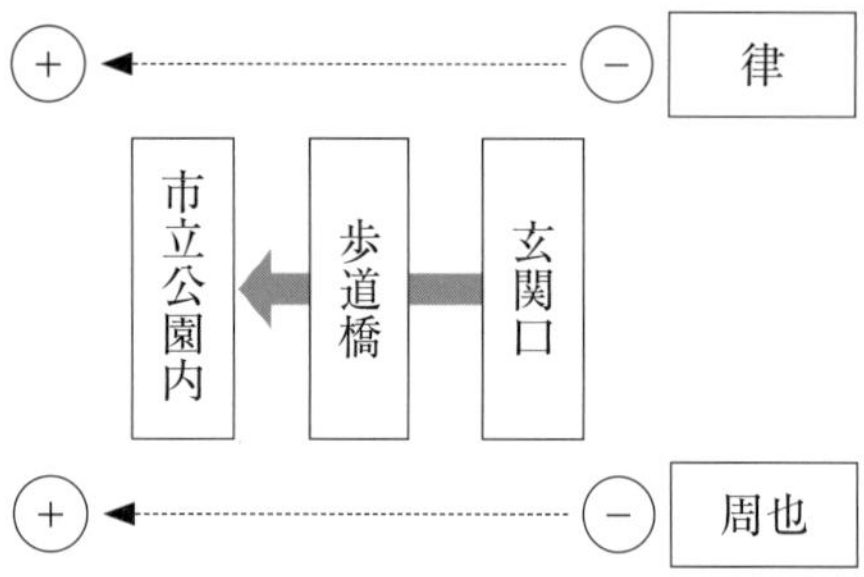

[ウ・オ]ぬれた地面にさっきよりも軽快な足音をきざんで、ぼくたちはまた歩きだした。

玄関口から外へ

2

何もなかったみたいにふるまえば、何もなかったことになる。そんなあまい考えをすてたのは、校門を出てから数分後、最初の角を曲がった辺りだった。どんなに必死で話題をふっても、律はうんともすんとも言わない。背中に感じる気配は冷たくなるばかり。やっぱり、律はおこってるんだ。そりゃそうだ。

昼休み、みんなで話をしていたとき、はっきりしない律にじりじりして、つい、言わなくてもいいことを言った。軽くつっこんだつもりが、律の顔を見て、重くひびいてしまったのが分かった。まずい、と思うも、もうおそい。[ウ・エ・オ]以降、絶対にぼくの顔を見ようとしない律のことが気になって、野球の練習を休んでまで玄関口で待ちぶせをしたのに、いざ並んで歩きだすと、気まずいちんもくにたえられず、またぺらぺらとよけいなことばかりしゃべっている自分がいた。

「この前、給食でプリンが出てから、もうずいぶんたつよな。」

「むし歯が自然に治ればなあ。」

「山田んちの姉ちゃん、一輪車が得意なの、知ってたか。」

[ウ]何を言っても、背中ごしに聞こえてくるのは、さえない足音だけ。ぼくがしゃべればしゃべるほど、その音は遠のいていくような気がする。

ふいに母親の小言が頭をかすめたのは、下校中の人かげがあっちへこっちへ枝分かれして、道がすいてきたころだった。

過去の会話

[ウ]「周也。あなた、おしゃべりなくせして、どうして会話のキャッチボールができないの。会話っていうのは、相手の言葉を受け止めて、それをきちんと投げ返すことよ。あなたは一人でぽんぽん球を放っているだけで、それじゃ、ピンポンの壁(かべ)打ちといっしょ。」

ピンポン。なんだそりゃ、とそのときは思ったけ

指導内容

●律から見た周也

・「くつしたにぽっかり空いた穴から、やんちゃそうな親指」

→律よりも活発な（少なくとも律の中では）男の子の心象

・「ここ一年でぐんと高くなった頭の位置。どんなこともテンポよく乗りこえて、ぐんぐん前へ進んでいくんだろう。」

→律が周也に対して抱く劣等感

●周也から見た律

・「何を言っても、背中ごしに聞こえてくるのは、さえない足音だけ。」

・「…よゆうが見てとれる。」

→昼休みの発言を律が怒っていることを実感する。また、自分（周也）にはない落ち着きのある律に焦りを感じている。

市立公園内

市立公園内の遊歩道にさしかかったころには、ぼくは周也に三歩以上もおくれをとっていた。もうだめだ。追いつけない。あきらめの境地でぼくは天をあおいだ。信じがたいものを見たのは、そのときだった。

空一面からシャワーの水が降ってきた。

もちろん、そんなわけはない。なのに、なぜだかとっさにプールの後に浴びるシャワーがうかんだのは、公園の新緑がふりまく初夏のにおいのせいかもしれない。

「うおっ。」

「何これ。」

頭に、顔に、体中に打ちつける水滴を雨と認めるのには、少し時間がかかった。晴れているのに雨なんて、不自然すぎる。ぼくと周也はむやみにじたばたし、意味もなくとんだりはねたりして、またたく間に天気雨が通り過ぎていくと、たがいのぬれた頭を指さし合って笑った。

本当に、あっというまのことだったんだ。ざざっと水が降ってきて、何かを洗い流した。周也の気どった前がみがぺたっとなったのがゆかいで、ぼくはさんざん腹をかかえ、気がつくと、みぞおちの異物が消えてきた。

単純すぎる自分がはずかしくなったのは、笑いの大波が引いてからだ。うっかりはしゃいだばつの悪さをかくすように、ぼくはすっと目をふせた。アスファルトの水たまりに西日の反射がきらきら光る。そのまぶしさに背中をおされるように、今だ、と思った。今、言わなきゃ、きっと二度と言えない。

「ぼく、晴れが好きだけど、たまには、雨も好きだ。」

勇気をふりしぼったわりには、しどろもどろのたよりない声が出た。

「ほんとに両方、好きなんだ。」

周也はしばしまばたきを止めて、まじまじとぼくの顔を見つめ、それから、こっくりうなずいた。周也にしてはめずらしく言葉がない。なのに、分かってもらえた気がした。

「行こっか。」

「うん。」

指導のポイント

■第三次・第1時

「それぞれの感想の書き出しは、どの仲間に分けられますか」

（しかけ「分類する」）

感想文の書き出しを、「内容について」と「書かれ方について」の二つの観点に分類することで、感想をどのように書くのか見通しをもたせるようにする。

教材分析

市立公園内

声がして、ぼくたちは全身に雨を浴びながら、しばらくの間ばたばたと暴れまくった。はね上がる水しぶき。びしょぬれのくつ。たがいのあわてっぷり。何もかもがむしょうにおかしくて、雨が通りすぎるなり、笑いがあふれだした。律もいっしょに笑ってくれたのがうれしくて、ぼくはことさらに大声をはり上げた。

はっとしたのは、爆発的な笑いが去った後、律が急にひとみを険しくしてつぶやいたときだ。

「ぼく、晴れが好きだけど、たまには、雨も好きだ。ほんとに両方、好きなんだ。」

たしかに、そうだ。晴れがいいけど、こんな雨なら大かんげい。どっちも好きってこともある。心で賛成しながらも、ぼくはとっさにそれを言葉にできなかった。こんなときにかぎって口が動かず、できたのは、だまってうなずくだけ。なのに、なぜだか律は雨上がりみたいなえがおにもどって、ぼくにうなずき返したんだ。

「行こっか。」

「うん。」

しめった土のにおいがただようトンネルを、律と並んで再び歩きだしながら、ひょっとして——と、ぼくは思った。投げそこなった。でも、ぼくは初めて、律の言葉をちゃんと受け止められたのかもしれない。

指導内容

カ 中心人物の心情の変化のきっかけ

きっかけの雨

・「空一面のシャワーの水が…」

・「とつぜん、律の両目が見開かれた。」

沈黙が続いていたが、突然の天気雨で二人は笑い出す。この雨がきっかけとなり、二人の心情が変化していく。

キ 二つの物語の順序

・「ほんとに両方、好きなんだ。」

「1」だけを読んだときには分からないが、「2」を読むことで、この会話文が律のものだと分かるしかけになっている。

ク 「行こっか。」「うん。」の解釈

この二つの会話文については、読者によってどちらの会話文か解釈が異なるであろう。子供たちそれぞれの経験に寄り添いながら読みを深めていきたい。

歩道橋から市立公園へ

ど、今、こうして壁みたいにだまりこくっている律を相手にしていると、その意味が分かるような気がしてくる。ウ・エ・オたしかに、ぼくの言葉は軽すぎる。ぽんぽん、むだに打ちすぎる。もっとじっくりねらいを定めて、いい球を投げられたなら、律だって何か返してくれるんじゃないか。

ウでも、いい球って、どんなのだろう。考えたとたんに、舌が止まった。何も言えない。言葉が出ない。どうしよう。あわてるほどにぼくの口は動かなくなって、逆に、足は律からにげるようにスピードを増していく。

無言のままイ歩道橋をわたった先には、しかも、イ市立公園が待ち受けていた。道の両側から木々のこずえがたれこめた通り道。人声(ひとごえ)も、車の音も、工事の騒音(そうおん)も聞こえない緑のトンネル。ぼくはこの静けさが大の苦手だった。

ウ・オ正確にいうと、だれかといるときのちんもくが苦手だ。たちまち、そわそわと落ち着きをなくす。何か言わなきゃってあせる。野球チームに入る前、律とよくいっしょに帰っていたころも、ぼくはこの公園を通りかかるたび、しんとした空気をかきまぜるみたいに、ピンポン球を乱打せずにいられなかった。律のほうはちんもくなんてちっとも気にせず、いつだって、マイペースなものだったけど。

ウ・エ・オそっと後ろをふり返ると、ウやっぱり、今日も律はおっとりと一歩一歩をきざんでいる。まぶしげに目を細め、木もれ日をふりあおぐしぐさにも、よゆうが見てとれる。ぼくにはない落ち着きっぷりに見入っていると、とつぜん、律の両目が大きく見開かれた。

カなんだ、と思う間もなく、ぼくのほおに最初の一滴が当たった。大つぶの水玉がみるみる地面をおおっていく。天気雨——頭では分かっていながらも、ピンポン球のことばかり考えていたせいか、空からじゃんじゃん降ってくるそれが、ぼくの目には一しゅん、無数の白い球みたいにうつったんだ。

ぼくがむだに放ってきた球の逆襲(しゅう)。「うおっ。」と思わずとび上がったら、後ろからも「何これ。」と律の

本時の展開　第一次　第1時

目標　「1」と「2」をくらべて読むことを通して、視点が違うと同じ出来事でも見方や感じ方が異なることを理解し、作品の面白さをまとめることができる。

［本時展開のポイント］

初めに本文を「1」だけ読んだ後、「2」を読むことで、視点が変わっていることや作品の面白さを捉えやすくする。

［個への配慮］

ア共感できる友達の考えを選ぶ

作品の面白いところを理解することが困難な場合、自分の考えをもつことができるように、共感できる友達の考えを選ばせ、どうしてそれを選んだのかを考えさせる。

イ書き出しの文型を示す

どのように感想を書けばいいのか判断することが困難な場合、感想の書き方に見通しをもつことができるように、子供と話しながら書き出しの文型を示すようにする。例えば、「私が面白いと思ったところは『○○』です。理由は…。」などが考えられる。

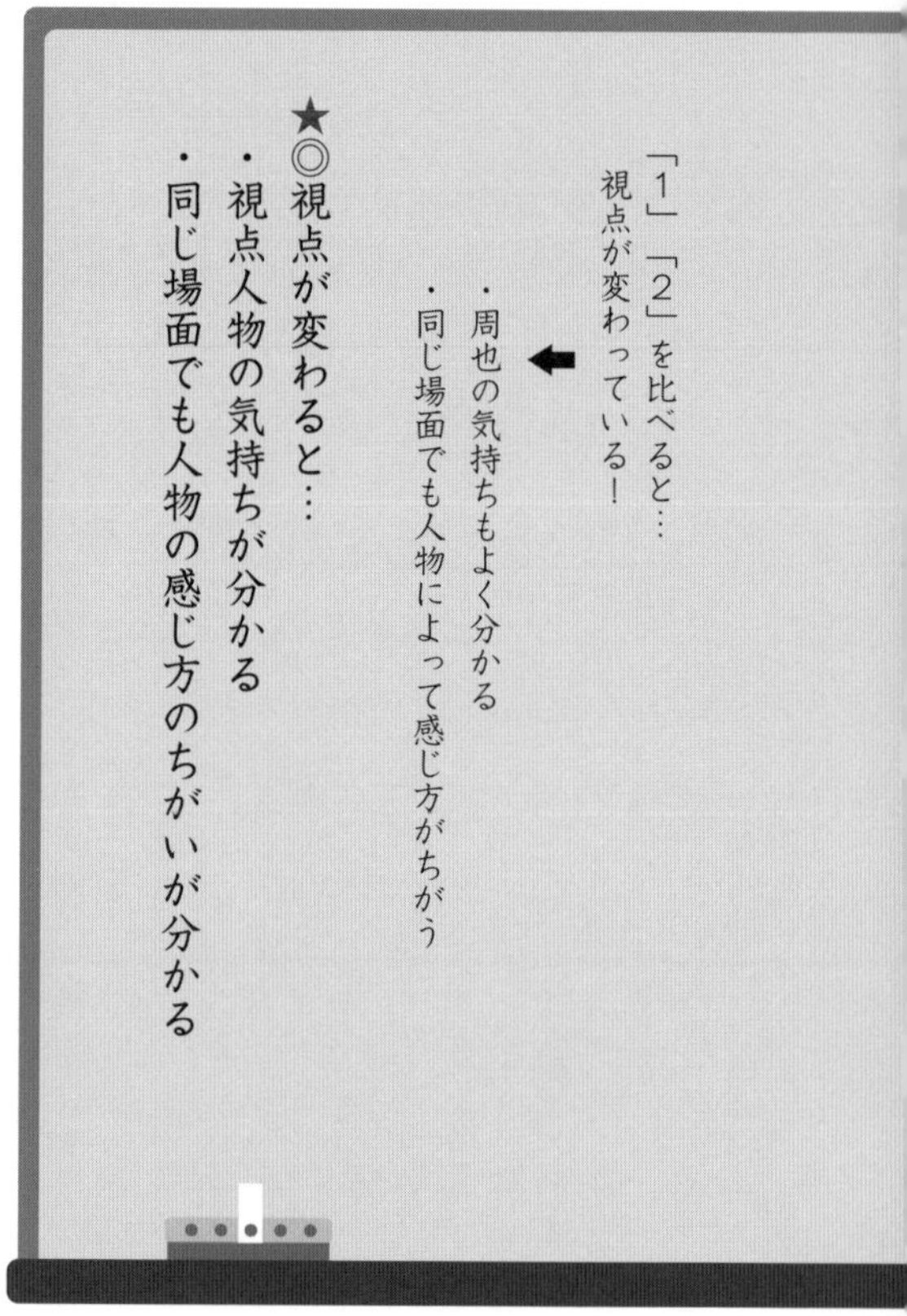

「1」「2」を比べると…

・周也の気持ちもよく分かる
・同じ場面でも人物によって感じ方がちがう

・視点人物の気持ちが分かる
・同じ場面でも人物の感じ方のちがいが分かる

3　「2」を読み感想を交流する

この作品の面白いなと思ったところはどこかな？

「2」を読んだ後、気付いたことなどを交流させる。交流させる中で視点が変わっていることを取り上げ、視点が変わることの効果をまとめる。

配慮ア

4　感想を書く

感想を書きましょう

実は二人ともお互いのことを考えているのが分かるのが面白い。
どうやって感想をまとめればいいのか分からないな。

面白いと思ったことなどについて、友達と交流し、感想を書かせる。

感想を書いた後、友達と交流し、感じ方の違いがあることに気付かせ、読み手によっても違いがあることの面白さも味わわせる。

配慮イ

準備物
・「玄関」など場所が書かれたカード3枚 1-01～03　・「1」だけの本文プリント
・律と周也の挿絵・「1」「2」を1枚にまとめた本文プリント

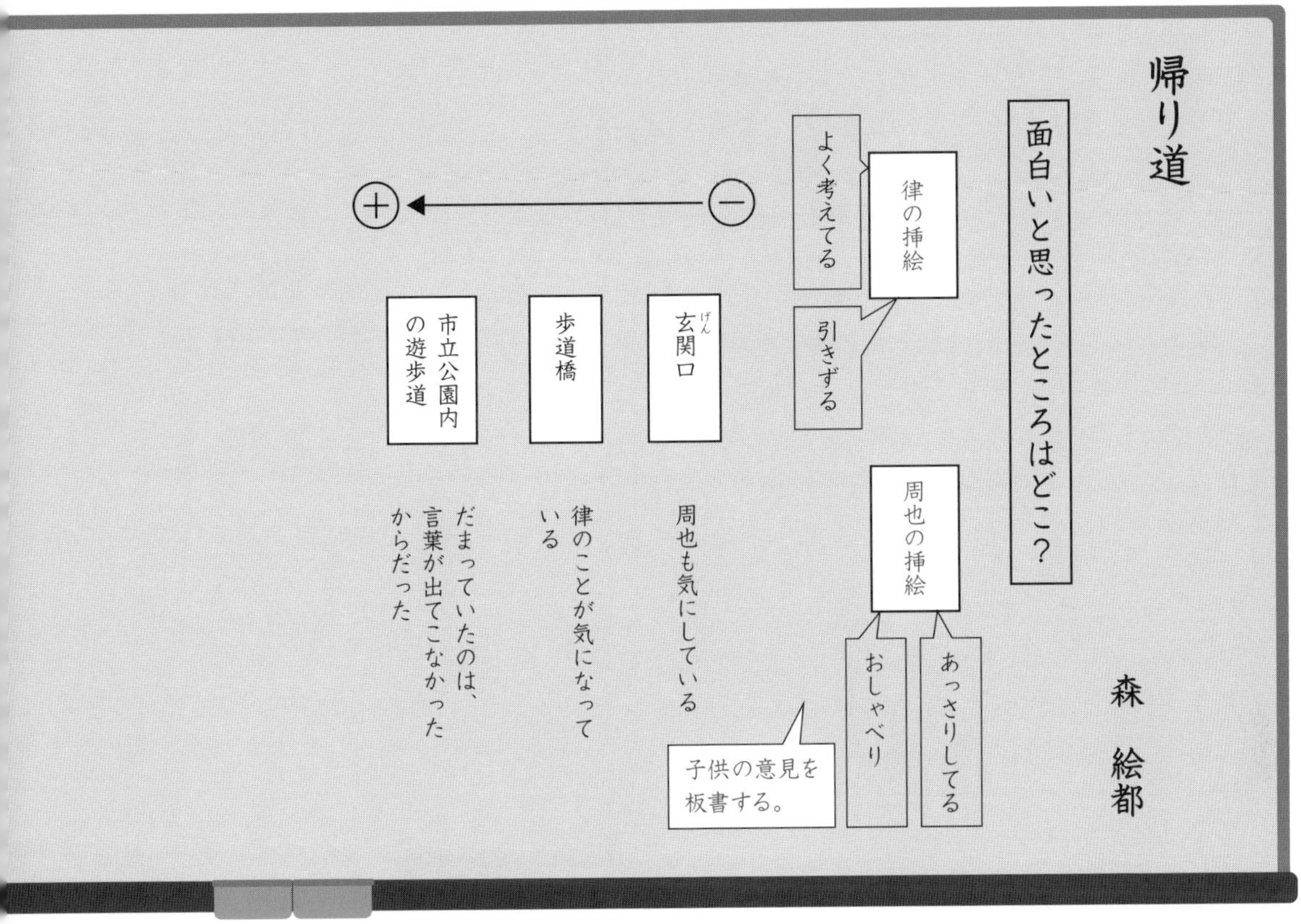

よく考えてる

あっさりしてる

子供の意見を板書する。

だまっていたのは、言葉が出てこなかったからだった

1 題名から内容を考えさせる

「帰り道」は、どんな話だと思う？

帰り道に何か起こるのかな。
二人が帰り道でトラブルに巻き込まれるのかな。

しかけ「隠す」

本文を配る前に、「帰り道」という題名からどのような話かを想像させる。登場人物である律と周也の挿絵を提示し、二人の人物像や関係性を想像させる。

2 「1」のみを読み感想を交流する

どんな話だったかな？

場所が変わっていってるね。
律は最後、明るくなっているね。

しかけ「限定する」

「1」のみのプリントを配布し範読後、感想を交流させる。「変化しているのは何か」「二人はどんな人物か」など、大まかな物語の内容を確認する。

✓ 本時の展開　第二次　第1時

目標 より共感できるのはどちらの登場人物かを話し合うことを通して、二人の人物像を捉え、相違点や共通点をまとめることができる。

[本時展開のポイント]

ベン図を用いることで、二人の人物像の相違点や共通点を視覚的に理解できるように整理し、人物像を捉えられるようにする。

[個への配慮]

ア直接的な発問に言い換える

考えをゆさぶるための発問の意味を捉えるのが困難な場合、「別々のことしか考えていない」ということの意味が分かるように、「考えが似ているところはないかな。」や「ベン図の重なりに入れられる考えはないかな。」と言い換える。

イまとめ方の文型を示す

人物像についてまとめ方が分からない場合、まとめ方の見通しがもてるように、「律は○○な子だと思います。なぜなら…。」のように書き出しの文型を示したり、友達の書き出しを参考にさせたりする。

・自分自身の経験と比べる
・会話や心内語を基に考える
・二人の人物を比べる
←
★◎登場人物の人物像が読み取れる

3 二人の共通点を考える

律と周也の人物像は全然違うね

相違点を確認した後に、「二人は別々のことしか考えていないね。」と考えをゆさぶることで、実は共通点があることに気付かせる。「実は、○○」という考える視点をもたせた上で、ペアで様々な共通点を考えさせる。　配慮ア

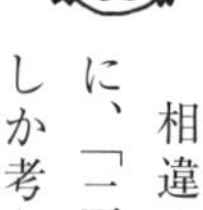
実は、周也も引きずっていると思う。

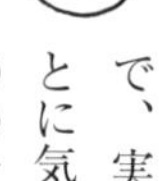
実は、二人ともお互いのことをあこがれているのかな。

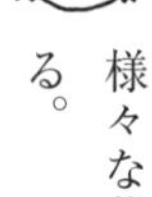
「別々のことしか考えていない」ってどういうことかな?

4 人物像についてまとめる

二人の人物像を書こう

人物像をまとめさせる前にペアで二人の人物像について確認させる。二人の人物像だけでなく、二人の共通点もまとめさせる。　配慮イ

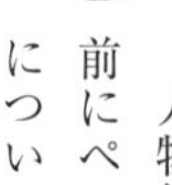
実は、二人とも自分を変えたいと思っています。

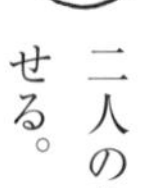
どうやってまとめればいいのかな。

準備物
・律と周也の挿絵　・ネームプレート
・心内語のセンテンスカード４枚 1-04～07

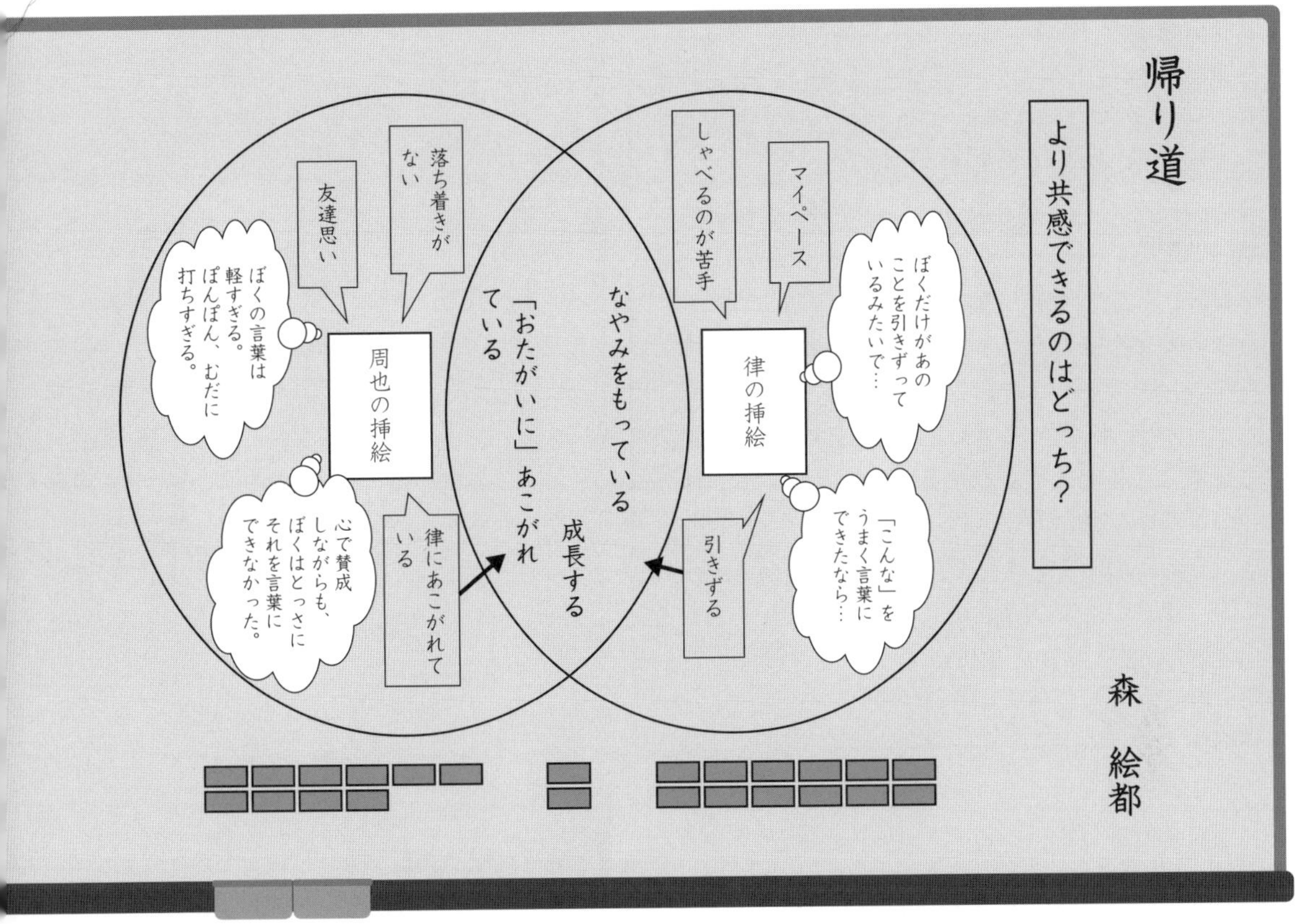

1 考える音読で自分の考えをもつ

ふむふむ読みをするよ。共感できるところを読んだら腕組みをして「ふむふむ」と言おう

この部分は分かるなあ。
自分もこういうことあるなあ。

考える音読（ふむふむ読み）

範読を聞きながら、共感できるところで動作化させることで自覚的に考えさせる。「1」「2」ごとにどこで動作化したかをペアで共有させた後、発表し板書で示す。

2 どちらが共感しやすいか考える

より共感できるのはどちらの登場人物かな？

ぼくは、周也タイプかな。
私は、律に似ています。よく話すタイミングを逃してしまいます。

Ｗｈｉｃｈ型課題

「〇〇は、どちらか」

共感しやすいのはどちらかを考えネームカードを貼らせることで、どのような人柄なのかを考えるきっかけにする。それぞれの人物像を板書し、相違点を明らかにする。

✓ 本時の展開　第二次　第2時

目標 「行こっか。」は律と周也のどちらが言ったのかを話し合うことを通して、心内語や行動描写を基に心情の変化を捉え、自分の考えをまとめることができる。

[本時展開のポイント]

叙述や人物像を基にして、心情の変化を捉えることができるように、自分なりに考えることができるWhich 型課題を設定し、全員参加を促す。

[個への配慮]

㋐プリントに表情を書きながら心情を確認する

自分の考えを決めることが困難な場合、自分の考えをもつことができるように、自分の考え形成プリントを渡して、自分の考えに近いものを選ばせ、なぜその考えを選んだのかを考えさせる。

㋑教師が考えを聞き取る

考えをまとめることが難しい場合、教師に考えを口頭で伝えさせた上で、書き出しなどを提示して書かせる。（場合によっては、子供とのやり取りの中で教師が聞き取ったことを書き、それをなぞらせる。）

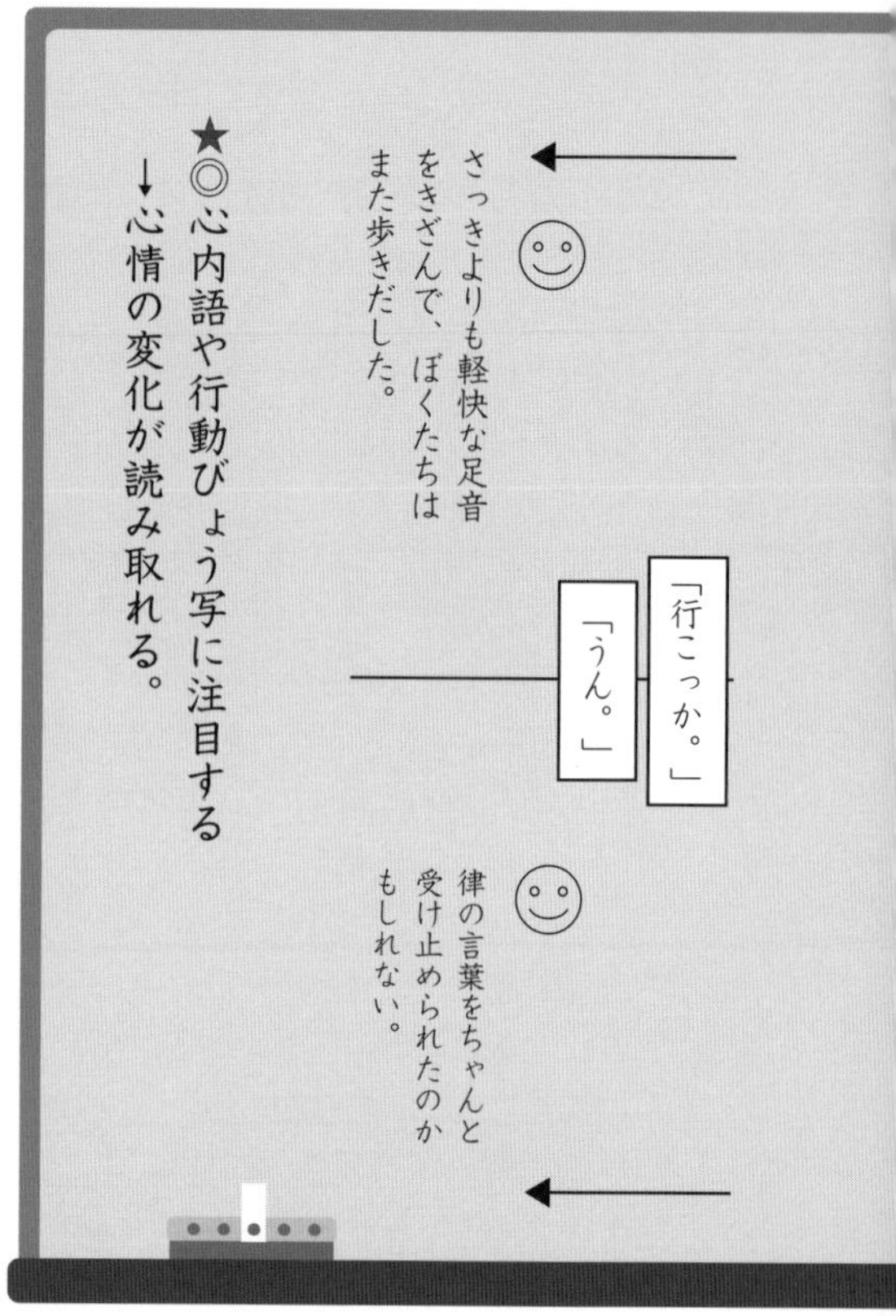

3 二人の心情の変化について考える

周也の悩みは解決できなかったね

いい球を投げるだけがいいわけじゃないって気付いたと思う。

二人が言葉に対する悩みをもっていること、律はすっきりしていることを叙述から確認した上で、周也の「受け止められたのかもしれない。」を基に考えをゆさぶる。周也に着目させることで、周也の心情の変化やこれからについて考えさせる。

4 話し合ったことを基に、自分の考えを書く

自分はどっちが「行こっか。」と言ったと思うか、ノートに書こう

律が言ったと思う。「軽快な」というところから、声をかけやすくなったんじゃないかな。
どこから考えたらいいのかな（手がかりが見つからない）…。

心内語や行動描写に着目すると心情の変化が読み取れることをまとめる。これまでの話し合いや叙述を基にしながら、どちらの言葉かを立場を決めてその理由をノートにまとめさせる。　配慮㋑

準備物
・センテンスカード６枚（ア～エ、「行こっか。」「うん。」）1-08～13
・律と周也の挿絵　・ネームプレート

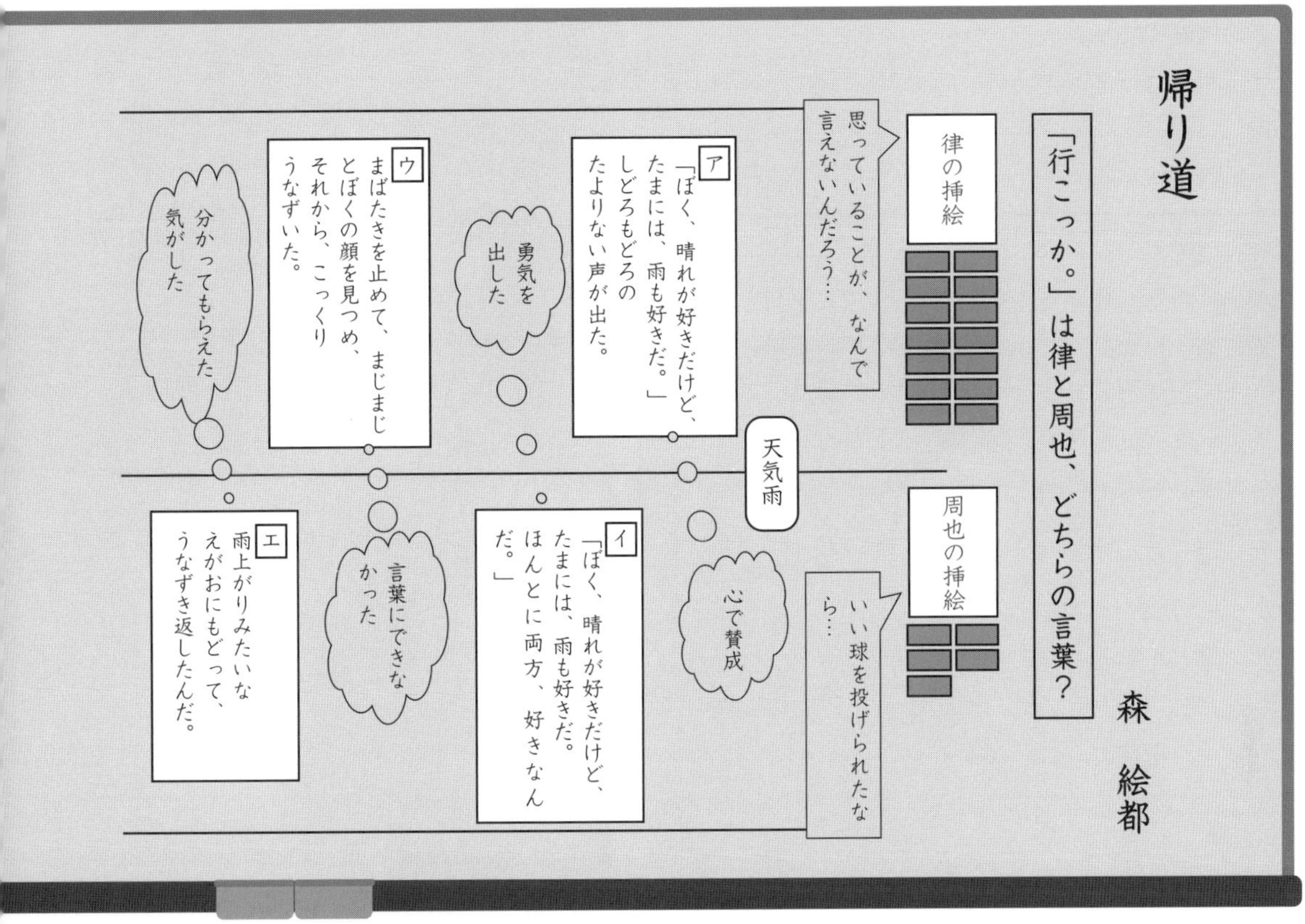

帰り道
森 絵都
「行こっか。」は律と周也、どちらの言葉？
律の挿絵
思っていることが、なんで言えないんだろう…
ア 「ぼく、晴れが好きだけど、たまには、雨も好きだ。」しどろもどろのたよりない声が出た。
勇気を出した
ウ まばたきを止めて、まじまじとぼくの顔を見つめ、それから、こっくりうなずいた。
分かってもらえた気がした
天気雨
周也の挿絵
いい球を投げられたなら…
心で賛成
イ 「ぼく、晴れが好きだけど、たまには、雨も好きだ。ほんとに両方、好きなんだ。」
言葉にできなかった
エ 雨上がりみたいなえがおにもどって、うなずき返したんだ。

1 行動描写を基に心内語を確認する

カードに書かれている文は、それぞれどちらの場面で出てきた文ですか

実は、律は勇気を振りしぼっていた。

実は、周也は心で賛成していたよ。

しかけ「配置する」

どちらの場面で書かれた文かを「律の視点から見た、周也の行動描写だ。」というように主体を確認しながら配置する。カードごとに「実はそのとき、律（周也）は…。」に続く心内語を板書し、話の流れを確認する。

2 学習課題について話し合う

「行こっか。」は律と周也、どちらの言葉かな？

分かってもらえた気がしたから、自信が出てきたから律から「行こっか。」と言ったんじゃないかな

どっちが言ったのか分からないな。

Which型課題
「○○はどちらか。」

叙述や二人の心情の変化を根拠に理由を話し合わせる。叙述などの着眼点によって、読み手それぞれの考え方が異なることを確認する。　配慮ア

✓ 本時の展開 第三次 第1時

目標 書き出しを分類することを通して、感想には作品の「書かれ方」と「内容」について書く方法があることを理解し、感想を書くことができる。

[本時展開のポイント]

感想文の例（書き出しのみ）を提示し、「内容」と「書かれ方」のどちらについての感想かを分類することで、観点を決めて書くことへの見通しをもたせる。

[個への配慮]

㋐着眼点となる言葉を明示する

感想文の例を読んでもどの観点で書かれているか読み取ることが困難な場合、読み取って観点ごとに分類できるようにするために、分類する際の着眼点となる言葉を線を引いて示し、分類できるようにする。

㋑短冊に分けて書かせる

書く観点は決まっているがどのように書きまとめればいいか見通しをもつのが困難な場合、見通しをもちながら内容を整理して書けるように、考え（思ったこと）、根拠、理由の短冊ごとに分けて書かせてから、ノートに書かせるようにする。

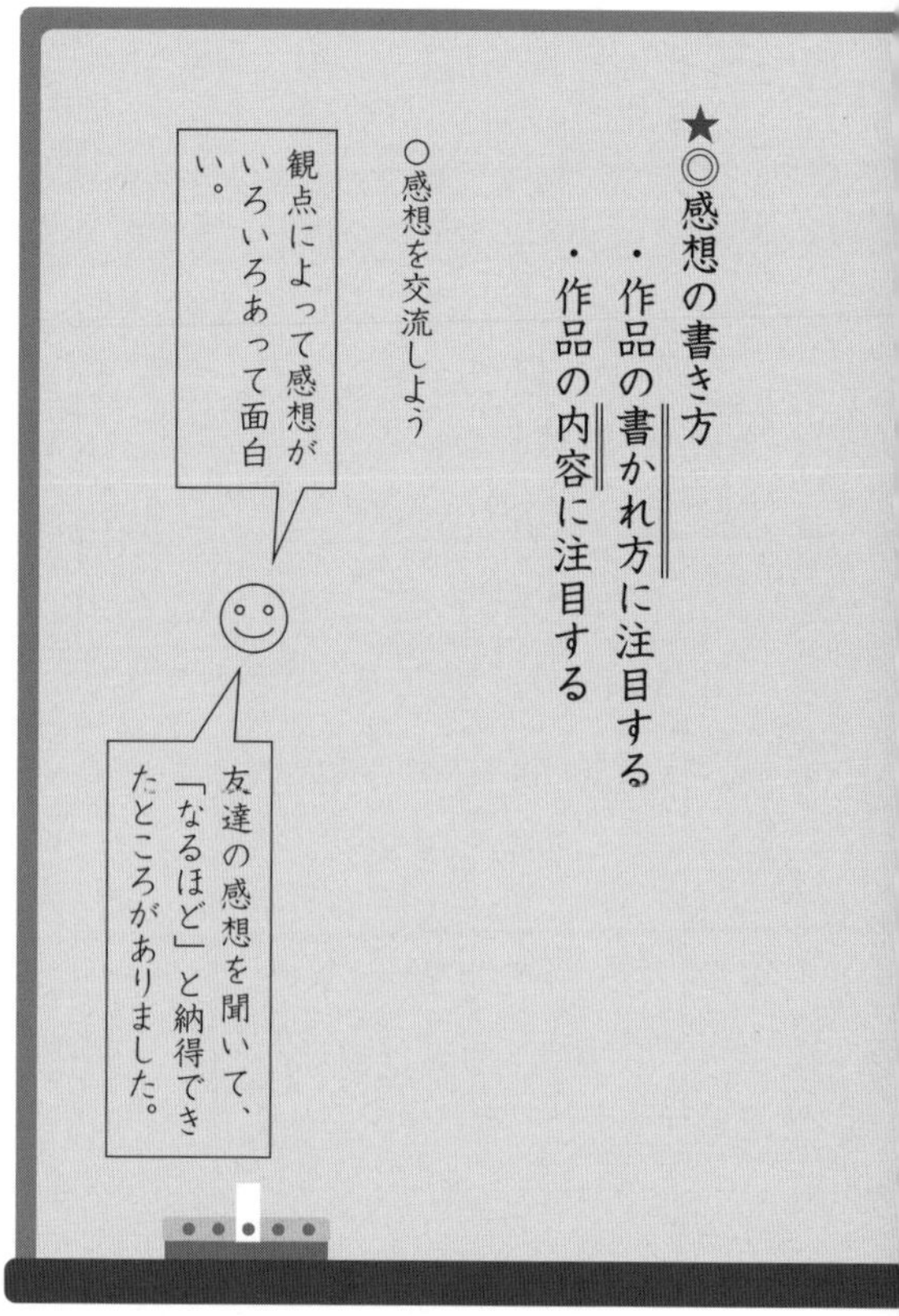

★◎感想の書き方
・作品の書かれ方に注目する
・作品の内容に注目する
○感想を交流しよう
観点によって感想がいろいろあって面白い。
友達の感想を聞いて、「なるほど」と納得できたところがありました。

3 感想を書く

観点を決めて感想を書こう

二人の心情が分かるのが面白かったな。
どうやって書けばいいのか分からないな。

しかけ「選択肢をつくる」

心に残ったことは「内容」「書かれ方」のどちらなのかを考え、ペアの友達に書こうと思っていることを話し、観点を明確にさせてから書かせる。配慮㋑

4 書いた感想を交流する

感想を読み合って交流しよう

友達の感想を読んで、たくさん共感できるところがありました。
同じ観点でも、感じ方が人によって違うのが面白いです。

友達は何の観点で感想を書いているのかを考えながら交流させる。交流する中で感じたことなどを発表し、感じ方の違いなどに気付かせ、物語について交流する面白さを味わわせる。

準備物
・感想文の例を示したセンテンスカード４枚 1-14～17
・短冊（個への配慮イに使用）

帰り道

森 絵都

面白いと思ったことについて観点を決めて感想を書こう

○これまで学んだこと

視点　人物像　心情の変化

内容について

イ 律のようにちょっとしたことを気にして、考えこんでしまうことは、私にもよくあることでした。…

エ 言葉とは伝えるだけでなく、受け止めることも大切であるということを感じた物語でした。…

・自分の経験と重ねて
・物語から考えたこと

書かれ方について

ア この作品で面白いと思ったのは、視点が「1」「2」でちがう人物で書かれていることです。…

ウ さいごの「ぼくたちはまた歩きだした」と「律と並んで再び歩きだしながら」という同じ様子だけど、書かれ方がちがうのがいいなと思いました。…

・視点のちがいによる面白さ
・言葉の表現

1 学習の振り返りをする

これまで、学習してきたことで、心に残ったことを友達に話してみよう

二人の視点で書かれている物語だったね。

二人の悩みが少しすっきりする心情の変化があったね。

しかけ「選択肢をつくる」
これまで学習してきた視点や人物像、心情の変化など、心に残ったことをペアやグループで話し合わせ、学習内容を想起させる。

2 感想を観点ごとに分類する

それぞれの感想の書き出しは、どの仲間に分けられるかな

視点について書こうとしているから、「書かれ方」の感想だね。

どっちかな。分からないな。

しかけ「分類する」
観点にそろえて書かれている感想文の書き出しを、観点ごとに分類することで、感想をどのように書くのか見通しをもつことができる。　配慮ア

「やまなし」の授業デザイン

（光村図書６年）

教材観

「やまなし」は、かにの兄弟が谷川の底で様々なものに出会い、成長していく物語である。「五月」ではかわせみ、「十二月」ではやまなしと、生死を象徴するものが描写され、深い思想性が感じられる。「五月」と「十二月」の谷川を対比的に読むことで、題名「やまなし」に込められた意味について考えさせたい。また、比喩表現や色彩表現、擬声語・擬態語など、独特の表現技法を味わいながら、想像豊かに読み深め、宮沢賢治の世界観に迫っていきたい。

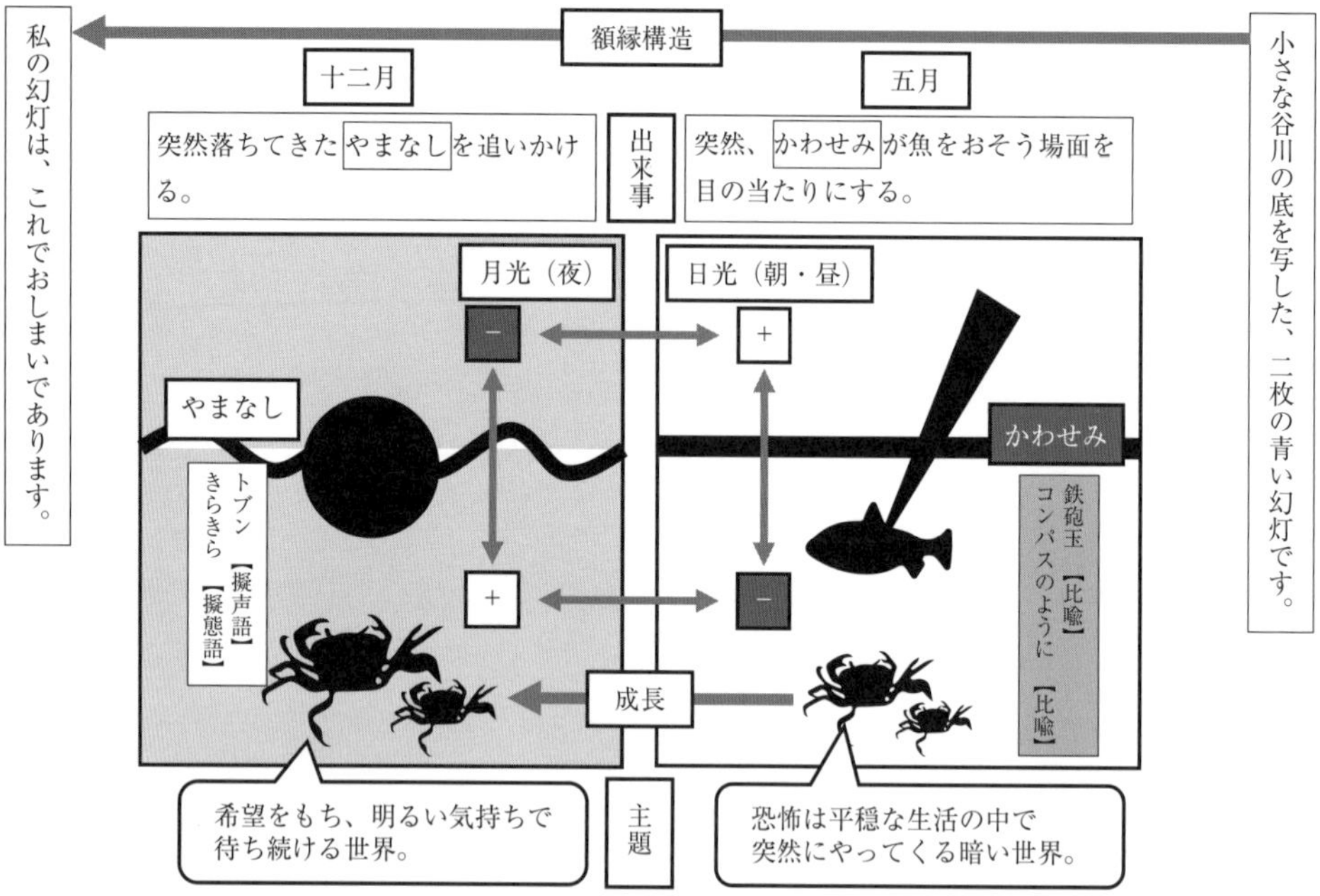

身に付けさせたい力

・題名の象徴性や表現技法に着目して、主題を捉えようとする力
・擬声語、擬態語や比喩などの表現や対比の効果を味わいながら読む力

授業づくりの工夫

焦点化	視覚化	共有化
○単元を通して「五月」「十二月」を対比的に扱う。 ○カードを外したり、入れ替えたりしながら、場面を仮定して、思考をゆさぶる。	○叙述を基に「五月」と「十二月」の谷川の底の情景を可視化する。 ○両方の世界を「＋」と「－」で示し、対比的な関係を捉えやすくする。	○ペアでの活動、ネームプレートによる立場の表明など、様々な表現活動を取り入れる。 ○模造紙やホワイトボード等を使用し、考えを書き出すことで、意見交流しやすくする。

単元目標・評価規準

目標 豊かな表現や特徴的な作品の構造を捉え、物語の世界観について自分の考えをまとめることができる。

知識・技能

○比喩表現や反復などの表現の工夫に気付いている。 (1)ク

思考・判断・表現

○人物像や物語の全体像を具体的に想像したり、表現の効果を考えたりすることができる。 C(1)エ

○文章を読んで理解したことに基づいて、自分の考えをまとめている。 C(1)オ

主体的に学習に取り組む態度

○表現や構成等に着目して作品世界を捉えることに進んで取り組み、学習課題に沿って自分の考えを書こうとしている。

単元計画(全8時間)

次	時	学習活動	指導上の留意点
一	1	**「やまなし」に出合おう**	
		○範読を聞く。 ○読後感を交流する。	・自分に合った読後感を選択させられるように、読後感カードを提示する。
	2	○「イーハトーヴの夢」を読み、宮沢賢治の生き方や考え方について、話し合う。	・大体の内容が捉えられるよう、キーワードのカードを黒板に貼って、整理する。
	3	○叙述を基に、二枚の幻灯を図に表す。	・二つの谷川の世界を図に表現することで、内容を捉えやすくする。 ・注目させたい言葉をカードにすることで、作品の設定を捉えやすくする。
二	1	**「やまなし」を読もう**	
		○二つの世界はどんな世界か、豊かな表現技法から比較する。	・本文の一部を提示し、独特の表現(擬声語・擬態語、比喩、色彩語)に目を向けさせる。
	2	○「五月」と「十二月」の情景を比較することを通して、対比することのよさについて考える。	・「+」と「−」カードを配置させることで、対比関係に気付かせる。 ・「やまなし」が「五月」に落ちてきたらと想定し、場面内の対比関係の効果について考えさせる。
	3	○二つの世界が象徴するものを考え、題名から主題について考える。	・今までの学習を振り返り、主題のイメージを捉えさせる。 ・主題の効果的な書き方を確認する。
三	1	**「やまなし」を語ろう**	
		○「やまなし」はどんな作品か、自分の考えをノートにまとめる。	・学習を通して抱いたイメージは何によってもたらされたのか、根拠と理由を明らかにして、ノートにまとめられるようにする。
	2	○「やまなし」座談会を行う。	・どの子も意見を言いやすいように、四人グループを設定する。 ・キーワードが書かれた「やまなし」カードを引かせることで、話題が偏らず、様々な視点で話が広がるようにする。

教材分析

エ　作者による造語

・クラムボン

「かにの泡」や「プランクトン」など様々な説があるが、実際のところ何であるのかは分かっていない。

・イサド

具体的にどんな場所かは分からないが、文脈からかにの兄弟にとっては「＋」の場所であると判断できる。イーハトーヴの中の一つの町である。

オ　豊かな表現技法

比喩や色彩語、擬態語・擬声語などの表現がそれぞれの世界を対比的に表現している。

比喩…たとえ。視点人物の感じ方や心情を想像することができる。

・光のあみ
・コンパスのように　など

擬態語…様子を表す言葉。

・ゆらゆら
・ぎらぎら　など

色彩語…色を表す言葉。

・鉄色に変に底光りして
・白いかばの花びら　など

カ　場面内の対比「五月」

場面のイメージとできごとを対比的に表現することで、強調することができる。何を強調しているのか考えることで、主題を捉えることにつながる。

「場面」（明）

暗 ←→ 明（朝・昼）

「クラムボンは　死んだよ。」

「クラムボンは　殺されたよ。」

「クラムボンは　死んでしまったよ……。」

「殺されたよ。」

「それなら、なぜ殺された。」

兄さんのかには、その右側の四本の足の中の二本を、弟の平べったい頭にのせながら言いました。

「分からない。」

魚がまたつうともどって、下の方へ行きました。

「クラムボンは　笑ったよ。」

「笑った。」

にわかにぱっと明るくなり、日光の黄金は、夢のように水の中に降ってきました。

波から来る光のあみが、そこの白い岩の上で、美しくゆらゆらのびたり縮んだりしました。あわや小さなごみからは、まっすぐなかげの棒が、ななめに水の中に並んで立ちました。

魚が、今度はそこら中の黄金の光をまるっきりくちゃくちゃにして、おまけに自分は鉄色に変に底光りして、また上の方へ上りました。

「お魚は、なぜああ行ったり来たりするの。」

弟のかにが、まぶしそうに目を動かしながらたずねました。

「何か悪いことしてるんだよ。取ってるんだよ。」

「取ってるの。」

「うん。」

そのお魚が、また上からもどってきました。今度はゆっくり落ち着いて、ひれも尾も動かさず。ただ水にだけ流されながら、お口を輪のように円くしてやって来ました。そのかげは、黒く静かに底の光のあみの上をすべりました。

「お魚は……。」

そのときです。にわかに天井に白いあわが立って、青光りのまるでぎらぎらする鉄砲だまのようなものが、いきなり飛びこんできました。

兄さんのかには、はっきりとその青いものの先が、コンパスのように黒くとがっているのも見ました。と思

「五月」………昼
「十二月」……夜

場所
「五月」……谷川
「十二月」……谷川

中心人物
「五月」………かにの兄弟
↑成長
「十二月」……かにの兄弟

出来事
「五月」………かわせみ
「十二月」……やまなし

（オ、ケ）

■第二次・第1時

表現技法をくらべる

それぞれの世界で象徴的な「かわせみ」と「やまなし」の表現をくらべることを通して、それぞれのイメージをくらべる。

魚
・鉄色に変に底光り

かわせみ
・ぎらぎらする鉄砲だま

やまなし
・きらきらっと黄金のぶち

擬態語 → かわせみ・やまなし
色彩語 → 魚・やまなし

◆教材分析のポイント　その①
【表現を味わうミクロな読み】

宮沢賢治の豊かな表現技法（擬態語、擬声語、比喩、色彩語、造語）に対して、自由に想像して読みを深めることができる。授業で取り上げる表現を焦点化し、一つの言葉からイメージを膨らませるミクロな読みを育みたい。読み手の経験や感じ方によって様々な読みができることを学び、他の表現にも注目できるようにしたい。

◆教材分析のポイント　その②
【対比から深めるマクロな読み】

対比的な表現は何かを強調する効果がある。やまなしでは、「五月」と「十二月」、「日光」と「月光」、「かわせみ」と「やまなし」など、様々な対比的な表現に注目することで、題名「やまなし」の意味について読み深めることができる。そのために、作品全体を見渡して読むことができるよう、図式化してイメージをもたせたい。

指導内容

ア 題名の意味

二つの谷川の世界を描写している中で、「やまなし」は「十二月」を象徴するものである。その意味について考えさせることで主題に迫る。

イ 額縁構造

「私」が谷川の底の幻灯を、「五月」と「十二月」の小さな物語にして埋め込んだ構造となっている。

ウ 作品の設定「五月」

「時」五月（朝・昼）
「場所」谷川の水の底
「中心人物」かにの兄弟
「出来事」かわせみが魚をおそう

ア やまなし　　宮沢賢治（みやざわけんじ）

小さな谷川の底を写した、二枚の青い幻灯（げんとう）です。

一　五月

二ひきのかにの子どもらが、青白い水の底で話していました。

エ「クラムボンは　笑ったよ。」
「クラムボンは　かぷかぷ笑ったよ。」
「クラムボンは　はねて笑ったよ。」
「クラムボンは　かぷかぷ笑ったよ。」

上の方や横の方は、オ青く暗く鋼（はがね）のように見えます。そのなめらかな天井（てんじょう）を、つぶつぶ暗いあわが流れていきます。

「クラムボンは　笑っていたよ。」
「クラムボンは　かぷかぷ笑ったよ。」
「それなら、なぜクラムボンは　笑ったの。」
「知らない。」

つぶつぶあわが流れていきます。かにの子どもらも、ぽつぽつぽつと、続けて五、六つぶあわをはきました。それは、ゆれながら水銀のように光って、ななめに上の方へ上っていきました。

つうと銀の色の腹をひるがえして、一ぴきの魚が頭の上を過ぎていきました。

指導のポイント

■第一次・第3時

作品の構造を図解する
・額縁構造
・二つの場面
全体像が把握できるように図解する。

二枚の青い幻灯
額縁構造 → 私の幻灯はこれでおしまい
五月
十二月
（イ）

■第一次・第3時

作品の設定を捉える
作品の設定に沿ってそれぞれの共通点や相違点を見いだす。

時

✓ 教材分析

んで　など

擬声語…音を表す言葉。（片仮名で表現されることが多い）

・トブン

・サラサラ　など

色彩語…色を表す言葉。

・黒い丸い大きなもの

・青白いほのお　など

コ　場面内の対比「十二月」

場面のイメージと出来事を対比的に表現することで、強調することができる。何を強調しているのか考えることで、主題を捉えることにつながる。

「場面」（暗）

・その冷たい水の底まで、

・月光がいっぱい（夜）

↕

「出来事」（明）

・黒い丸い大きなものが、天井から落ちて

・「いいにおいだろう。」

サ　象徴（シンボル）「やまなし」

「十二月」の世界を象徴するものであり、希望をもち、明るい気持ちで待ち続ける世界。

■明（出来事）■◀————▶■暗（夜）■

その冷たい水の底まで、ラムネのびんの月光がいっぱいにすき通り、天井では、波が青白い火を燃やしたり消したりしているよう。辺りはしんとして、ただ、いかにも遠くからというように、その波の音がひびいてくるだけです。

かにの子どもらは、あんまり月が明るく水がきれいなので、ねむらないで外に出て、しばらくだまってあわをはいて天井の方を見ていました。

「やっぱり、ぼくのあわは大きいね。」

「兄さん、わざと大きくはいてるんだい。ぼくだって、わざとならもっと大きくはけるよ。」

「はいてごらん。おや、たったそれきりだろう。いいかい、兄さんがはくから見ておいで。そら、ね、大きいだろう。」

「大きかないや、おんなじだい。」

「近くだから、自分のが大きく見えるんだよ。そんならいっしょにはいてみよう。いいかい、そら。」

「やっぱりぼくのほう、大きいよ。」

「本当かい。じゃ、も一つはくよ。」

「だめだい、そんなにのび上がっては。」

また、お父さんのかにが出てきました。

「もうねろねろ。おそいぞ。あしたイサドへ連れていかんぞ。」

「お父さん、ぼくたちのあわ、どっちが大きいの。」

「それは兄さんのほうだろう。」

「そうじゃないよ。ぼくのほう、大きいんだよ。」

弟のかには泣きそうになりました。

そのとき、トブン。

黒い丸い大きなものが、天井から落ちてずうっとしずんで、また上へ上っていきました。きらきらっと黄金のぶちが光りました。

「かわせみだ。」

子どもらのかには、首をすくめて言いました。

お父さんのかには、遠眼鏡のような両方の目をあらんかぎりのばして、よくよく見てから言いました。

「そうじゃない。あれはやまなしだ。流れていくぞ。ついていってみよう。ああ、いいにおいだな。」

なるほど、そこらの月明かりの水の中は、やまなしの

の世界で「＋」の出来事が起こった方が、かにの兄弟たちにとってはよいことではと考えをゆさぶる。

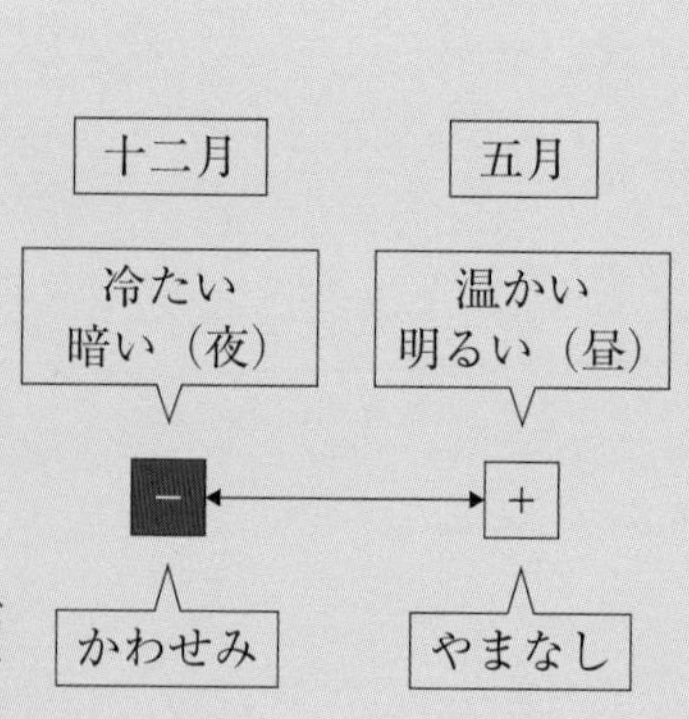

（カ、コ）

■第二次・第3時

「五月」の世界がなかったらと仮定する

題名が「やまなし」であることから、「五月」はなくてもよいのではと仮定する。二つの谷川のつながりや対比関係から、題名「やまなし」に込められている思いについて考えを深める。

（ア、カ、コ）

指導内容

・光のあみが、そこの白い岩の上で、美しくゆらゆらのびたり縮んだり

「出来事」（暗）
・青光りのまるでぎらぎらする鉄砲だまのようなものが、いきなり飛びこんできました。
・「魚かい。魚はこわい所へ行った。」

キ 象徴（シンボル）「かわせみ」
「五月」の世界を象徴するものであり、平穏な日常の中で突然命を奪う存在である。

ク 作品の設定「十二月」
「時」十二月（夜）
「場所」谷川の水の底
「中心人物」かにの兄弟
「出来事」やまなしを追いかける

ケ 豊かな表現技法「十二月」
「五月」の表現とくらべながら読むと対比関係に気付きやすくなる。
比喩…たとえ。
・ラムネのびんの月光
・遠眼鏡のような両方の目をあらんかぎりのばして
擬態語…様子を表す言葉
・辺りはしんと
・天井から落ちてずうっとしず

■暗 ◀――――――――▶ ■明

うちに、魚の白い腹がぎらっと光って一ぺんひるがえり、上の方へ上ったようでしたが、それっきりもう青いものも魚の形も見えず、光の黄金のあみはゆらゆらゆれ、あわはつぶつぶ流れました。

二ひきはまるで声も出ず、居すくまってしまいました。

お父さんのかにが出てきました。

「どうしたい。ぶるぶるふるえているじゃないか。」

「お父さん、今、キおかしなものが来たよ。」

「どんなもんだ。」

「キ青くてね、光るんだよ。はじが、こんなに黒くとがってるの。それが来たら、お魚が上へ上っていったよ。」

「そいつの目が赤かったかい。」

「分からない。」

「ふうん。しかし、そいつは鳥だよ。キかわせみというんだ。だいじょうぶだ、安心しろ。おれたちは構わないんだから。」

「お父さん、お魚はどこへ行ったの。」

「カ魚かい。魚はこわい所へ行った。」

「こわいよ、お父さん。」

「いい、いい、だいじょうぶだ。心配するな。そら、かばの花が流れてきた。ごらん、きれいだろう。」

あわといっしょに白いかばの花びらが、天井をたくさんすべってきました。

「こわいよ、お父さん。」

弟のかにも言いました。

カ光のあみはゆらゆら、のびたり縮んだり、花びらのかげは静かに砂をすべりました。

二　十二月

かにの子どもらはもうよほど大きくなり、底の景色も夏から秋の間にすっかり変わりました。

ケ白いやわらかな丸石も転がってき、ケ小さなきりの形の水晶のつぶや金雲母のかけらも、流れてきて止まりました。

指導のポイント

■第二次・第1時
比喩表現の効果をくらべる

「遠眼鏡のような両方の目」から、かにのお父さんが遠くのものを肯定的な気持ちで見ようとする心情を読み取ることができる。「かわせみ」については、「遠眼鏡」の目で見なかったのか検討することによって、比喩表現の効果を味わうことができる。

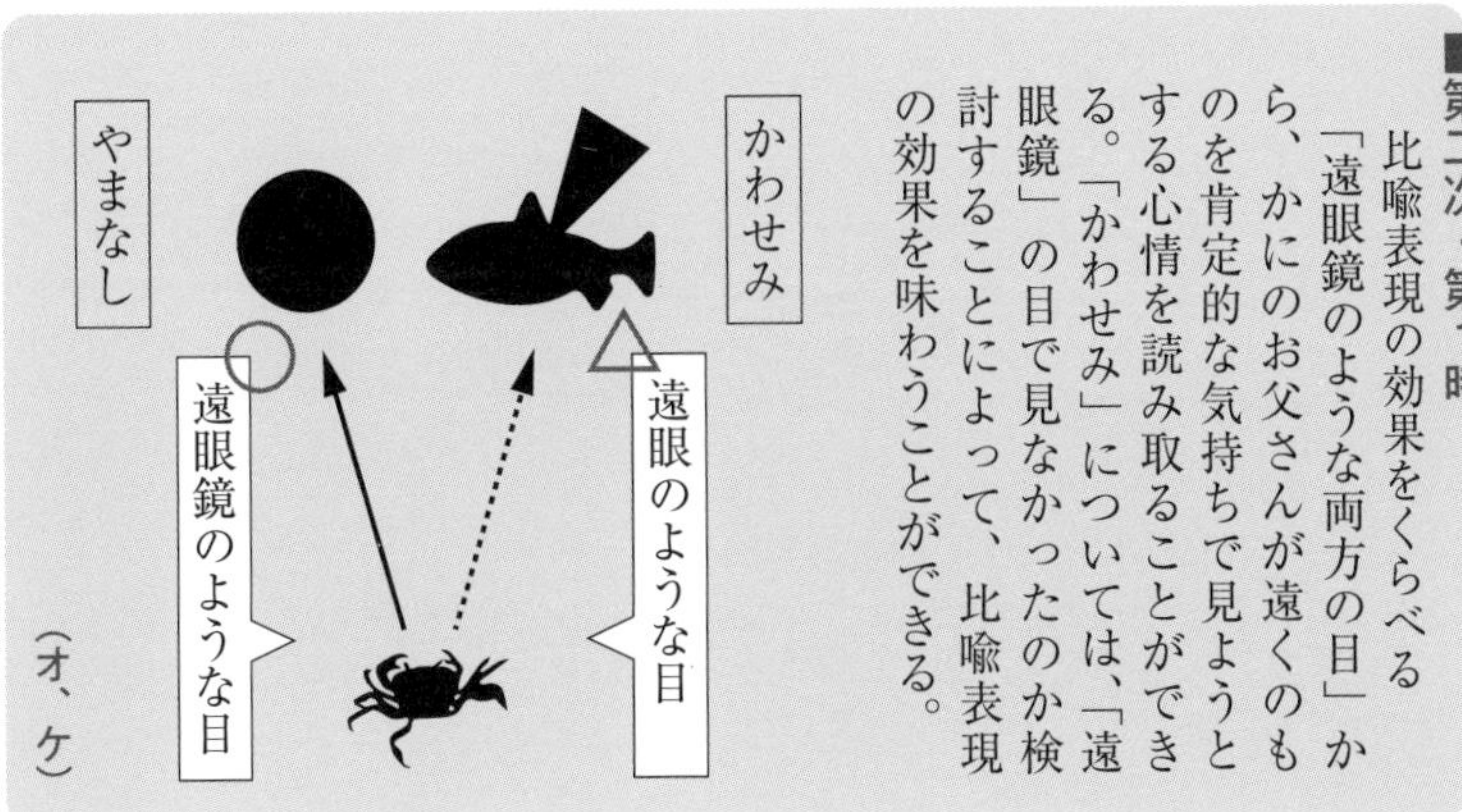

■第二次・第2時
「やまなし」が「五月」に落ちてきたらと仮定する

上記「指導内容」の「場面間の対比」のように、それぞれの谷川は、「＋」と「－」で対比的に表現されている。

そこで、「やまなし」のカードを「五月」に配置することで、「＋」

教材分析

指導内容

シ　場面間の対比「十二月」
「五月」と「十二月」が対比的に表現されている。

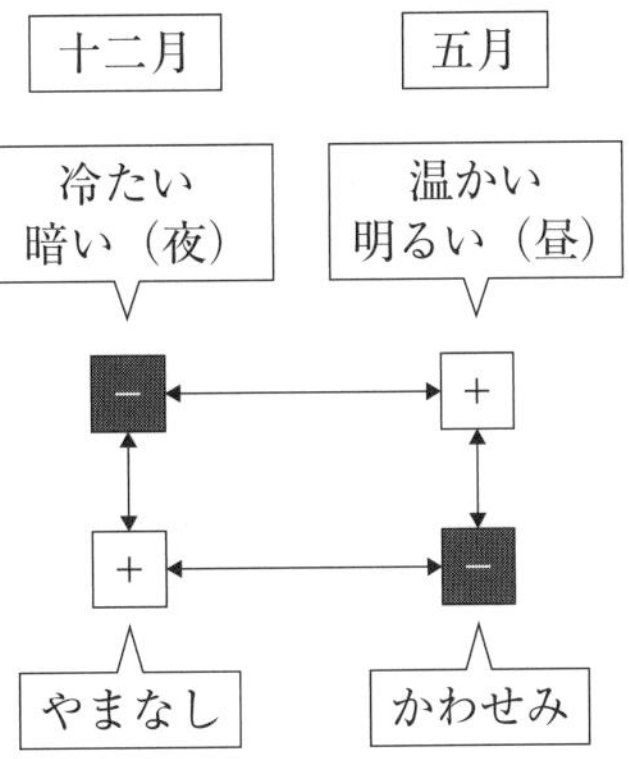

いいにおいでいっぱいでした。

三びきは、ぼかぼか流れていくやまなしの後を追いました。

　その横歩きと、底の黒い三つのかげ法師が、合わせて六つ、おどるようにして、やまなしの円いかげを追いました。

　まもなく、水はサラサラ鳴り、天井の波はいよいよ青いほのおを上げ、やまなしは横になって木の枝に引っかかって止まり、その上には、月光のにじがもかもか集まりました。

「どうだ、やっぱりやまなしだよ。よく熟している。いいにおいだろう。」

「おいしそうだね、お父さん。」

「待て待て。もう二日ばかり待つとね、こいつは下へしずんでくる。それから、ひとりでにおいしいお酒ができるから。さあ、もう帰ってねよう。おいで。」

　親子のかには三びき、自分らの穴に帰っていきます。

　波は、いよいよ青白いほのおをゆらゆらと上げました。それはまた、金剛（ごう）石の粉をはいているようでした。

　私（わたくし）の幻灯は、これでおしまいであります。

指導のポイント

■第一次・第2時
資料「イーハトーヴの夢」の活用
　作者・宮沢賢治の生き方・考え方に触れ、「やまなし」やその他の宮沢賢治の作品の読みを深めていきたい。そのため、以下のことに注目したい。

・自然との付き合い方
　・自然災害に勝つ
　・いねの心がわかる
　・暴れる自然に勝つ
・苦しい中、希望をもつ
・生と死
・人間が人間らしい生き方ができる社会
・人間も動植物も心が通い合う世界（理想）←→・合理化（現実）

（ア）

✓ 本時の展開　第一次　第1時

目標 読後感についてのカードを選択することを通して、「やまなし」の感想をもち、本文に立ち返りながらノートにまとめることができる。

[本時展開のポイント]

作品を読み終わった後の感じ方（読後感）と根拠となる文や場面とを結び付けて考えられるように、黒板に整理する。

[個への配慮]

㋐事前に物語にふれる機会をもつ

初めて出会う作品に対して、内容を十分に理解できない場合、本時で大体の話の内容が捉えられるように、予習的にあらかじめ本文を読ませておくなど、補充的な指導を行う。

㋑問いかけの順序を変える

「（読後感は）どんな感じ？」ということを聞かれて困ってしまう場合、まずは心に残った場面や文に注目できるように柔軟に聞く順番を変えて考えを引き出す。

例）「心に残った文は？」「場面は？」

→「どうしてそこを選んだの？」

→「どんな感じがする？」　など

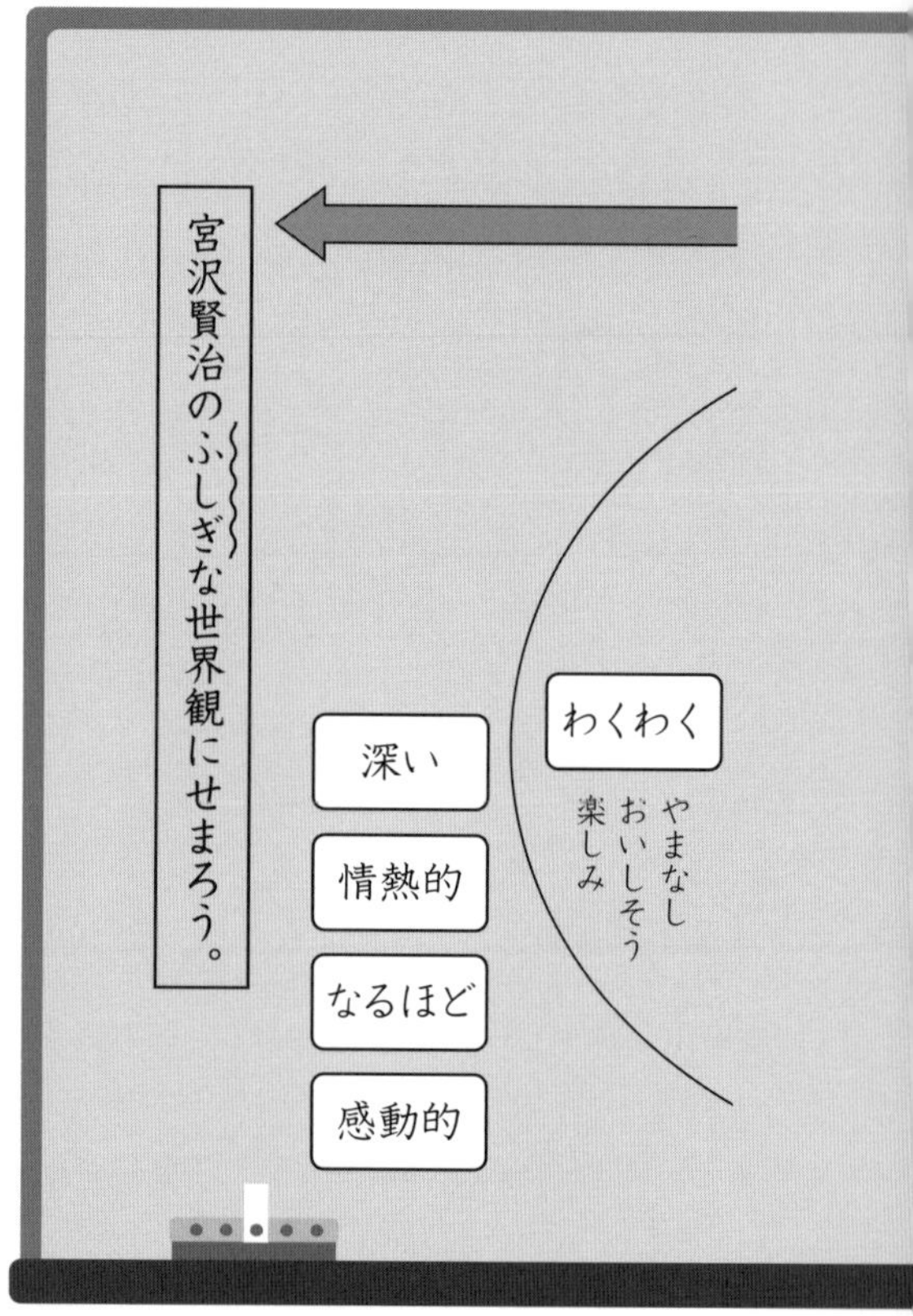

3　読後感カードを選択し、交流する

読後感を交流しよう

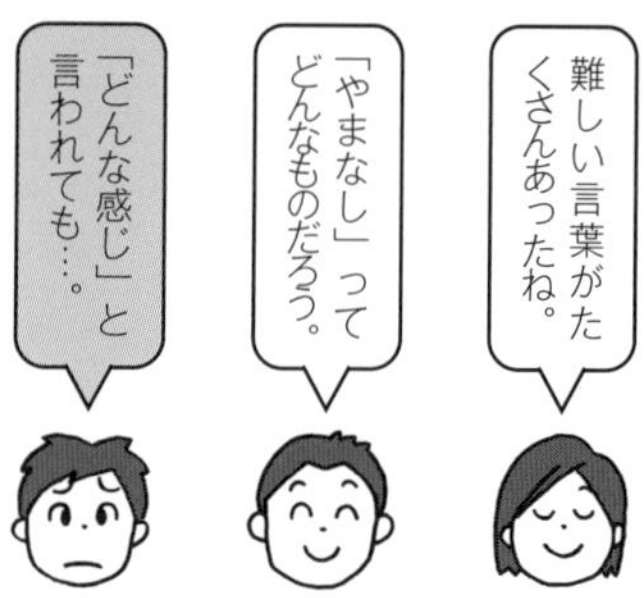

難しい言葉がたくさんあったね。
「やまなし」ってどんなものだろう。
「どんな感じ」と言われても…。

しかけ「選択肢をつくる」

読後感カードを配置しながら、「やまなし」の感想を交流させる。クラスで一つを選ぶならと意見を収束させ、単元全体の学習問題「宮沢賢治の○○な世界観にせまろう」を設定する。

配慮㋑

4　読後感をノートにまとめる

やまなしの「読後感」をノートに書こう

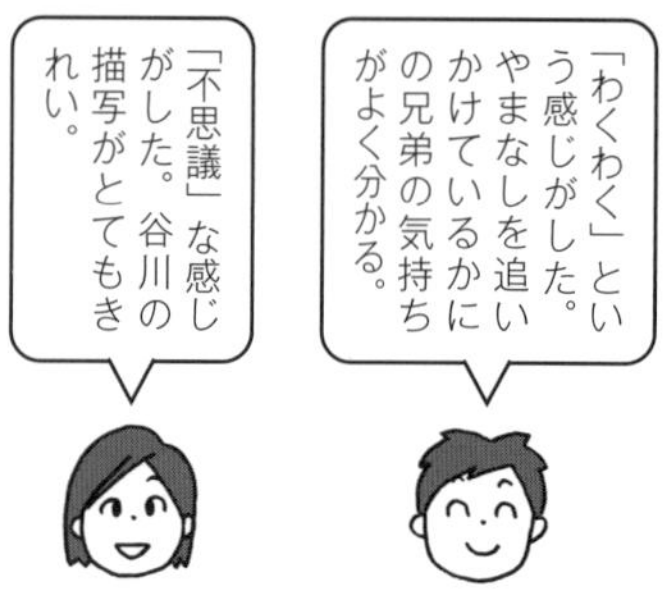

「わくわく」という感じがした。やまなしを追いかけているかにの兄弟の気持ちがよく分かる。
「不思議」な感じがした。谷川の描写がとてもきれい。

「読後感は？」「その理由は？」とノートに書かせる視点をもたせる。ノートに書いた内容は模造紙などでまとめることで今後の学習に生かすことができる。

準備物
- 読後感カード（12 枚、子供の実態に応じて何も書かれていないカードも用意） 2-01～12
- 「五月」「十二月」のカード 2-13、14

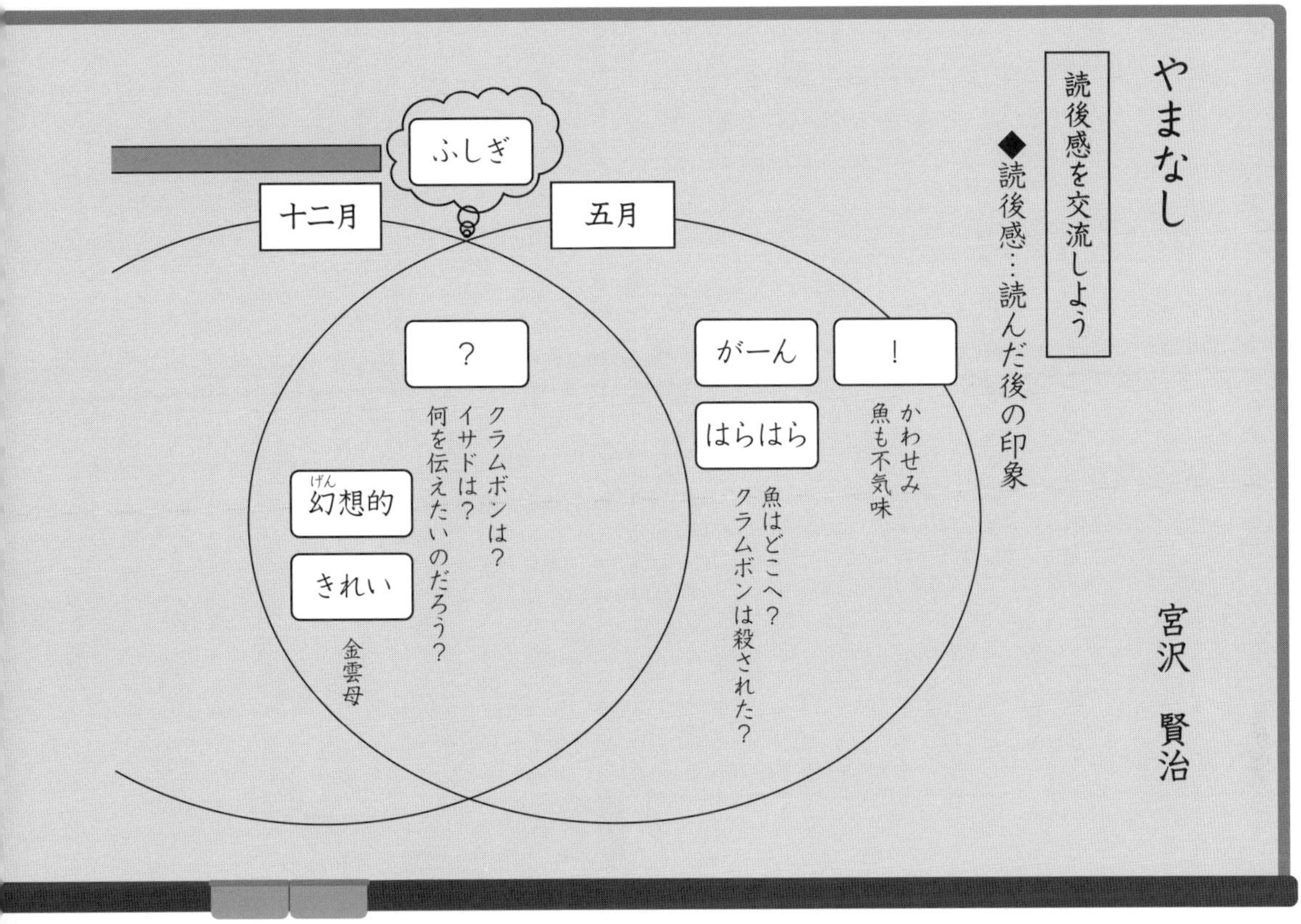

1 読後感について知る

今まで読んだ後「どきどき」した本に出会ったことはあるかな？

「どきどき」するときは、あるよ。

私が好きな本は、読んだ後、「わくわく」するようなものが多いかな。

「どきどき」を例に、様々な読後感について確認する。読後感カードを提示し、本単元で扱う「やまなし」はどのような作品か、範読を聞く視点を与える。

2 「やまなし」本文の範読を聞く

読み終わった後、どんな感じがするか考えながら、聞いてみよう

「不思議」な感じかな？

「情熱的」ではないな。

話が分からないな…。

範読を聞いた後、読後感カードを選択させる。選んだカードに対し、「どこからそれを感じたのか」本文に立ち返らせる。読後感カードにないものは、その都度、カードに書いて示す。　配慮ア

本時の展開　第一次　第2時

目標 資料「イーハトーヴの夢」を読むことを通して、宮沢賢治の生き方や考え方に触れ、どんな作者か、ノートにまとめることができる。

本時展開のポイント

宮沢賢治の生き方や考え方を知ることを通して、「やまなし」に対する読み方が深まるようにする。

個への配慮

㋐時代ごとに区切り対象を焦点化する

一度の範読で内容を理解することが困難な場合は、まとまりとして内容が捉えられるよう「子供時代」「農学校の先生時代」「作家活動」「死後」など時代を分けて選びやすいようにする。

㋑書くための観点を示す

書くことがまとまらず書き出すことが困難な場合、どんなことを書くとよいか分かるよう、書く視点をもたせるために、
「どんな経験をしていたか？」(生き方)
「大切にしていたことは？」(考え方)
など、質問をして支援する。

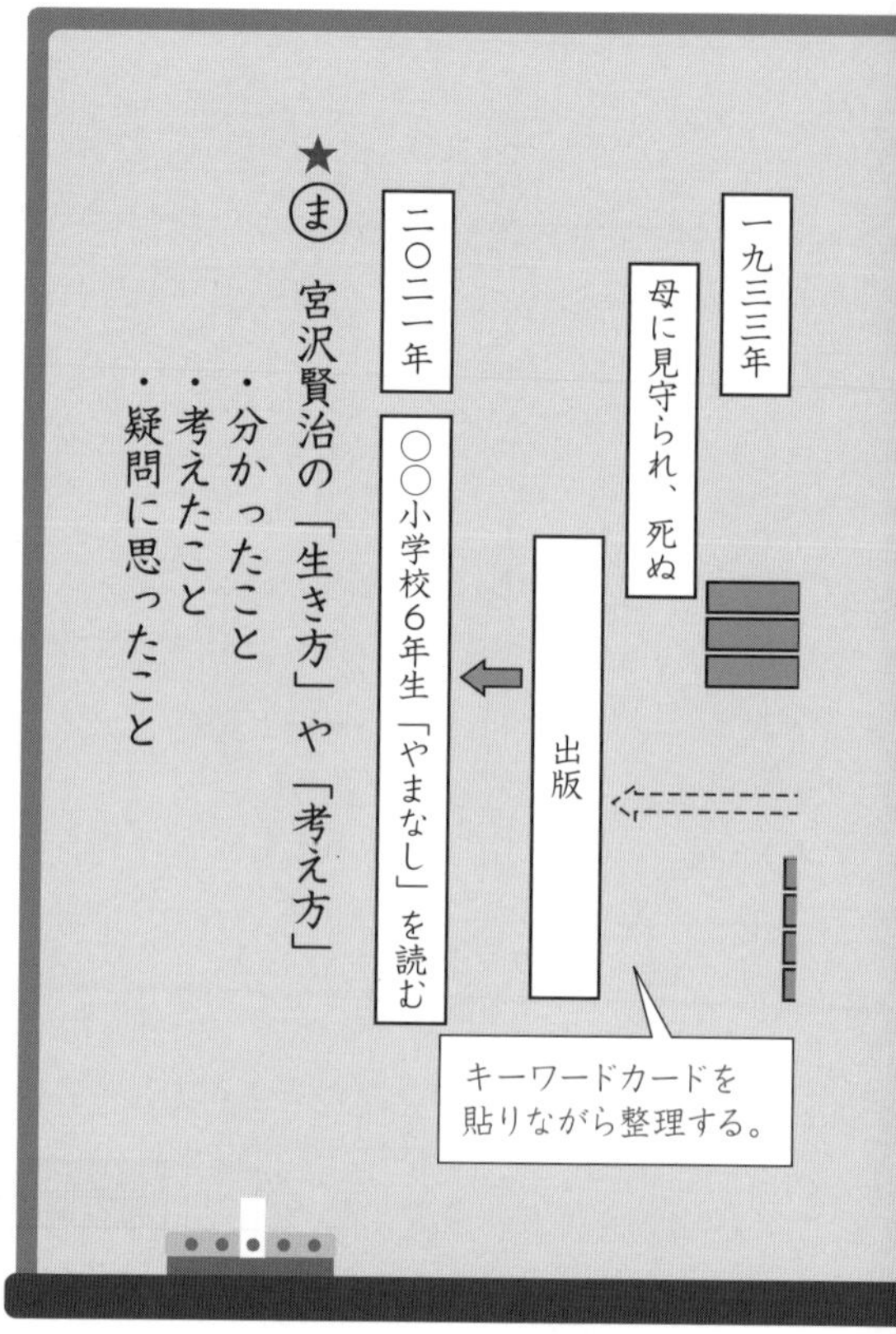

3

どこに貼ろうかな。

こに貼りました。なぜなら…」と交流しやすくする。　配慮㋐

宮沢賢治が「農学校の先生」でなかったら同じような作品が書けたか、話し合う

もし「農学校の先生」ではなかったら?

自然との付き合い方を伝えたかったのでは?

先生だったから、何か大切なことを伝えたかったのかもしれない。

しかけ「仮定する」

「農学校の先生」に関わるカードを外し、宮沢賢治が作家一本の生き方をしていたらと仮定する。そして農学校での生き方が考え方につながっていることに気付かせる。

4

作者「宮沢賢治」の生き方や考え方について、分かったことをノートにまとめる

作者はどんな人か、ノートにまとめよう

農業で本を書いた理由をまとめよう。

どのように書いたらよいだろう。

宮沢賢治はどんな考え方をしていたか、それはどんな生き方によるのか、分かったことをノートにまとめさせる。　配慮㋑

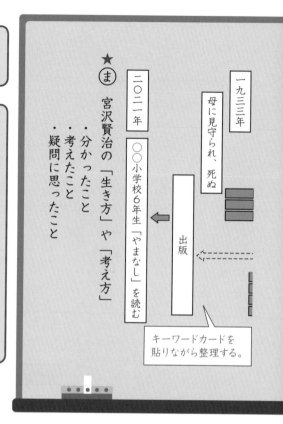

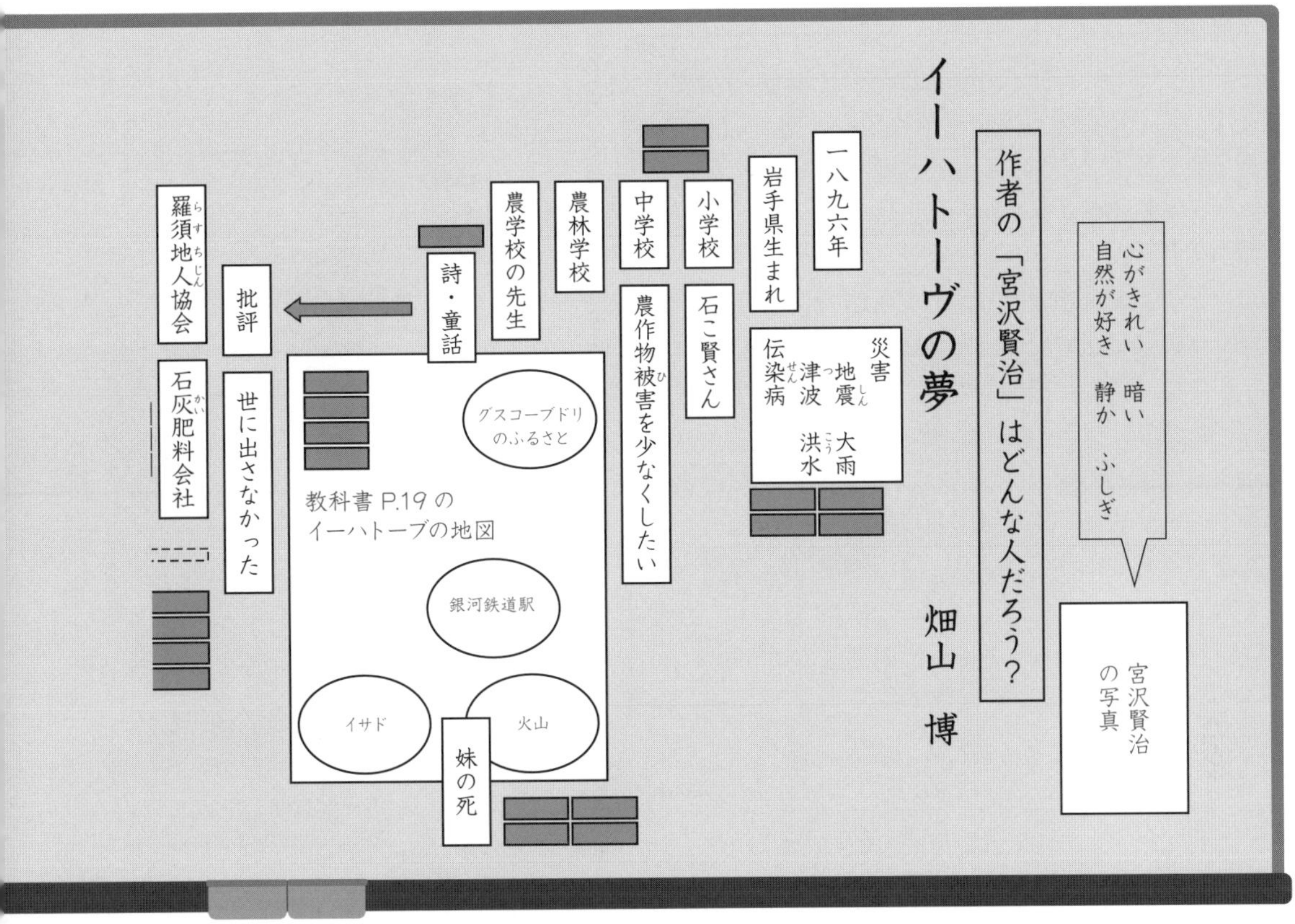

1 作者「宮沢賢治」はどんな人か話し合う

宮沢賢治はどんな人だと思う？

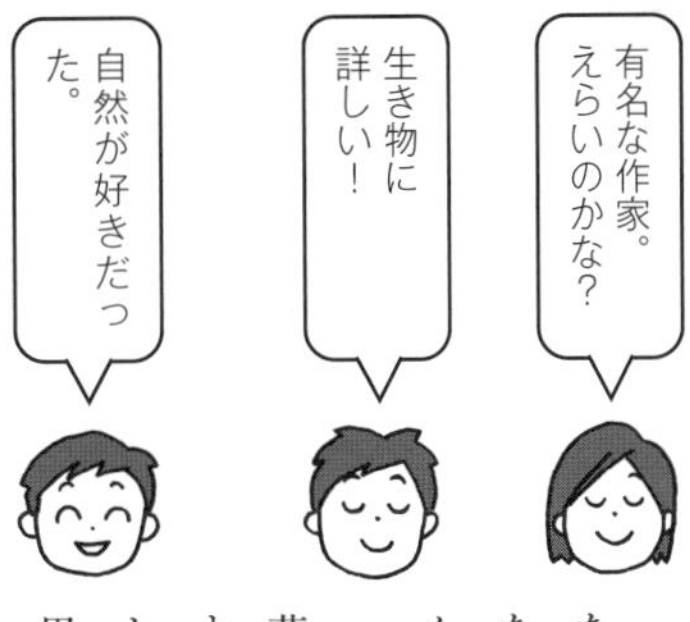

有名な作家。えらいのかな？
生き物に詳しい！
自然が好きだった。

前時の読後感を交流しながら、「そんな『やまなし』を書いた作者はどんな人か」と問う。

教科書P．３０７「言葉の宝箱」の「人物を表す言葉」を参考にしてもよい。その際、「違うと思う」ものを選択させてもよい。

2 「イーハトーヴの夢」を読み、心に残ったところを交流する

心に残ったところはどこだろう？

生きてる間はあまり出版しなかったなんて！
農業でなぜ本を書いたのだろう。

しかけ「図解する」

範読後、キーワードのカードを黒板に貼りながら、内容を整理していく。その後、心に残ったところについて、交流する。

ネームプレートを黒板に貼らせることで、「こ

本時の展開　第一次　第3時

目標 谷川の世界を図に表現することを通して、作品の設定を押さえ、大体の内容を説明することができる。

［本時展開のポイント］

「五月」と「十二月」の世界を図に表現することを通して、作品の設定（時、場所、中心人物、出来事）を捉えやすくする。

［個への配慮］

㋐グループ活動に参加するための支援をする

グループの話合いにうまく参加できない場合、協同して取り組むことができるよう、手元に操作できるカードを用意して、「これはどこに置いたらよいか？」など、簡単に参加できるようにする。

㋑説明のための視点を焦点化する

図を言葉で説明することが苦手な場合は、説明の視点をもつことができるよう、「いつ？」「どこ？」など質問をし、指で指し示しながら説明できるようにする。

私の幻灯は、これでおしまいであります。
十二月

4

しかけ「図解する」

グループで話し合わせながら、模造紙（もしくはホワイトボード）を使って図を完成させる。グループによって、「五月」と「十二月」を分担してもよい。　配慮㋐

「クラムボン」はどのように描こうかな？

「十二月」のかにの兄弟は、あわの大きさくらべをしていたね。

どのように描けばいいのだろう…。

友達に自分の書いた谷川を紹介する

宮沢賢治になったつもりで「やまなし」を紹介しよう

かにの兄弟にとってどんなことが起こったかを中心に説明しよう。

同じ谷川の風景だけど、まったく違う世界だ。

説明するのは難しいな…。

グループで作成した谷川の情景について、「いつ」「どこで」「だれが」「出来事は」と説明の視点をもち、指し示しながら図を使って説明させる。完成した図は写真に撮り、後日ノートに貼る。　配慮㋑

準備物
・センテンスカード２枚 2-35、36　・模造紙数枚（白・青・黄など様々な色）
・図カード（磁石付）　・「五月」「十二月」のカード 2-13、14
・「時」「出来事」「中心人物」「場所」のカード 2-37〜40

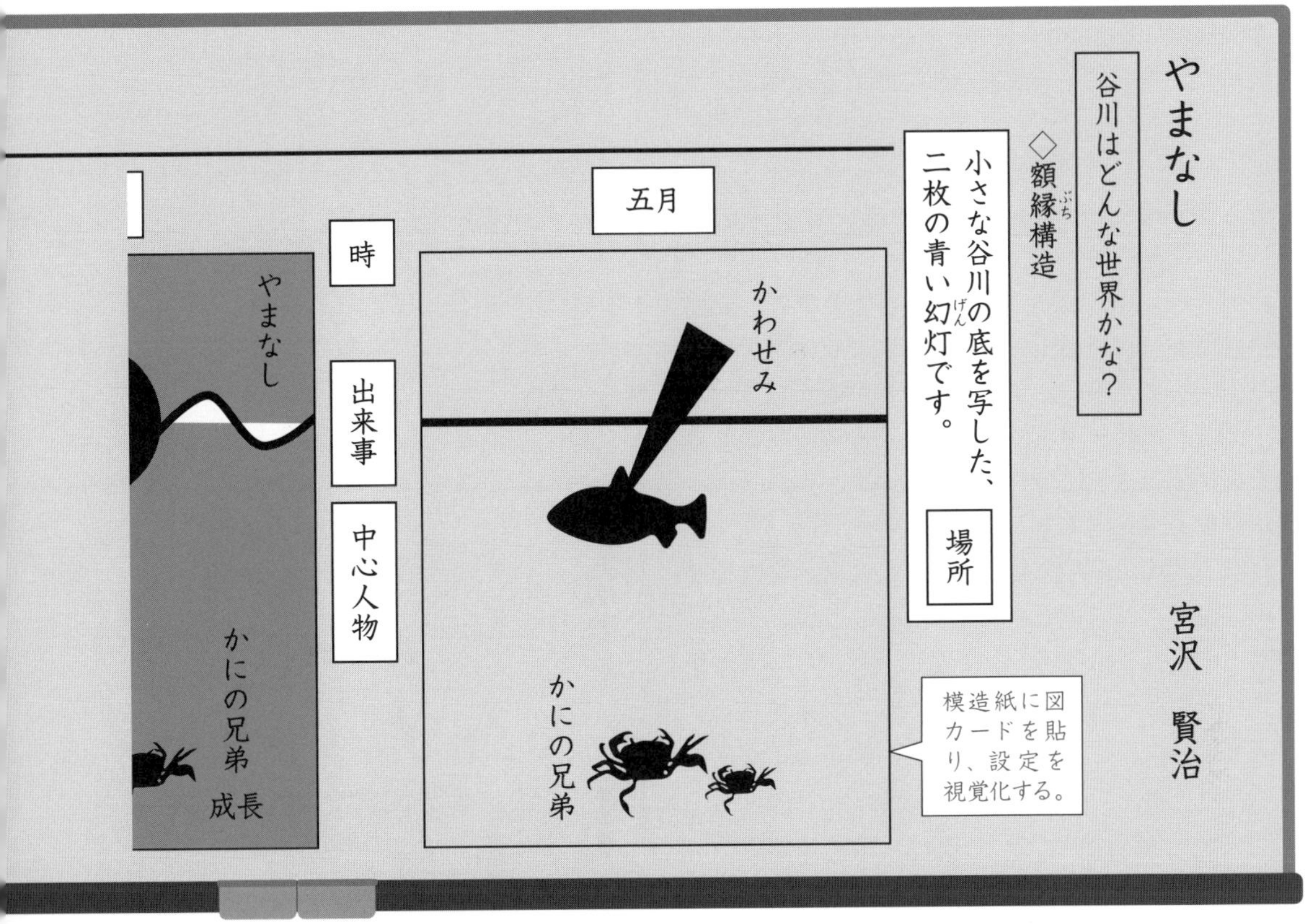

1 大まかな構成（額縁構造）を図解する

何枚の絵を書けばいいかな？

幻灯は「二枚」と書いてあるよ。

青い模造紙がいいね。

しかけ「図解する」

様々な色の模造紙を用意し、どの模造紙を何枚使うか考えることで、作品の大まかな設定に注目させる。また「額縁構造」について押さえる。

2 カードを配置する

このカードは「五月」かな、「十二月」かな

「五月」はかわせみが魚を襲った場面だ。

「十二月」はかにの兄弟がやまなしを追いかける場面だね。

しかけ「配置する」

「かにの兄弟」「成長したかにの兄弟」「かわせみ」「やまなし」の図カードを提示し、配置させる。その際、作品の設定「時、場所、中心人物、出来事」を確認する。

3 谷川の情景を図に描く

それぞれの谷川を完成させよう

本時の展開　第二次　第1時

目標 修飾語を図に配置することを通して、表現の効果に気付き、二つの象徴するものについてノートに書くことができる。

[本時展開のポイント]

谷川の世界を豊かに表現している様々な修飾語に着目させることで、二つの世界の違いに気付かせたい。

[個への配慮]

㋐日常的な例を用いる

「きらきら」と「ぎらぎら」のニュアンスの違いについて気付くことが困難な場合は、日常的な場面に置き換えて考えられるよう、「宝石が輝く様子はどちら？」など、具体的な例を挙げる。その子供の好きな物を例に挙げると効果的である。

㋑動作化での支援

比喩の表現から心情を読み取ることが困難な場合、その場面を具体的にイメージできるように、実際にかわせみが襲ってくる様子を動作化させ、命の危険がある場合の行動を具体的に想像できるようにする。子供の実態に応じて、代表の子供として指名し、動作化した感想をインタビューする。

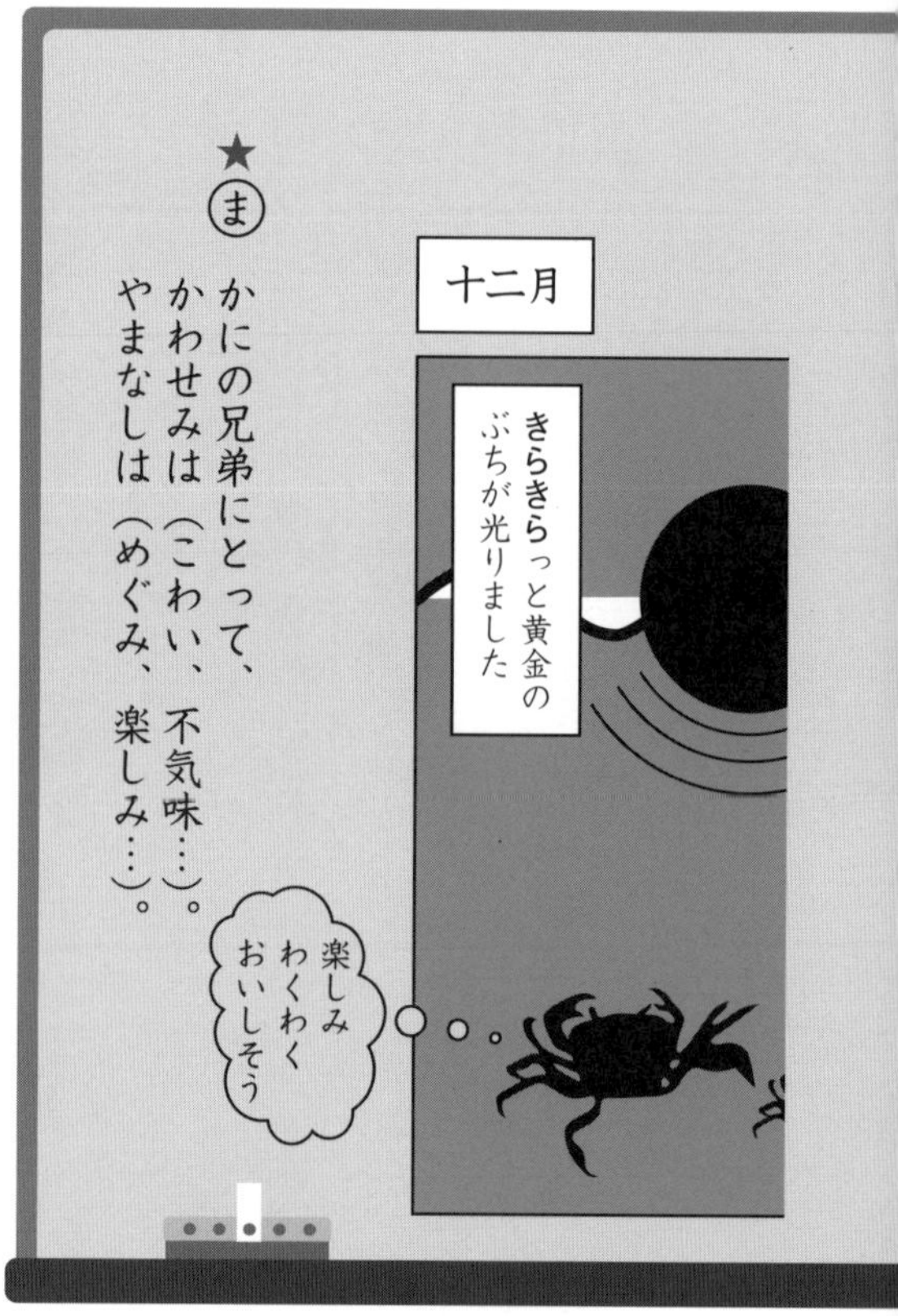

十二月
きらきらっと黄金のぶちが光りました
楽しみ
わくわく
おいしそう
★㋮
かにの兄弟にとって、
かわせみは（こわい、不気味…）。
やまなしは（めぐみ、楽しみ…）。

3

「かわせみ」と「やまなし」の違いを考える

かわせみは「遠眼鏡のような目」で見ないのかな？

かわせみも「遠眼鏡のような目」で見ていたのでは？

背伸びしてわくわくしている感じかな？

五月は恐がっているから、縮こまっているよ。

しかけ「仮定する」

五月に「遠眼鏡」のカードを配置することで、「遠眼鏡」はかにの目を比喩的に表現しているだけでなく、心情も含まれていることに気付かせる。　配慮㋑

4

「かわせみ」と「やまなし」の違いをノートに書く

かにの兄弟にとって「かわせみ」と「やまなし」はどのようなものだろう

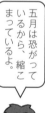

「かわせみ」は急に命を襲う恐いもの。

「やまなし」は楽しみを与えてくれる明るいもの。

学習したことを生かし、ノートにまとめる。実態に応じて、「かわせみ」か「やまなし」のどちらかを選択させ、書かせてもよい。その場合、全体で二つの違いを交流する。

準備物
・模造紙（前時で使用したもの）　・図カード（前時で使用したものとコンパスの絵）
・センテンスカード（修飾語）2-41～48　・「五月」「十二月」のカード 2-13、14

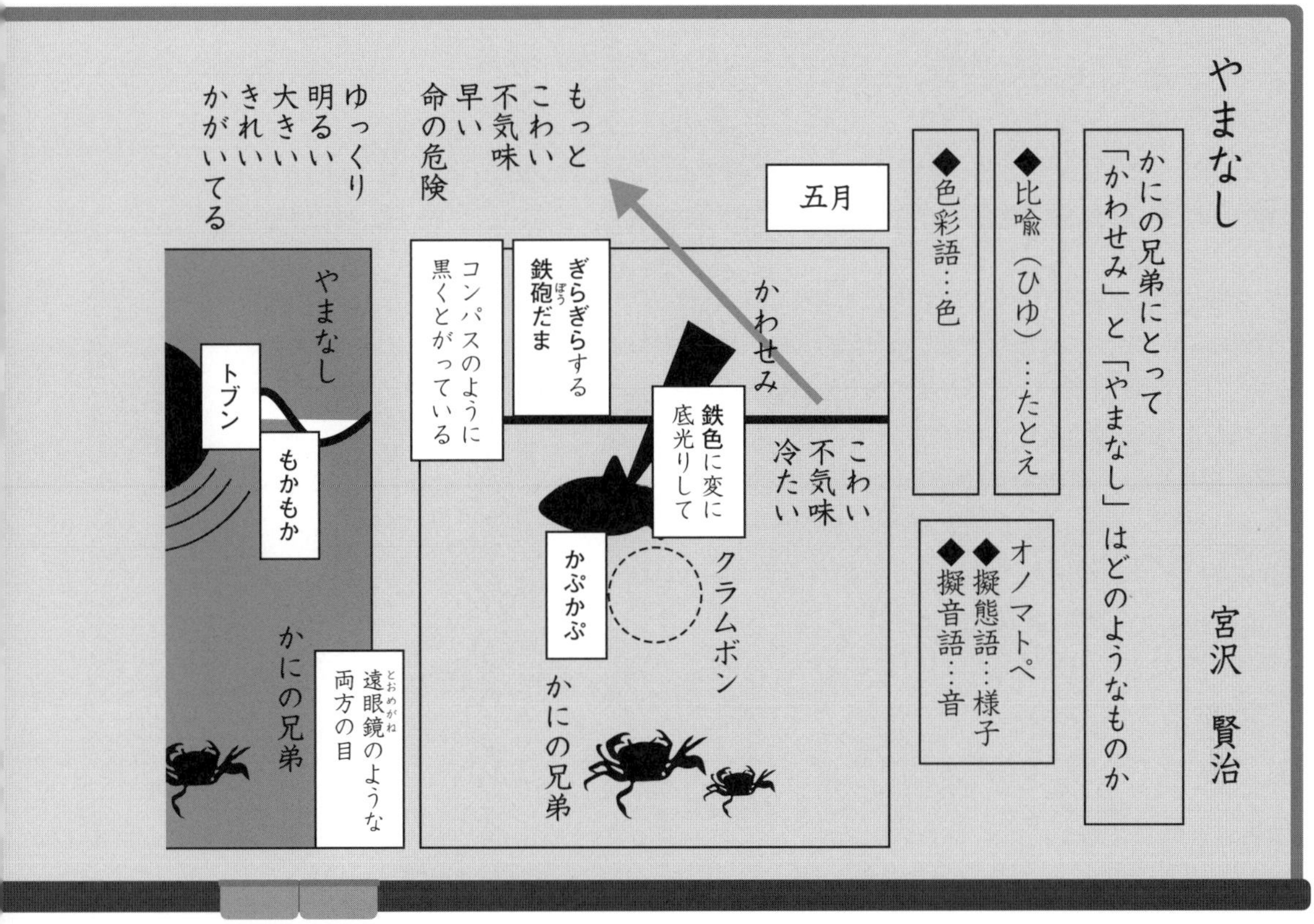

1 様々な表現のカードを図に配置する

「コンパス」は何を表しているかな？

本当に「コンパス」が襲ってきたわけではないよ。

とがっていることを例えているんだよ。

しかけ「仮定する」
「かわせみ」の代わりに、「コンパス」の絵を貼り、比喩表現に気付かせる。その後比喩、色彩語、擬態語、擬音語のカードを提示し、図に配置させる。

2 様々な表現のイメージを交流する

「ぎらぎらする鉄砲だま」とはどんなイメージ？

「ぎらぎら」というと恐いイメージ。

「きらきら」は明るいイメージ。

どちらも同じではないかな？

しかけ「置き換える」
それぞれの表現に注目させ、そのイメージについて交流させる。「ぎらぎら」と「きらきら」を置き換えるなどし、「かわせみ」と「やまなし」の違いに迫る。　配慮ア

✓ 本時の展開 第二次 第2時

目標 二つの世界のイメージを交流することを通して、場面の対比の効果を捉え、十二月の世界をノートに書くことができる。

[本時展開のポイント]

二つの世界が「＋」か「－」かを比較することで、場面同士の対比、場面内の対比に気付かせる。

[個への配慮]

㋐比較の対象をしぼって焦点化する

大きな二つの場面を比較することに困難がある場合、具体的なもので比較できるよう、「『月光』と『日光』は？」や「『かわせみ』と『やまなし』は？」などと焦点化して考えられるようにする。

㋑「＋」と「－」を視覚化できるよう表を提供する

「＋」と「－」のどちらが強調されているか判断できない場合、まずはそれぞれの思考を整理できるよう、「＋」と「－」の両方を書くことができるように、表をワークシートとして提供する。

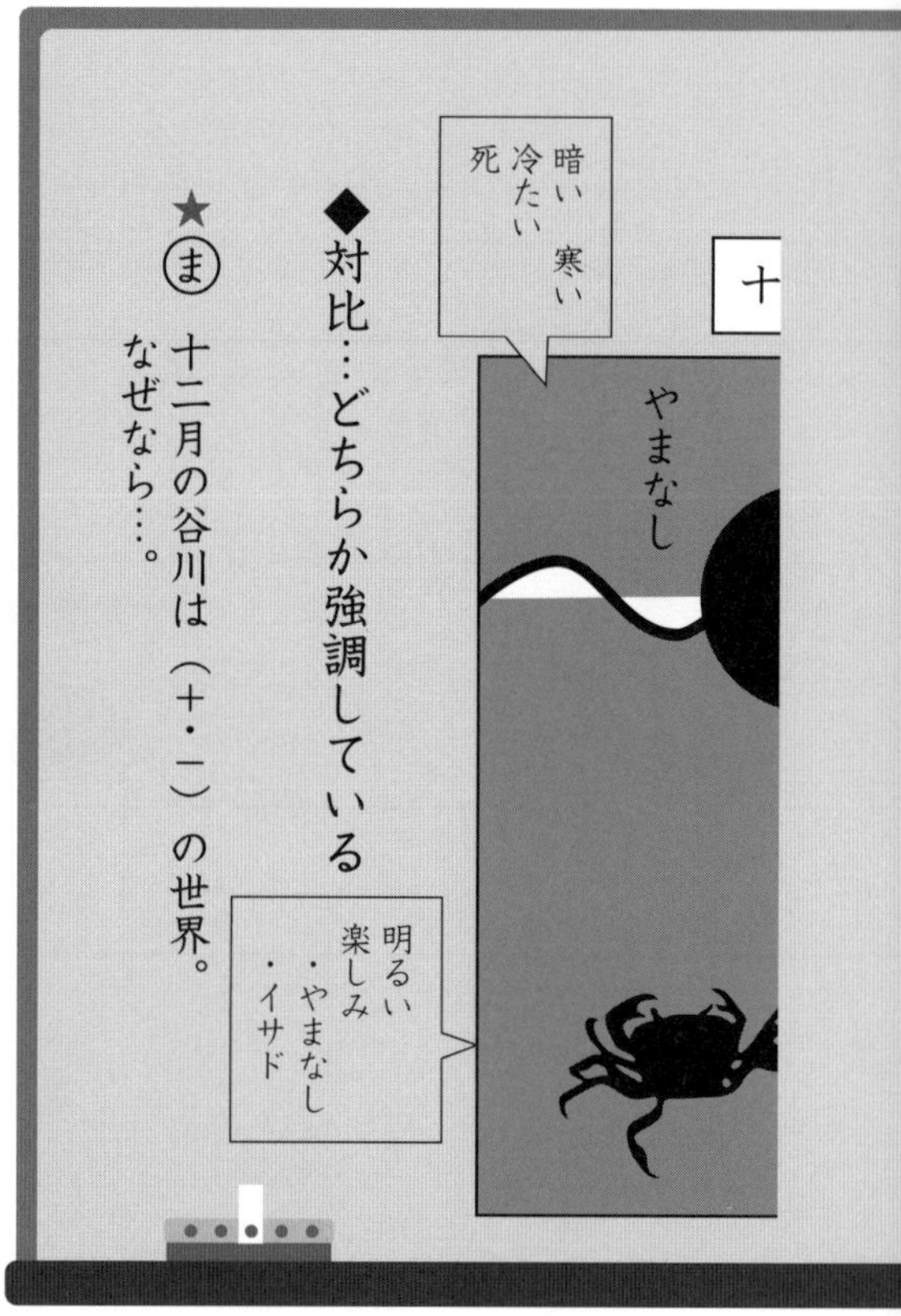

3 「五月」にやまなしが落ちてきたと仮定する

五月に「やまなし」が落ちてきた方が明るい世界になるのでは？

「明るい世界」で「明るい」出来事だと、あまりうれしくないかな。
「恐い」と思っていた世界で「明るい」出来事が起こるとうれしい。

しかけ「仮定する」

「暗い世界」に「明るい出来事」の方が、出来事が強調されることを話し合い、対比ではどちらかのことが強調されることを確認する。また自分の生活に落とし込むことで、一層内容を理解させる。

4 「十二月」の世界についてノートにまとめる

十二月の世界はどんな世界ですか？

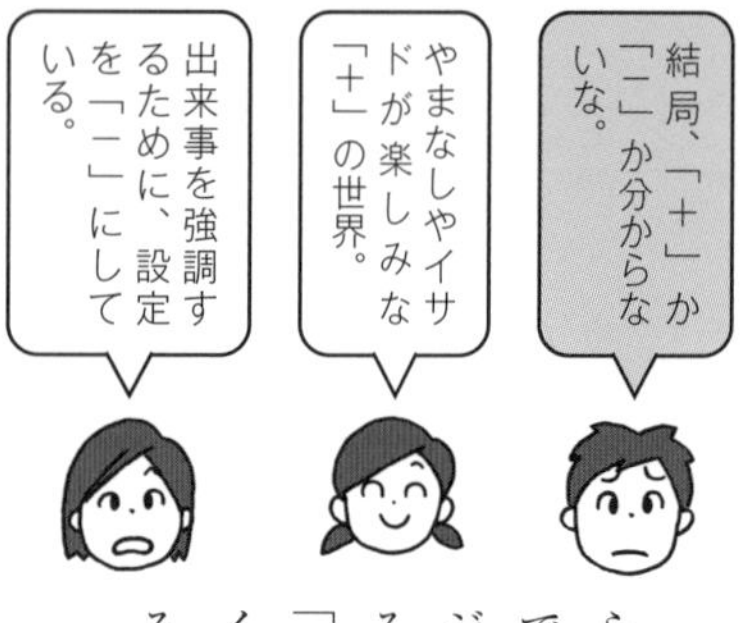

結局、「＋」か「－」か分からないな。
やまなしやイサドが楽しみな「＋」の世界。
出来事を強調するために、設定を「－」にしている。

「＋」も「－」もどちらのイメージもある世界で、結局どちらのイメージが中心なのか考えさせる。それぞれの世界の「場面」や「出来事」のイメージを全体で共有する。

配慮㋑

準備物 ・模造紙 ・図カード（前時までに使用したもの） ・「+」「−」カード（赤と青など色分け） 2-49、50 ・「五月」「十二月」のカード 2-13、14 ・「場面」「出来事」のカード 2-52、38 ・「日光」「月光」のカード 2-53、54

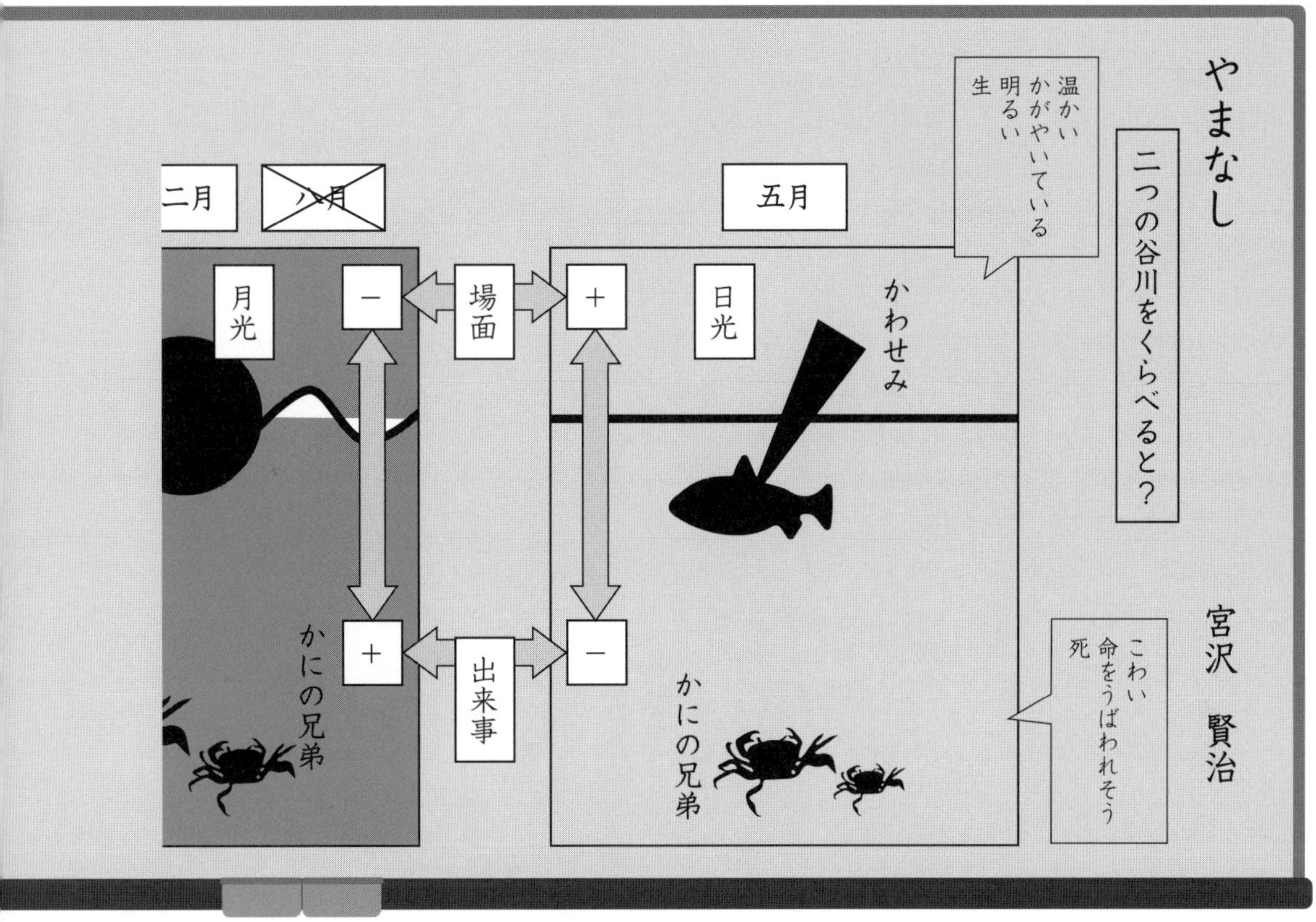

1 「十二月」が「八月」と仮定して話し合う

もし「十二月」が「八月」だったら？

「八月」ではかにの兄弟は成長しないんじゃないかな。明るくて、温かい感じ。

「十二月」は、きっと冷たくて寒い谷川だと思う。

しかけ「仮定する」

「八月」場面の対比関係、それぞれの谷川のイメージに注目させる。自分にとっての季節のイメージを話し合わせることで、二つの場面の対比関係を押さえる。

2 「+（プラス）」と「−（マイナス）」のカードを配置する

どちらの世界が「+」かな？

何から考えたらよいのだろう。

「五月」は日光があって明るいから「+」だ。

でも、「かわせみ」が襲ってきたから、「−」では？

しかけ「分類する」

「+」の世界か「−」の世界かを話し合わせることを通して、場面の対比関係を捉えさせる。また「作品の設定」と「出来事」では、対比関係が逆転することに気付かせる。

配慮ア

本時の展開　第二次　第3時

目標　伝えたかった世界はどちらかを選択することを通して、作者が伝えたかった世界（主題）について捉え、自分なりの考えをノートに書くことができる。

[本時展開のポイント]

「伝えたかった世界はどちらだろう？」と問うことで、宮沢賢治が題名「やまなし」に込めた意味を追求していきたい。

[個への配慮]

㋐リストやカードにして選択できるようにする

それぞれの世界のイメージについて一言で表現することが困難な場合、様々なイメージを提示して、選択できるように、リストやカードにして提示することで、イメージ同士を比較しながら考えられるようにする。

㋑「やまなし」の意味について考えられるよう「十二月」を隠す

「『五月』が大事」と主張し、一度選んだ立場から脱却することが困難な場合、その考えを尊重しつつ、本時のねらいである、「やまなし」の意味に考えが及ぶよう、黒板に掲示した「十二月」の谷川を模造紙などで隠す。

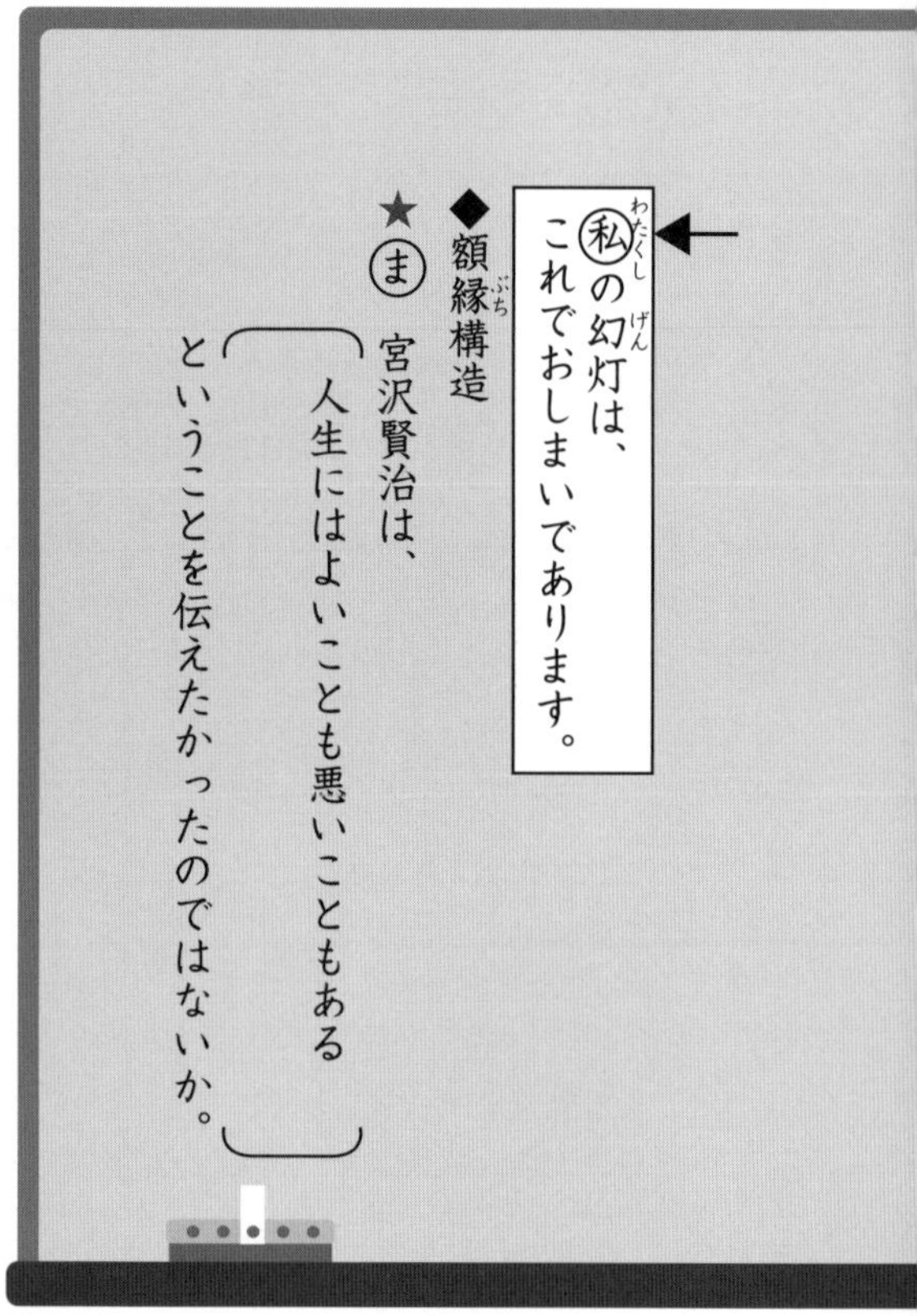

私（わたくし）の幻灯（げん）は、これでおしまいであります。
◆額縁（ぶち）構造
★㋮ 宮沢賢治は、
人生にはよいことも悪いこともある
ということを伝えたかったのではないか。

3 「五月」の谷川はなくてもよいか話し合う

「五月」はなくてもいいのでは？

「十二月」だけだど、面白くない。
「五月」があるから、命の大切さがよく分かる。

しかけ「隠す」

題名が「やまなし」ということから、「五月」の世界はなくてもよいか、「五月」の世界を隠して、考えをゆさぶる。「五月」と「十二月」とのつながりを考えさせ、黒板の中央にまとめる。

4 作者が伝えたかった世界をノートにまとめる

宮沢賢治はどんな世界を伝えたかったのかな

生きていれば、いいことも悪いこともある。
どんなに辛いことがあっても、希望をもってほしいということを伝えたかったのかな。

本時で話し合ったことは、谷川における「かにの兄弟」にとっての世界だけでなく、人の生き方にも通じる。「人の生き方にとって大切なこと」を主題として捉え、学習のまとめとして、作者が伝えたかった世界をノートにまとめさせる。

準備物 ・図カード（前時までに使用したもの） ・センテンスカード（額縁構造２枚） 2-35、35 ・五月を隠す模造紙 ・「五月」「十二月」のカード 2-13、14 ・「＋」「－」のカード 2-49、50

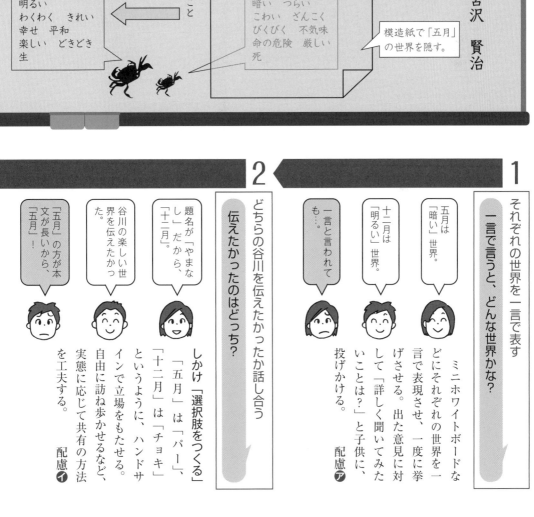

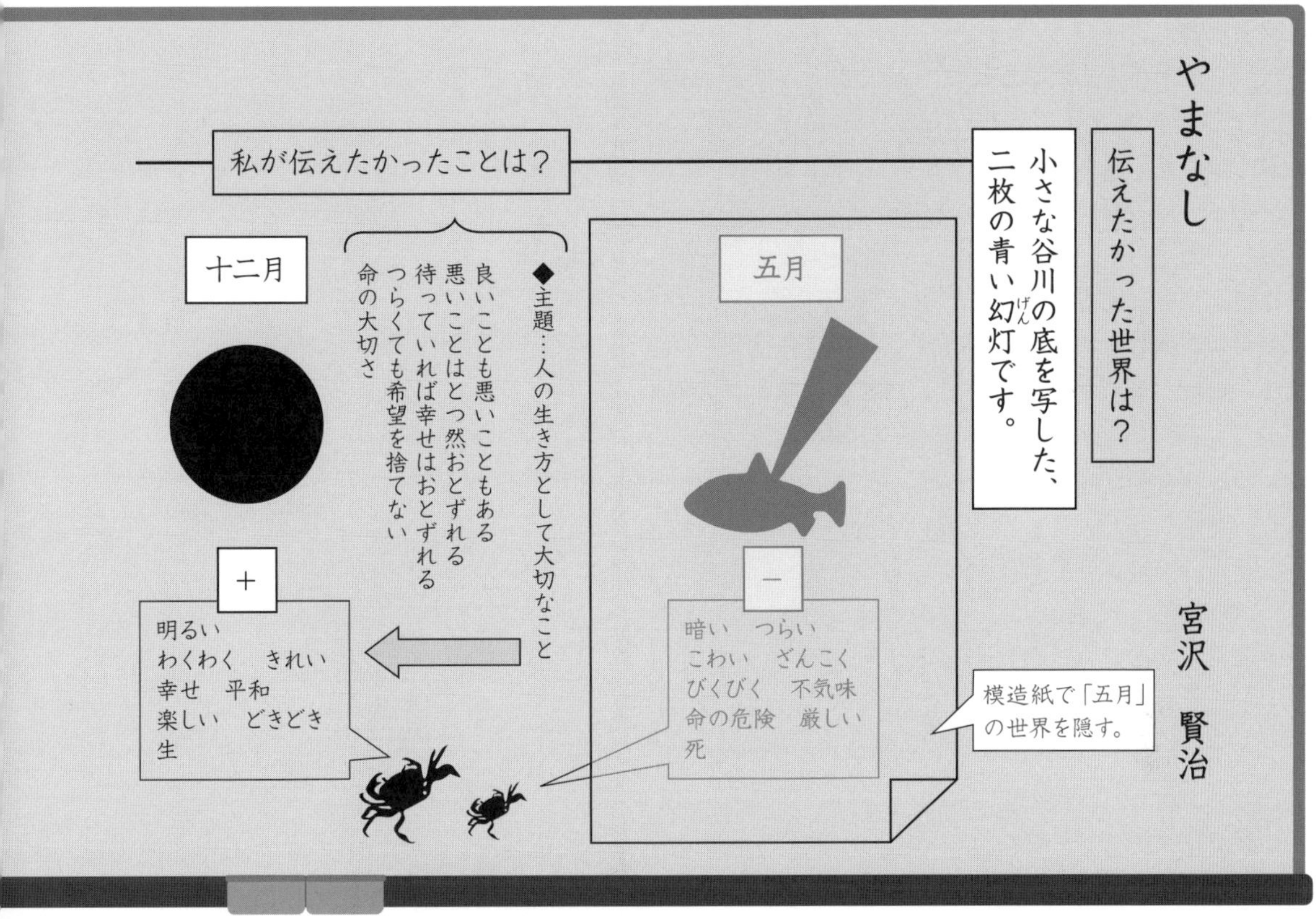

1 それぞれの世界を一言で表す

一言で言うと、どんな世界かな？

五月は「暗い」世界。

十二月は「明るい」世界。

一言と言われても…。

ミニホワイトボードなどにそれぞれの世界を一言で表現させ、一度に挙げさせる。出た意見に対して「詳しく聞いてみたいことは？」と子供に、投げかける。 配慮ア

2 どちらの谷川を伝えたかったか話し合う

伝えたかったのはどっち？

題名が「やまなし」だから、「十二月」。

谷川の楽しい世界を伝えたかった。

「五月」の方が本文が長いから、「五月」！

しかけ「選択肢をつくる」

「五月」は「パー」、「十二月」は「チョキ」というように、ハンドサインで立場をもたせる。自由に訪ね歩かせるなど、実態に応じて共有の方法を工夫する。 配慮イ

本時の展開　第三次　第1時

目標 考えたことを三角ロジックにまとめることを通して、「やまなし」のイメージとその根拠と理由を明らかにし、作品に対する自分の考えをまとめることができる。

[本時展開のポイント]

学習を通して考えたことを、「イメージ（主張）」「根拠」「理由」を整理してまとめることで、「やまなし」に対する自分の考えをもつことができるようにする。

[個への配慮]

ア読後感に立ち返る

様々に選択肢があることがかえって学びにくさにつながる場合、情報を整理して考えられるよう、初めて読んだときの読後感を基にして考えさせる。

イ問いかけの順序をかえる

三つの観点について、その子の思考のプロセスに合うように、柔軟に聞く順番を変えて考えを引き出す。

「心に残った文は？場面は？」（根拠）

→「どうしてそこ（根拠）からそう思うの？」（理由）

→「どんな感じがする？」（イメージ）

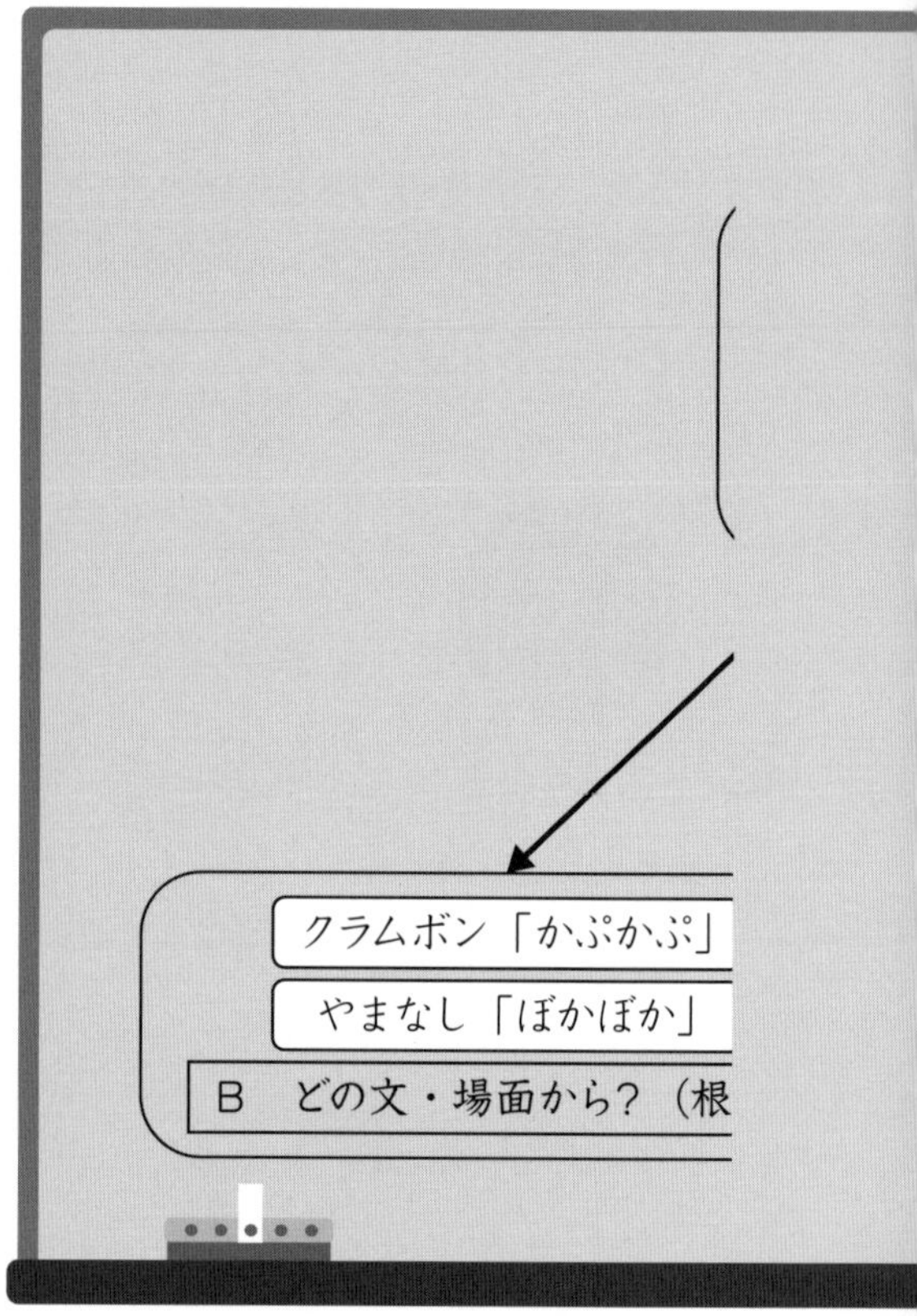

3 「やまなし」について感じたこと・考えたことを三角ロジックにまとめる

「やまなし」の学習を通して、考えたことを三角ロジックにまとめよう

かにの兄弟が体験したことは、人にとっても大切なことがあるな。
「かぷかぷ」とか「ぼかぼか」とか、優しい表現だよね。
考えたことと言われても…。

学習を通して抱いたイメージ（板書内A）は何によってもたらされたのか、根拠（板書内B）と理由（板書内C）を明らかにして、まとめる。考える際は、以下のことを留意したい。

・書きやすいところから書いてよいと伝える。

・学習した読み方（論理）と関連して書かせる。

配慮イ

4 できあがった三角ロジックを友達に紹介する

どんな作品か、友達に紹介しよう

友達はどんな考えをもったのかな?
私と同じ考えの人、いるかな?

意見の交流では、質問し合うことで考えが深まるようにする。深まった考えはどんどん三角ロジックに書き込む。

準備物 ・ワークシート 2-55 ・学習事項カード 2-56〜62 ・読後感カード 2-1〜12 ・場面カード 2-63、64 ・理由カード 2-65

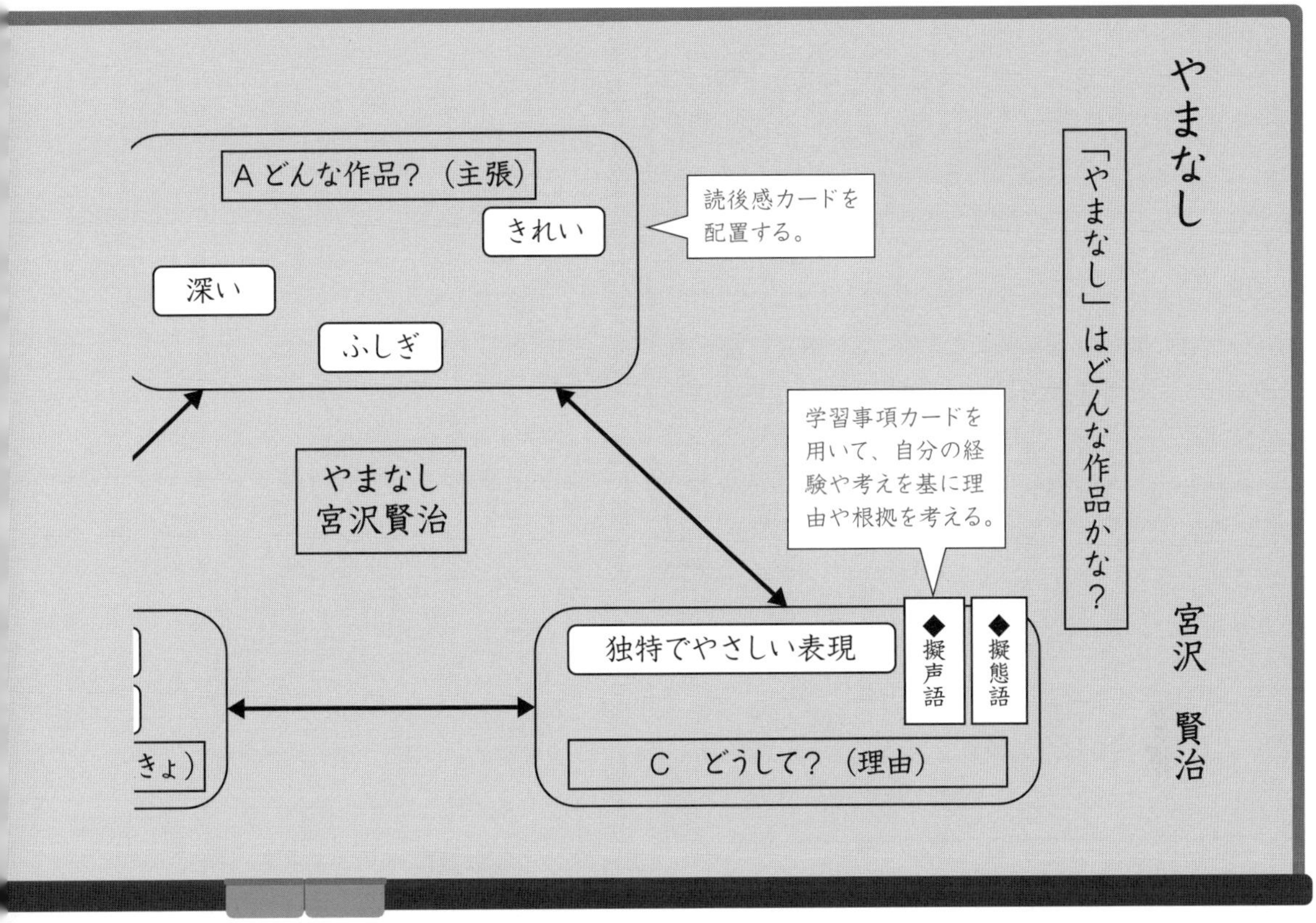

1 学習の内容と論理（読み方）を振り返る

今までの学習を振り返ろう

改めて「やまなし」はどんな作品か振り返らせるために、最初の読後感、授業を通して学んだことを振り返る。学習したことはカードにして提示することで、テンポよく進める。

最初は、「不思議な話だな」って思ってたよ。
いろいろな対比を使っていたね。

2 学習を通して感じた『やまなし』のイメージを交流する

「やまなし」はどんな作品かな？

しかけ「選択肢をつくる」

読後感カードを板書内A「どんな作品？」に移動し、学習して感じた「やまなし」の作品のイメージについて交流する。新しく出たイメージについては、新たにカードを書いて貼る。 配慮ア

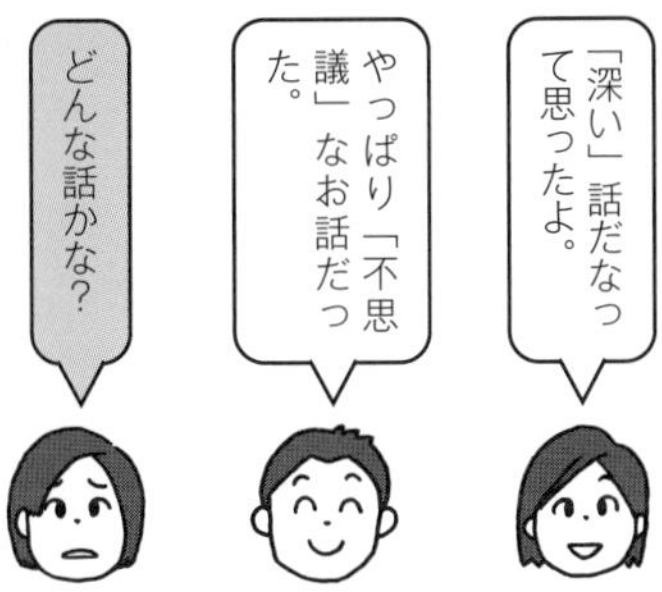

「深い」話だなって思ったよ。
やっぱり「不思議」なお話だった。
どんな話かな？

時の展開 第三次 第2時

目標 「やまなし」座談会を通して、「やまなし」に対する様々な見方、考え方に触れ、発展的に読書活動が広がるように振り返りをすることができる。

[本時展開のポイント]

様々な方法で、友達と考えを共有することで、「やまなし」に対する見方・考え方が深まり、進んで読書しようという意欲をもたせたい。

[個への配慮]

㋐質問カードを用いて参加しやすくする

中心となって話を進めることが困難な場合、安心して話し合いが進められるように、「というと」「具体的には」「それから」など質問カードを手元に持たせて行わせる。

㋑振り返りの観点を焦点化する

単元全体を振り返ることが困難な場合、本時の交流を通じて考えが広がったこと、深まったことに焦点を当てられるよう、
「誰の意見が参考になったか」
「どんなことが参考になったか」
と質問をして振り返ることができるようにする。

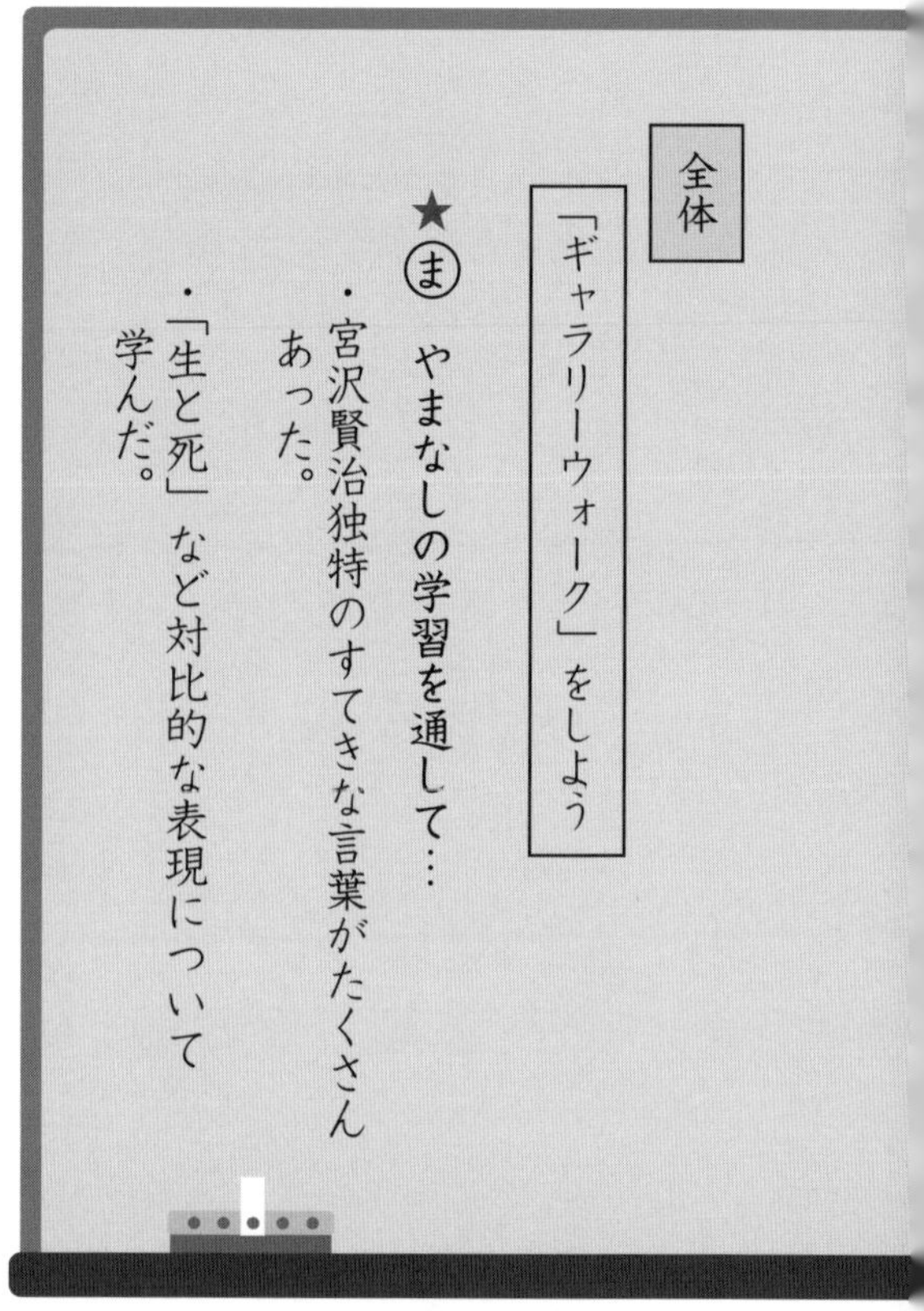

3 ギャラリーウォークをする

他のグループの意見を聞きに行こう

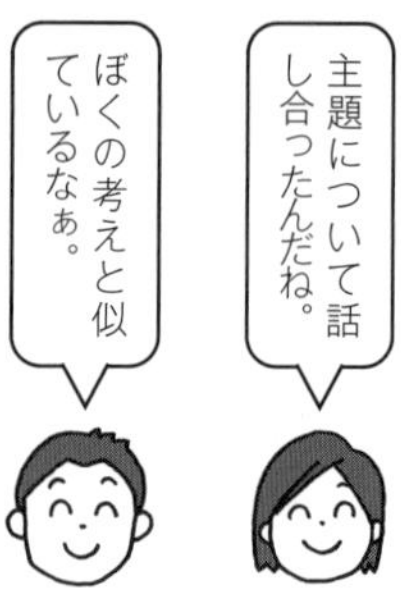

主題について話し合ったんだね。
ぼくの考えと似ているなぁ。

他のグループではどんな話し合いをしていたか、ホワイトボードを見に行く。その際、近くにいる友達とそのホワイトボードを見ながら話し合ってもよい。

「ギャラリーウォーク」は他教科でも活用しやすい活動なので、慣れさせておくことも効果的である。

4 学習の振り返りをする

「やまなし」の学習を振り返ろう

すてきな言葉が魅力的だった。
生と死について、考えさせられたな。
何を書けばよいのだろう。

教科書P.125「ふりかえろう」を読み、学習の振り返りを行う。読書活動が広がるような振り返りにしたい。

配慮㋑

準備物　・座談会の流れ（掲示）　・やまなしルール（掲示）　・やまなしカード 2-66〜73

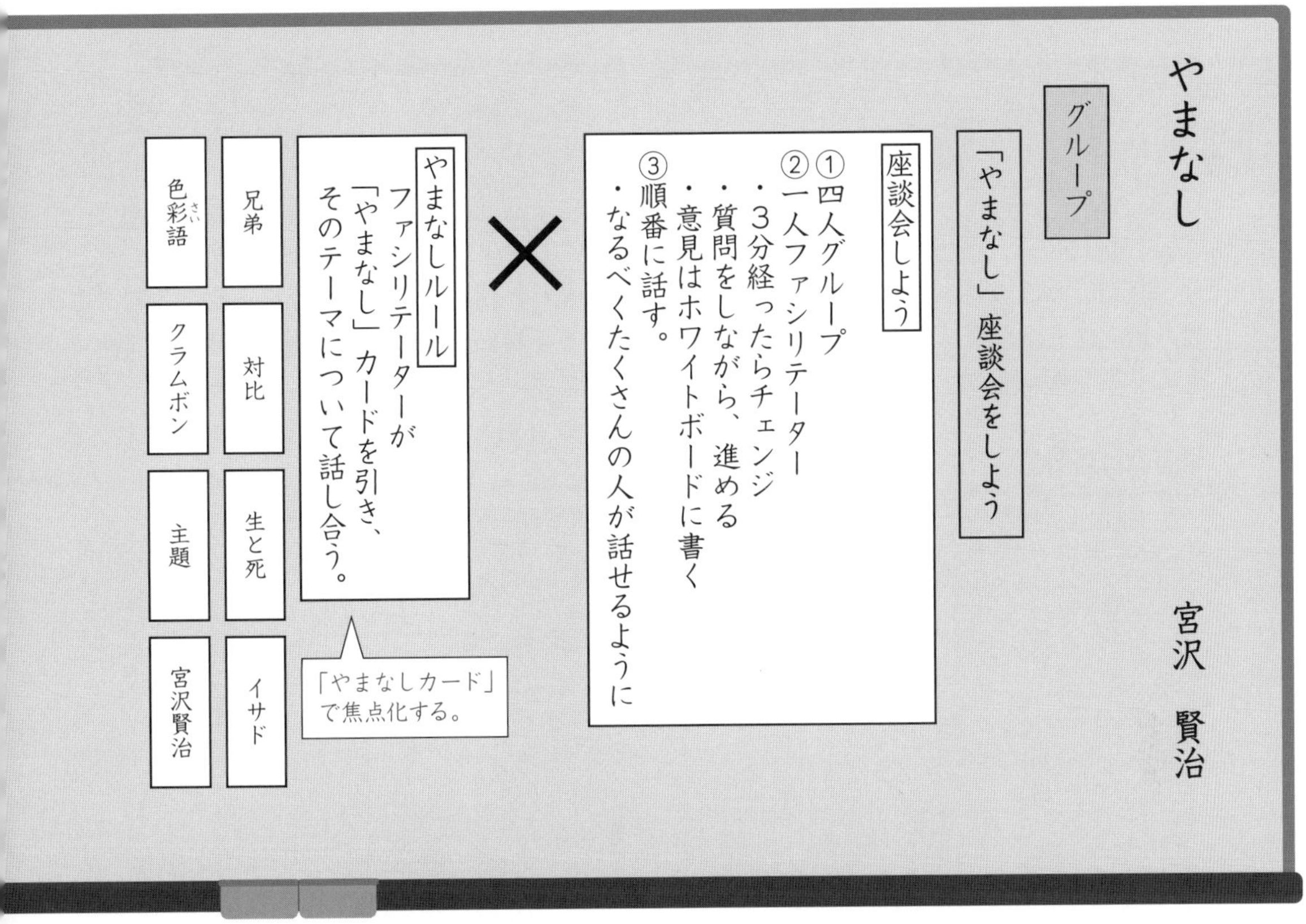

やまなし
宮沢　賢治
グループ
「やまなし」座談会をしよう
座談会しよう
①四人グループ
②一人ファシリテーター
・３分経ったらチェンジ
・質問をしながら、進める
・意見はホワイトボードに書く
③順番に話す。
・なるべくたくさんの人が話せるように
×
やまなしルール
ファシリテーターが
「やまなし」カードを引き、
そのテーマについて話し合う。
「やまなしカード」で焦点化する。
兄弟
対比
生と死
イサド
色彩語
クラムボン
主題
宮沢賢治

1 座談会の流れを確認する

「やまなし」座談会をしよう

ぼくは、「不思議」な話だと思ったよ。

不思議な言葉もたくさんあったね。

上手に話を進められるかな。

初めに全体の流れを説明する。座談会の流れは板書内の説明の通りである。この学習に限らず、様々な単元や教科で慣れさせておくのも効果的である。ホワイトボードの代わりに模造紙を活用することもできる。　**配慮ア**

2 話題を決める

「やまなし」カードを引こう

「かぷかぷ」ってクラムボンの笑い方だよね。

おだやかな感じがするな。

しかけ「選択肢をつくる」

本文の言葉や学習のキーワードとなった言葉をカードにし、選択したカードについてグループでフリートークを行う。一人一人にカードを作らせても面白い。

「海の命」の授業デザイン

（光村図書６年）

教材観

「海の命」は、少年・太一が父、与吉じいさ、母、海との関わりを通して、「村一番の漁師」「一人前の漁師」に成長する姿が魅力的に描かれている物語である。中心人物である太一は、寡黙で心情についての描写は少ない。しかし、美しい情景描写、比喩、擬声語、色彩語、擬人化された表現等から、子供たちは山場である５場面での太一の葛藤、認識の変化をより深く読み味わうことができるだろう。

場面の対応関係

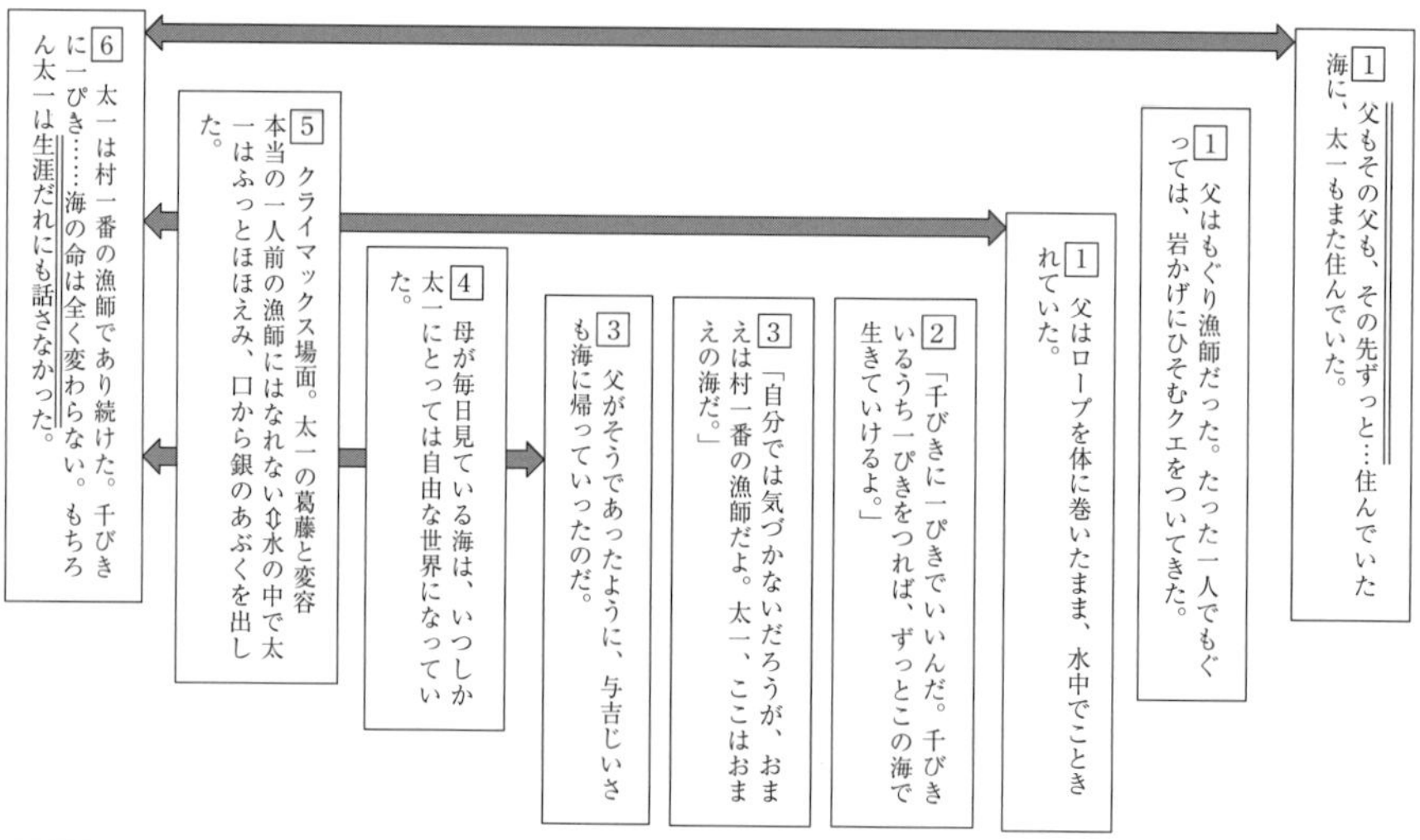

身に付けさせたい力

・暗示的、象徴的な描写が物語の中でどのような意味を表しているのか読み取る力
・登場人物の相互関係に気を付けて人物像や役割を読み取る力

授業づくりの工夫

焦点化	視覚化	共有化
○着目させる文や言葉を精選し、太一の変化を捉えやすくする。 ○「瀬の主」に対する中心人物の葛藤に焦点を当てて話し合う活動を通して、主題を考えさせる。 ○「Which 型課題」や「しかけ」による分かりやすい学習活動を設定する。	○父と与吉じいさの生き様をベン図を用いて対比させることで明確にする。 ○クライマックス場面の描写を基に太一の心情の変化を「初め」「葛藤」「終わり」で板書に示し、太一の変容を捉えやすくする。	○全体対話の前に、ペアであらかじめ考えを共有し、自分の考えをもつことの助けになるようにする。 ○「Which 型課題」に対する子供の立場や考えを板書で可視化し全員参加での共有を図る。

単元目標・評価規準

目標 太一の生き方や考え方について、登場人物の関係や場面の描写などと関係付けながら話し合うことによって、自分の考えをまとめることができる。

知識・技能
○語句と語句との関係、語感や言葉の使い方に対する感覚を通して、語や語句を使っている。 (1)オ

思考・判断・表現
○「読むこと」において、人物像や物語の全体像を具体的に想像したり、表現の効果を考えたりしている。 C(1)エ

主体的に学習に取り組む態度
○登場人物の関係等に着目して自分の考えを広げ、進んで学習課題に沿って互いの意見を交流しようとしている。

単元計画（全８時間）

次	時	学習活動	指導上の留意点
一	1	**作品の設定を捉え、学習課題について話し合おう** ○単元扉の挿絵から、海についてのイメージを広げる。 ○本文の読み聞かせを聞き、挿絵を並べ替える。 ○印象に残ったことを話し合う。	・海と少年・太一のイメージがもてるように、挿絵を提示する。また、挿絵を場面ごとに並べ替え、話の流れを押さえる。 ・初発の感想と第三次第１時の感想と比較させることで、学習の深まりを自覚することができるようにする。
	2	○物語の設定（時・場所・登場人物、出来事）を確認する。 ○前時の感想を基に学習課題を設定する。	・それぞれの場面で太一と深く関わる人物を押さえる。 ・中心人物と対人物との関わりを人物関係図にまとめていくという見通しをもつことができるように、板書で関係を視覚化する。
二	1	**心情の変化を表現技法を手がかりに読もう** ○父を失った太一が、なぜ無理矢理与吉じいさの弟子になろうとしたのかを読み取る。	・父と与吉じいさ。それぞれの人物像を捉えることができるように、二人の思想、生き方の共通点や相違点を明確にして板書する。
	2	○母の思いを読み取る。 ○父の瀬に潜っていく太一の心情を表現技法の効果を基に読み取る。	・母と太一の海への思いを対比させて考える。 ・「とうとう」「壮大な音楽を聞いているような気分になった」等の情景描写に着目させて人物の心情を読み取らせる。
	3	○五場面を読み、葛藤しながらも、なぜもりを打たなかったのかを考える。	・瀬の主に関する描写を押さえる。 ・「本当の一人前の漁師」と「村一番の漁師」と対比する。
	4	○六場面を読み、太一の生涯を読み取る。 ○全文を通読する。	・太一、父、与吉じいさの生き様を人間関係図にまとめることができるように、「太一は今どうなっているのか」と問う。
三	1	**主題について考えよう** ○人物関係図を描き、「海の命」という題名について考える。	・自分の考えを人物関係図にまとめることができるように、観点をしぼって話し合う。 ・「海の命」とは何かについて話し合う。
	2	○立松和平「いのちシリーズ」を読み、感想を交流する。	・象徴的な言葉、心に残る優れた描写等を基に感想を交流することができるように、教師も座談会の一員として参加し、適宜介入する。

教材分析

与吉じいさのおだやかな死とは対照的。

②場面

キ 視点人物（太一）

太一の視点から書かれている。太一の行動は書かれているが、心情はほとんど書かれていない。しかし、父と同じ瀬で漁をしている与吉じいさに無理やり弟子入りしていることから、瀬の主にこだわっていることがわかる。

ク 色彩語・擬声語・比喩表現

色彩語→ぬれた金色の光

擬声語→バタバタ、バタバタ

一本づりをする与吉じいさへの太一の憧れが想像できる。

ケ 対象人物（与吉じいさ）

同じ村に住む与吉じいさであれば、太一の父の死について知っているはずだ。太一がどんな思いで自分に弟子入りを願い出たのかも理解できるだろう。毎日必要な分だけ魚をとり、海と共に生きていこうとする自分の生き様を「千びきに一ぴき」という独り言で太一に語る。

③場面

コ 村一番の漁師

太一が、与吉じいさも認める一本づりの漁師に成長したことが分かる。

2

中学校を卒業する年の夏、太一は与吉じいさに弟子にしてくれるようたのみに行った。与吉じいさは、太一の父が死んだ瀬に、毎日一本づりに行っている漁師だった。

「わしも年じゃ。ずいぶん魚をとってきたが、もう魚を海に自然に遊ばせてやりたくなっとる。」

「年を取ったのなら、ぼくをつえの代わりに使ってくれ。」

こうして太一は、無理やり与吉じいさの弟子になったのだ。

与吉じいさは瀬に着くや、小イワシをつり針にかけて水に投げる。それから、ゆっくりと糸をたぐっていくと、ぬれた金色の光をはね返して、五十センチもあるタイが上がってきた。バタバタ、バタバタと、タイが暴れて尾で甲板を打つ音が、船全体を共鳴させている。

太一は、なかなかつり糸をにぎらせてもらえなかった。つり針にえさを付け、上がってきた魚からつり針を外す仕事ばかりだ。つりをしながら、与吉じいさは独り言のように語ってくれた。

「千びきに一ぴきでいいんだ。千びきいるうち一ぴきをつれば、ずっとこの海で生きていけるよ。」

与吉じいさは、毎日タイを二十ぴきとると、もう道具を片づけた。

季節によって、タイがイサキになったりブリになったりした。

3

弟子になって何年もたったある朝、いつものように同じ瀬に漁に出た太一に向かって、与吉じいさはふっと声をもらした。そのころには、与吉じいさは船に乗ってこそきたが、作業はほとんど太一がやるようになっていた。

「自分では気づかないだろうが、おまえは村一番の漁師だよ。太一、ここはおまえの海だ。」

船に乗らなくなった与吉じいさの家に、太一は漁から帰ると、毎日魚を届けに行った。真夏のある日、与吉じいさは暑いのに、毛布をのどまでかけてねむっていた。太一は全てをさとった。

■第二次・第1時

なぜ太一が与吉じいさの弟子になったのか考える

太一がなぜ与吉じいさの弟子になったのかを考えさせることにより、与吉じいさの生き様について考え、おのずと父との比較もすることになるだろう。比較することによりそれぞれの人物像が明確になっていく。（キ）

■第二次・第1時

色彩語や擬声語、比喩表現の効果、視点について考える

タイの描写から、色彩語や擬声語を抜いた文章と本文を比較させ、感じ方の違いを味わわせる。そのタイを見ているのは太一であり、視点人物が太一であることが明らかになる。（ク）

■第二次・第2時

母にとっての海と太一にとっての海を比較する

母にとっての海は悲しい海であり、一人息子の太一が海に向かう姿にも不安を覚えている。しかし、太一にとってはいつまでも悲しい海ではなかった。弟子になり修業した海であり、村一番の漁師として活躍している海である。母と太一の対比や、成長に伴い海に対する太一の認識が変わっていくことを確認したりすることで、後半の「海の命」とは何かにより深く迫ることが

◆教材分析のポイント　その①【場面構成から読む】

「海の命」は典型的な四部構成からできている。〈導入部〉プロローグ・設定→〈展開部〉出来事の始まり→〈山場〉クライマックス場面・中心人物の葛藤・変化→〈終末部〉エピローグ・大きな出来事のその後・語り手による解説。「海の命」では、太一と周辺の人々の暮らしが後日談として語られており、プロローグと対比することで作者が考える「海の命」という主題が鮮明になる。

◆教材分析のポイント　その②【主題・海の命とは】

題名である「海の命」とは、「海の恵み」「千びきに一ぴき」とつながる象徴としての言葉である。この言葉の意味を考えることこそ、作者からのメッセージを受け取ることにつながる。父、与吉じいさ、瀬の主はもちろんのこと、太一自身も、さらにこの先生まれて死んでいく全てが海の命であるという壮大なテーマに、読者は導かれていくことになる。

指導内容

①場面

ア 場面

この物語は「1」から「6」まで場面がある。

イ 語り手の存在

語り手が太一の視点で大部分を語っている。

ウ 設定

時・場所は具体的には書かれていないが、海辺の漁村であることや、太一の家が代々続く漁師であることが分かる。

エ 父に対する思い

「はばからなかった」から、父への強いあこがれがうかがえる。

オ 父親の人物像

「じまんすることもなく」「海のめぐみ」等の叙述から謙虚な父親の人物像が想像できる。

カ 父の死

海中でロープを体に巻いたまま、ことぎれるという壮絶な死。

海の命　　立松（たてまつ）和平（わへい）

1

父もその父も、その先ずっと顔も知らない父親たちが住んでいた海に、太一もまた住んでいた。季節や時間の流れとともに変わる海のどんな表情でも、太一は好きだった。

「ぼくは漁師になる。おとうといっしょに海に出るんだ。」

子どものころから、[イ・エ]太一はこう言ってはばからなかった。

父はもぐり漁師だった。潮の流れが速くて、だれにももぐれない瀬（せ）に、たった一人でもぐっては、岩かげにひそむクエをついてきた。[オ]二メートルもある大物をしとめても、父はじまんすることもなく言うのだった。

「海のめぐみだからなあ。」

不漁の日が十日間続いても、父は少しも変わらなかった。

ある日、父は、夕方になっても帰らなかった。空っぽの父の船が瀬で見つかり、仲間の漁師が引き潮を待ってもぐってみると、父はロープを体に巻いたまま、水中で[カ]ことぎれていた。ロープのもう一方の先には、光る緑色の目をしたクエがいたという。

父のもりを体につきさした瀬の主は、何人がかりで引こうと全く動かない。まるで岩のような魚だ。結局ロープを切るしかなかったのだ。

指導のポイント

■第一次・第1時

「海」のイメージをふくらませる

扉の挿絵で海や太一に対するイメージを十分にふくらませ、物語と出会う心構えをさせてから、範読する。（ア、イ、ウ）

■第一次・第2時

登場人物の人物像を捉える

誰の会話文かを考えることにより、父、与吉じいさだけでなく母も太一に大きな影響を与えていることに気付かせる。それぞれの登場人物が複雑に絡み合って物語が展開されていることから、人物関係図を描くという単元のゴールを設定することができるようにする。（シ）

教材分析

とだったのか、倒すことだったのか。太一の心情は書かれていないが、「青い宝石の目」からはその美しさが、「百五十キロはゆうに」という表現からは瀬の主の堂々とした風格が伝わり、むしろプラスのイメージである。

タ 本当の一人前の漁師

太一は自分のことをまだ「一人前の漁師」とは思っていない。

チ 葛藤、そして生き方の転換

瀬の主の神々しい圧倒的な存在感に心が動いた。あこがれだった父と瀬の主を能動的に重ねた。父は殺せない。大魚も、父も、与吉じいさも「海の命」である。全ての命の象徴である。

⑥場面

ツ 幸せな後日譚

クエを殺さずに済んだことで手にした幸せ。子供たちは父を失わず、父が果たせなかった母の幸せを太一は果たした。

テ 主題

「生きているものは全て自然の一部」「生命に対する敬虔な思いをもつこと」「輪廻の中で生かされている」等、太一の生き方から主題に迫ることができるであろう。

5

うだった。全体は見えないのだが、百五十キロはゆうにこえているだろう。

興奮していながら、太一は冷静だった。これが自分の追い求めてきたまぼろしの魚、村一番のもぐり漁師だった父を破った瀬の主なのかもしれない。太一は鼻づらに向かってもりをつき出すのだが、クエは動こうとはしない。そうしたままで時間が過ぎた。太一は永遠にここにいられるような気さえした。しかし、息が苦しくなって、またうかんでいく。

もう一度もどってきても、チ瀬の主は全く動こうとはせずに太一を見ていた。おだやかな目だった。この大魚は自分に殺されたがっているのだと、太一は思ったほどだった。これまで数限りなく魚を殺してきたのだが、こんな感情になったのは初めてだ。この魚をとらなければ、タ本当の一人前の漁師にはなれないのだと、チ太一は泣きそうになりながら思う。

水の中で太一はふっとほほえみ、口から銀のあぶくを出した。もりの刃先を足の方にどけ、クエに向かってもう一度えがおを作った。

「おとう、ここにおられたのですか。また会いに来ますから。」

チこう思うことによって、太一は瀬の主を殺さないで済んだのだ。大魚はこの海の命だと思えた。

6

ツやがて、太一は村のむすめとけっこんし、子どもを四人育てた。男と女と二人ずつで、みんな元気でやさしい子どもたちだった。母は、おだやかで満ち足りた、美しいおばあさんになった。

太一は村一番の漁師であり続けた。千びきに一ぴきしかとらないのだから、海の命は全く変わらない。巨大なクエを岩の穴で見かけたのにもりを打たなかったことは、もちろん太一は生涯だれにも話さなかった。

言う「村一番の漁師」である生き方を選んだ。そのことが太一、子供たち、母の幸せにつながったことに気付かせたい。（ツ）

■第三次・第1時
人物関係図を描く観点を確認する

「人物」「内容」「書き方」の三観点を確認し、自分はどの観点から人物関係図を描くか選択できるようにする。その際ギャラリートークを行い、それを参考に自分の人物関係図に加除修正を加えることができるようにする。

■第三次・第2時
立松和平「いのちシリーズ」の座談会を行う

全員が座談会に参加することができるように、初級・中級・上級に分けたクイズを準備し、立松和平「命シリーズ」に関する対話を通して、これまでの学びを再構成させて作品全体を俯瞰させる機会としたい。

（オ、キ、ク、ケ、シ）

指導内容

サ 与吉じいさの死

安らかで穏やかな死。太一の父の死とは対照的。それを太一は「父がそうであったように」「海に帰った」と捉えている。この部分は敬体である。

④場面

シ 母の思い

海で夫を失った悲しみ。瀬に向かう息子に対する思い（不安・恐れ・悲しみ）

ス 「父の海」

情景描写や「とうとう」という記述から、何年も「父の海」にこだわり、あこがれてきたことが分かる。「父の海」はあくまでも光り輝き、壮大なイメージである。

セ 瀬の主への思い

太一は、二十キロぐらいのクエには興味をもてない。だが、瀬には一年間ずっと潜り続けている。いったい何のために。太一にとって瀬の主は尊敬する父を破った偉大な相手、越えなければならない相手だったのかもしれない。

⑤場面

ソ 太一の夢

太一の夢は瀬の主と出会うこ

3

サ「海に帰りましたか。与吉じいさ、心から感謝しております。おかげさまでぼくも海で生きられます。」

悲しみがふき上がってきたが、今の太一は自然な気持ちで、顔の前に両手を合わせることができた。サ父がそうであったように、与吉じいさも海に帰っていったのだ。

4

ある日、母はこんなふうに言うのだった。

シ「おまえが、おとうの死んだ瀬にもぐると、いつ言いだすかと思うと、私はおそろしくて夜もねむれないよ。おまえの心の中が見えるようで。」

太一は、あらしさえもはね返す屈強（くっきょう）な若者になっていたのだ。太一は、そのたくましい背中に、母の悲しみさえも背負おうとしていたのである。

母が毎日見ている海は、いつしか太一にとっては自由な世界になっていた。

いつもの一本づりで二十ぴきのイサキをはやばやととった太一は、父が死んだ辺りの瀬に船を進めた。

いかりを下ろし、海に飛びこんだ。はだに水の感触（しょく）がここちよい。海中に棒になって差しこんだ光が、波の動きにつれ、かがやきながら交差する。耳には何も聞こえなかったが、太一は壮（そう）大な音楽を聞いているような気分になった。スとうとう、父の海にやって来たのだ。

太一が瀬にもぐり続けて、ほぼ一年が過ぎた。父を最後にもぐり漁師がいなくなったので、アワビもサザエもウニもたくさんいた。激しい潮の流れに守られるようにして生きている、二十キロぐらいのクエも見かけた。セだが、太一は興味をもてなかった。

追い求めているうちに、不意に夢は実現するものだ。

太一は海草のゆれる穴のおくに、ソ青い宝石の目を見た。

海底の砂にもりをさして場所を見失わないようにしてから、太一は銀色にゆれる水面にうかんでいった。息を吸ってもどると、ソ同じ所に同じ青い目がある。ひとみは黒いしんじゅのようだった。刃（は）物のような歯が並んだ灰色のくちびるは、ふくらんでいて大きい。魚がえらを動かすたび、水が動くのが分かった。岩そのものが魚のよ

指導のポイント

できる布石となる。（ス）

■第二次・第3時

色彩語や比喩表現の効果、視点について考える

色彩語や比喩表現から、クエの神々しい圧倒的な存在感を十分に感じ取らせたい。また「おだやかな目」「殺されたがっている」と感じているのは、太一であり、そこにも葛藤が見てとれる。（ソ）

■第二次・第3時

五場面の初めと終わりの変化が視覚的に捉えることができるようにする

「クエの鼻づらに」向かってもりをつき出した太一が（初め）、葛藤（中）を経て、殺さないで済んだ（終わり）理由について、全体対話を通して考えをまとめることができるようにする。太一は悩み、苦しみながらも瀬の主を打たないことを自らの意思で決定したことに気付かせたい。（チ）

■第二次・第4時

ベン図を用いて「一人前の漁師」と「村一番の漁師」を比較する

太一は父のような「一人前の漁師」ではなく、与吉じいさが

本時の展開　第一次　第1時

目標 扉の挿絵を手掛かりに、海や中心人物をイメージしながら範読を聞くことを通して、物語の大体の内容を理解し、印象に残ったこととその理由を話すことができる。

[本時展開のポイント]

物語の大まかな流れや出来事が捉えられるように、黒板に整理する。

[個への配慮]

ア好きな場所で読み聞かせを聞いてもよいことにする

友達のそばで話を聞くことに抵抗がある場合、そのことが集中を妨げることがないよう自分の席で聞いてもよいことを伝える。その際、挿絵は近付いて見せる。

イ手元で操作できる挿絵カードを用意する

作品の場面の移り変わりを捉えるのが困難な場合は、場面のまとまりを可視化して整理できるように希望するペアに手元で操作できるカードを用意する。

ウ立ち歩きのペアで自由に意見交流をさせる

印象を問われても漠然としか思い浮かばない場合は、ポイントをしぼったり具現化できるように、感想をノートに書いて全体で対話する前に、まずはペア、次に立ち歩きのペアで感想を交流する。

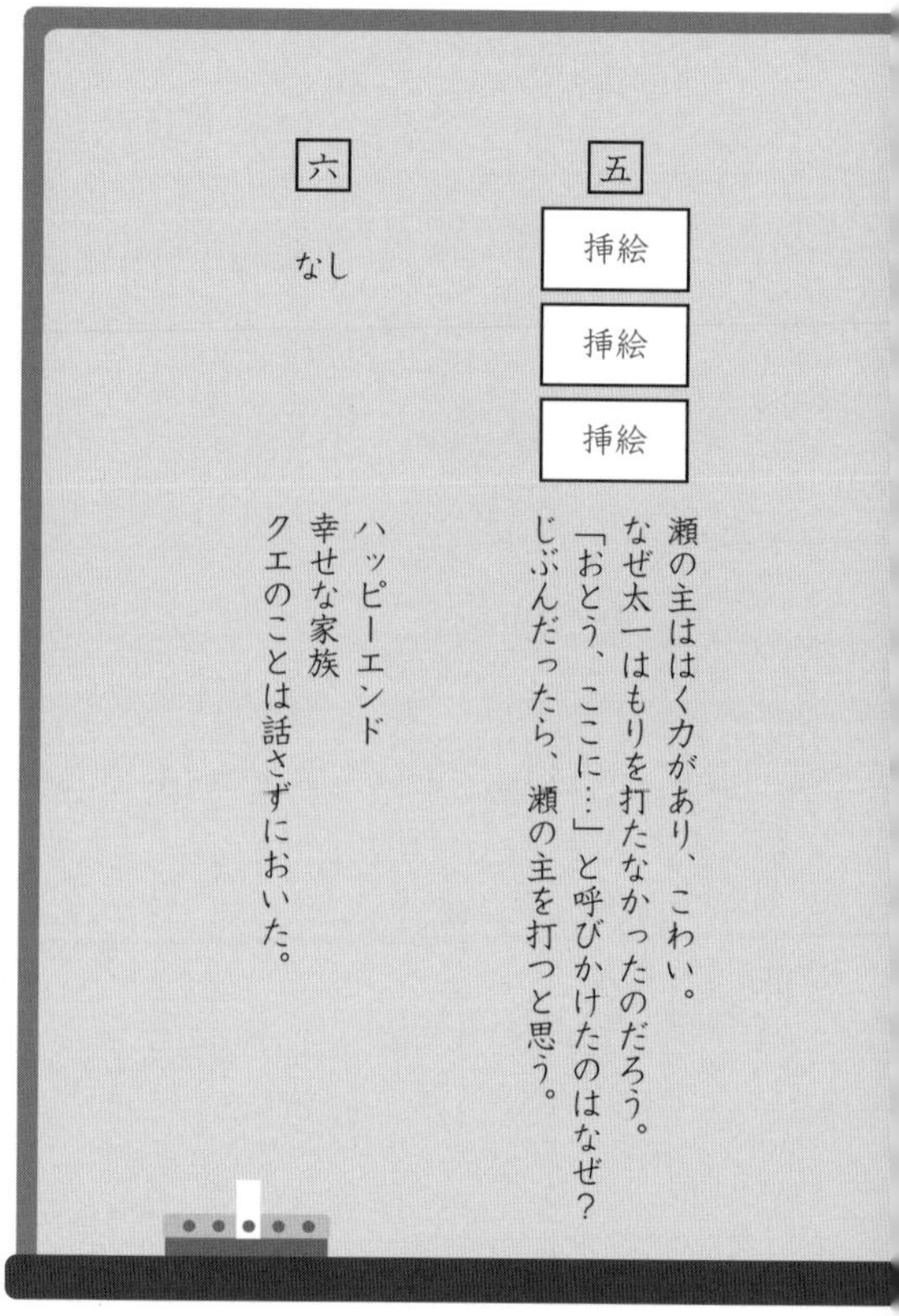

五
挿絵
挿絵
挿絵
瀬の主ははく力があり、こわい。
なぜ太一はもりを打たなかったのだろう。
「おとう、ここに…」と呼びかけたのはなぜ？
じぶんだったら、瀬の主を打つと思う。
六
なし
ハッピーエンド
幸せな家族
クエのことは話さずにおいた。

3 挿絵を物語の順番に並べ替える

お父さんが亡くなったことから始まるね。どんな設定があった？　正しい順番を教えてね

前話と、あと話があるね。

太一の成長が、時系列で書かれているね。

挿絵を活用しながら物語の世界を想像しやすくする。読み聞かせ後、教科書の挿絵を提示し、ペアで話し合わせ、教科書で確認する。間が空いているところで場面が変わることから、六つの場面でできていることを知る。

配慮イ

4 物語を読んで印象に残ったことを話し合う。

好きな登場人物は？　その理由は？

太一が瀬の主を打たなかったから驚いたよ。

何が印象に残ったんだろう。

印象に残ったところ、好きな登場人物などを発表させる。並べ替えた挿絵の下に、意見を板書で残しておく。

配慮ウ

準備物 ・挿絵８枚（掲示用）　・挿絵カード８枚（配慮イ用に個別作業用を数セット）

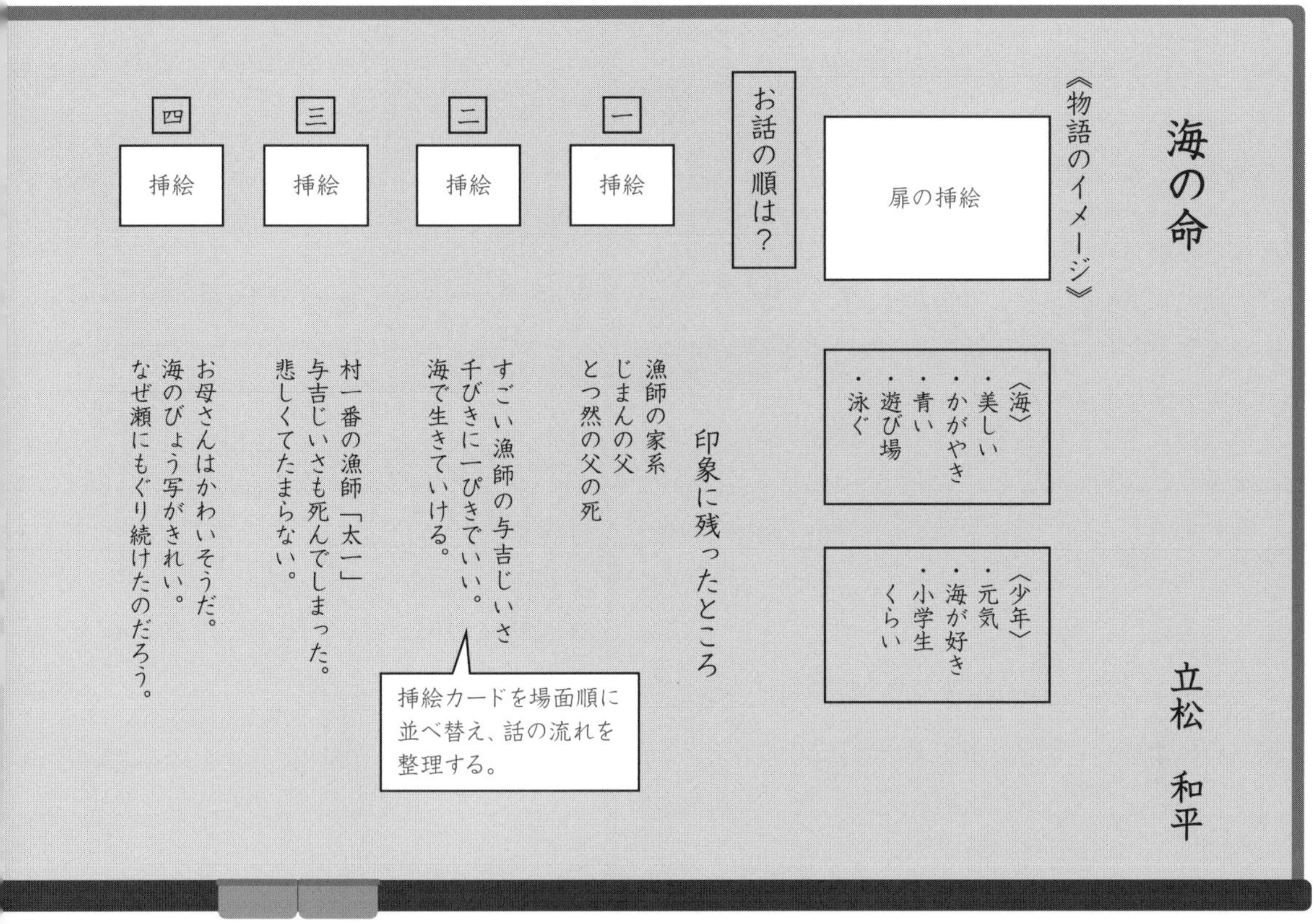

海の命
立松　和平
《物語のイメージ》
扉の挿絵
〈海〉
・美しい
・かがやき
・青い
・遊び場
・泳ぐ
〈少年〉
・元気
・海が好き
・小学生くらい
お話の順は？
一 挿絵
二 挿絵
三 挿絵
四 挿絵
印象に残ったところ
漁師の家系
じまんの父
とつ然の父の死
すごい漁師の与吉じいさ
千びきに一ぴきでいい。
海で生きていける。
村一番の漁師「太一」
与吉じいさも死んでしまった。
悲しくてたまらない。
お母さんはかわいそうだ。
海のびょう写がきれい。
なぜ瀬にもぐり続けたのだろう。
挿絵カードを場面順に並べ替え、話の流れを整理する。

1 海や少年に対するイメージを広げる

挿絵を見て、感じたことをみんなに伝えよう

水面が輝いていて、きれいだね。

男の子は、まだ小さいね。海が好きそうだね。

挿絵の色使いに注目させる。自分の経験を踏まえた発言なども認め、自由に感想を言える雰囲気を大切にする。

2 教師の範読を聞く

先生が範読するから、どんな人物が出てくるか考えながら聞いてね

おとう、与吉じいさ、母などが出てきたね。

太一が一人前になる話だね。

休み時間喧嘩したから行きたくないな。

教師のそばに子供たちを集め、話の内容がイメージできるように範読する。

教師が読み方や難読語句を確認しながら解説する。配慮ア

✓ 本時の展開　第一次　第2時

目標 誰が一番太一に影響を与えたのかを話し合うことを通して、他の登場人物と太一との関わりを捉え、人物関係図を描くという単元のめあてをもつことができる。

[本時展開のポイント]

おとうと与吉じいさの生き方を対比することを通して、「海の命」を読んでいく意欲を高め、単元のゴールの見通しをもつことができるようにする。

[個への配慮]

㋐どの場面にある会話文なのかを教える

会話文を見ただけでは、誰の発言か分からない場合は、注意を向ける部分が分かるように、場面を教えたり、該当部分を指し示したりして考えさせる。

㋑誰がより影響を与えたのかを選択させる

三角ロジックで話すことが難しい場合、参加が可能になるようまずは誰が影響を与えたかの二択の選択をさせ、同じ選択の友達の根拠や理由を参考にしてもよいことを伝える。

㋒友達の意見をヒントにさせる

選択自体が難しい場合、少しずつ意見がもてるようノートに書いていなくても自由に立ち歩き、友達の意見を聞いてよいこととする。

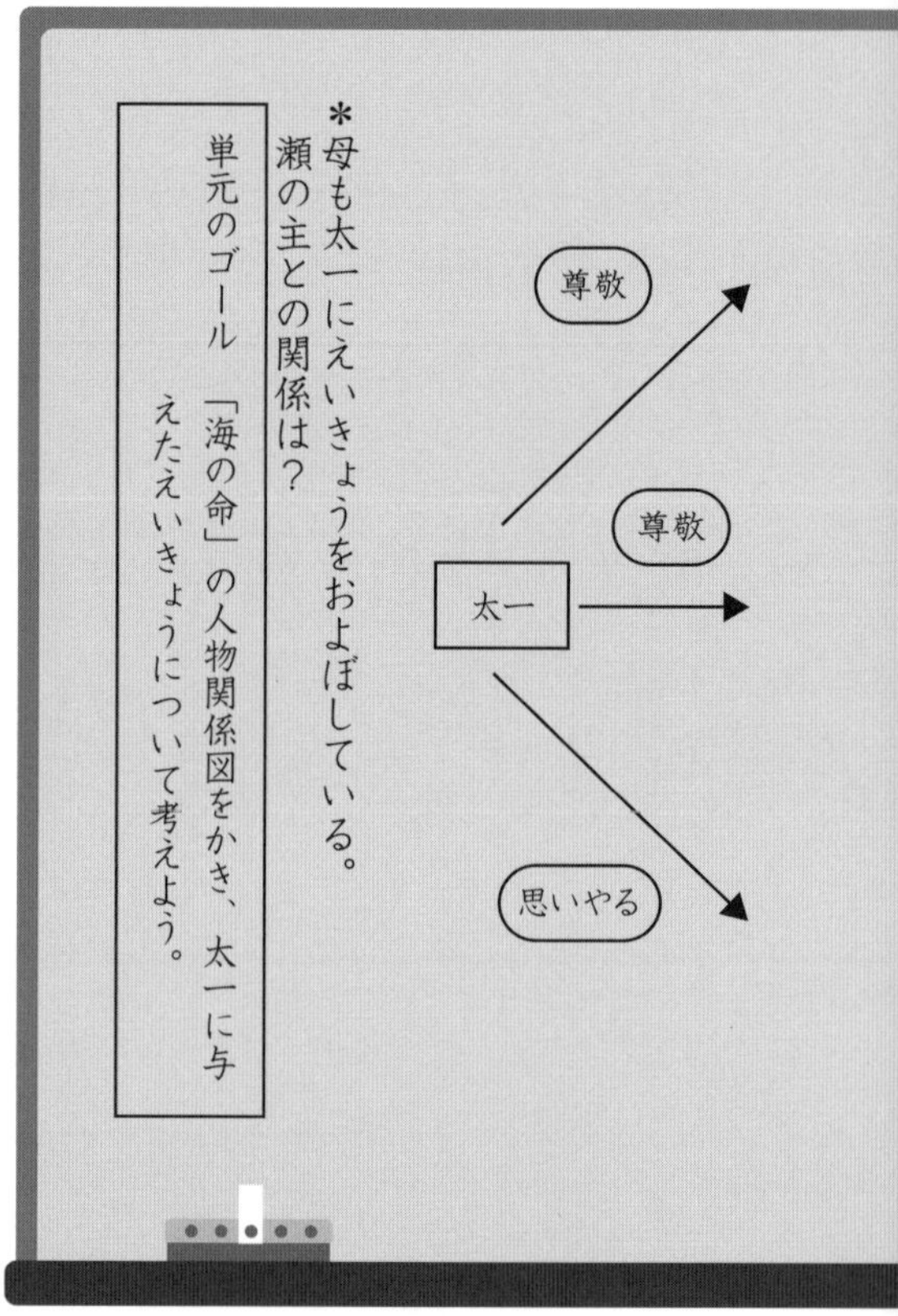

＊母も太一にえいきょうをおよぼしている。
瀬の主との関係は？
単元のゴール　「海の命」の人物関係図をかき、太一に与えたえいきょうについて考えよう。
尊敬
尊敬
太一
思いやる

3 母のセリフは必要かどうか話し合う

お母さんのセリフはいらないね。えっ、いるの？なぜ？

いらない会話文を立松さんが入れるわけがないよ。
どっちでもいいかも。

おとう、与吉じいさの板書の下に「母」を付け足す。いるか、いらないかを決め、その理由をノートに書いた子から交流し、全体対話を行う。配慮㋒

4 単元のゴールについて話し合う

人物関係に注目して図にまとめると、太一の成長が整理できそうだね

人物関係図を描くときに、視点も付け足すと分かりやすいね。
立松和平さんの作品をもっと読んでみたいな。

「帰り道」の学習を想起させ、それぞれの視点から中心人物の変容を捉えるために、人物関係図を描こうという意欲をもたせる。立松和平「いのちシリーズ」を教室に置き、紹介する。

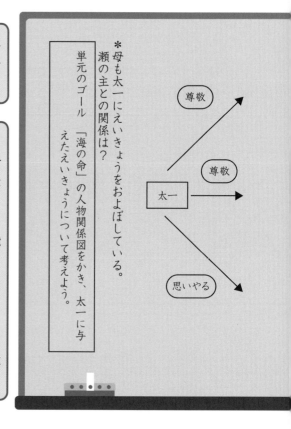

準備物　・センテンスカード３枚　3-01～02　・ネームプレート

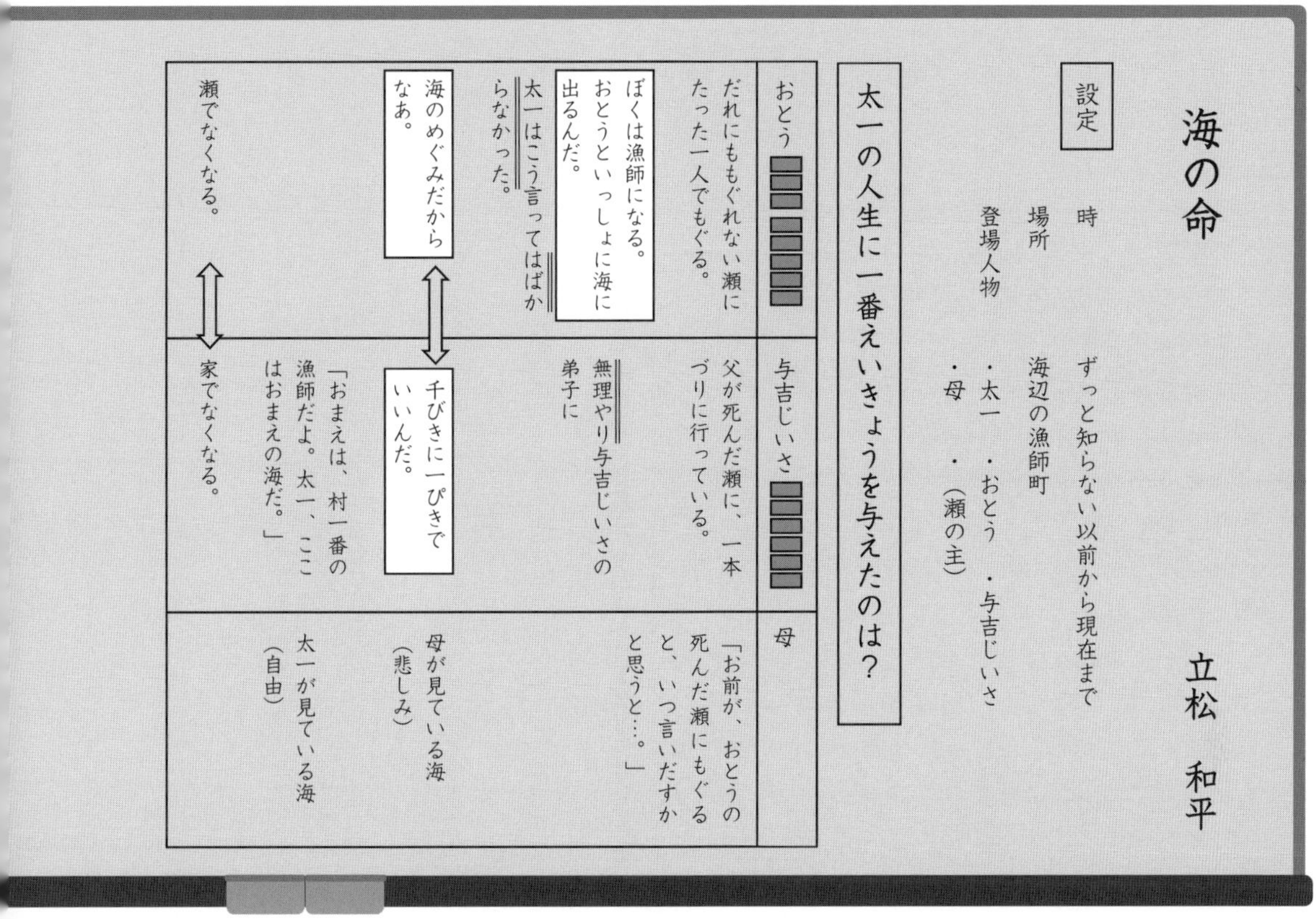

1 クイズで誰の会話文か話し合う

太一・おとう・与吉じいさの会話文をばらばらに貼るよ。誰の言葉？　どう読めばいい？

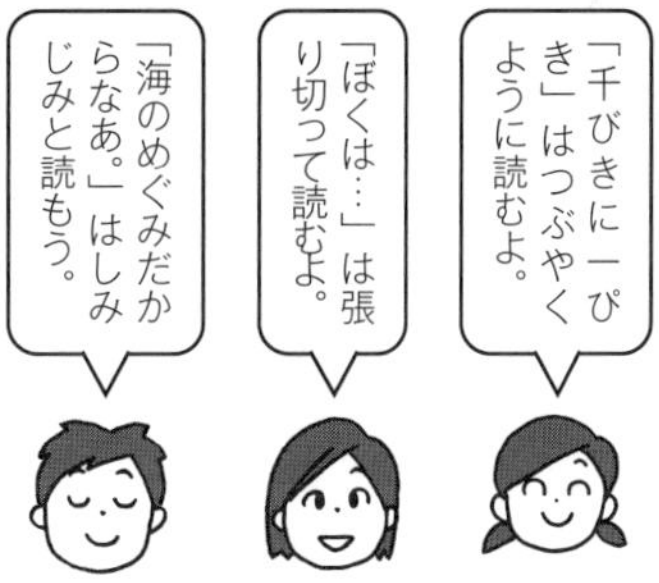

「千びきに一ぴき」はつぶやくように読むよ。
「ぼくは…」は張り切って読むよ。
「海のめぐみだからなあ。」はしみじみと読もう。

会話文のセンテンスカードを三つ貼り、クイズにする。誰の言葉か分かったら、どのように読めばいいか話し合い、人物の状況や気持ちを考えさせる。

配慮ア

2 影響を与えた人物とその理由を話し合う

おとうと与吉じいさのどちらがより太一に影響を与えたと思う？　それはなぜ？

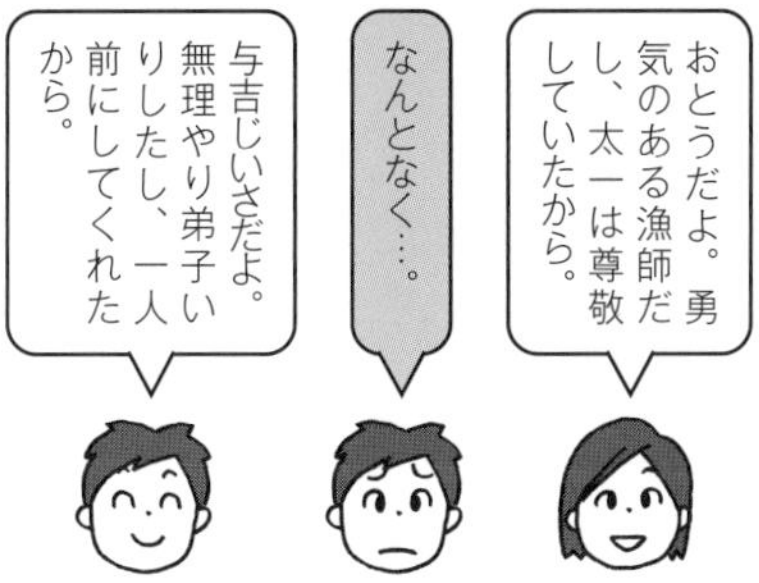

おとうだよ。勇気のある漁師だし、太一は尊敬していたから。
なんとなく…。
与吉じいさだよ。無理やり弟子いりしたし、一人前にしてくれたから。

どちらかを選びネームプレートを貼り、その理由を叙述を根拠に発言させる。お互いの考え方の違いを尊重して聞く態度を大切にする。

配慮イ

✓ 本時の展開 第二次 第1時

目標 なぜ太一は与吉じいさの弟子になったのかを話し合い、表現技法の効果について考えることを通して、太一の思いについて書いたり話したりすることができる。

[本時展開のポイント]

太一がどうしても与吉じいさの弟子になりたいと願うのはなぜか問うことにより、太一と与吉じいさの関係性を捉えやすくする。

[個への配慮]

ア書いている途中でも友達の考えを聞く場面を設定する

なかなか書き出せない子がいる場合は、取組のきっかけをつかめるよう書いている途中でも数人を指名し、考えを発表させる。友達の意見を取り入れたい子は自由に取り入れさせる。また、頼りたい子のそばに行き、ノートを見せてもらったり、アドバイスをもらってもよいこととする。

イ「色彩語・擬声語とばし読み」で効果を実感させる

表現効果に気が付かない子がいる場合は、それらのよさに気付くことができるように、あえて色彩語や擬声語を抜いた文と本文とを比較させることで、作者はよりよくつりの様子を伝えるために表現技法を用いていることに気付くことができるようにする。

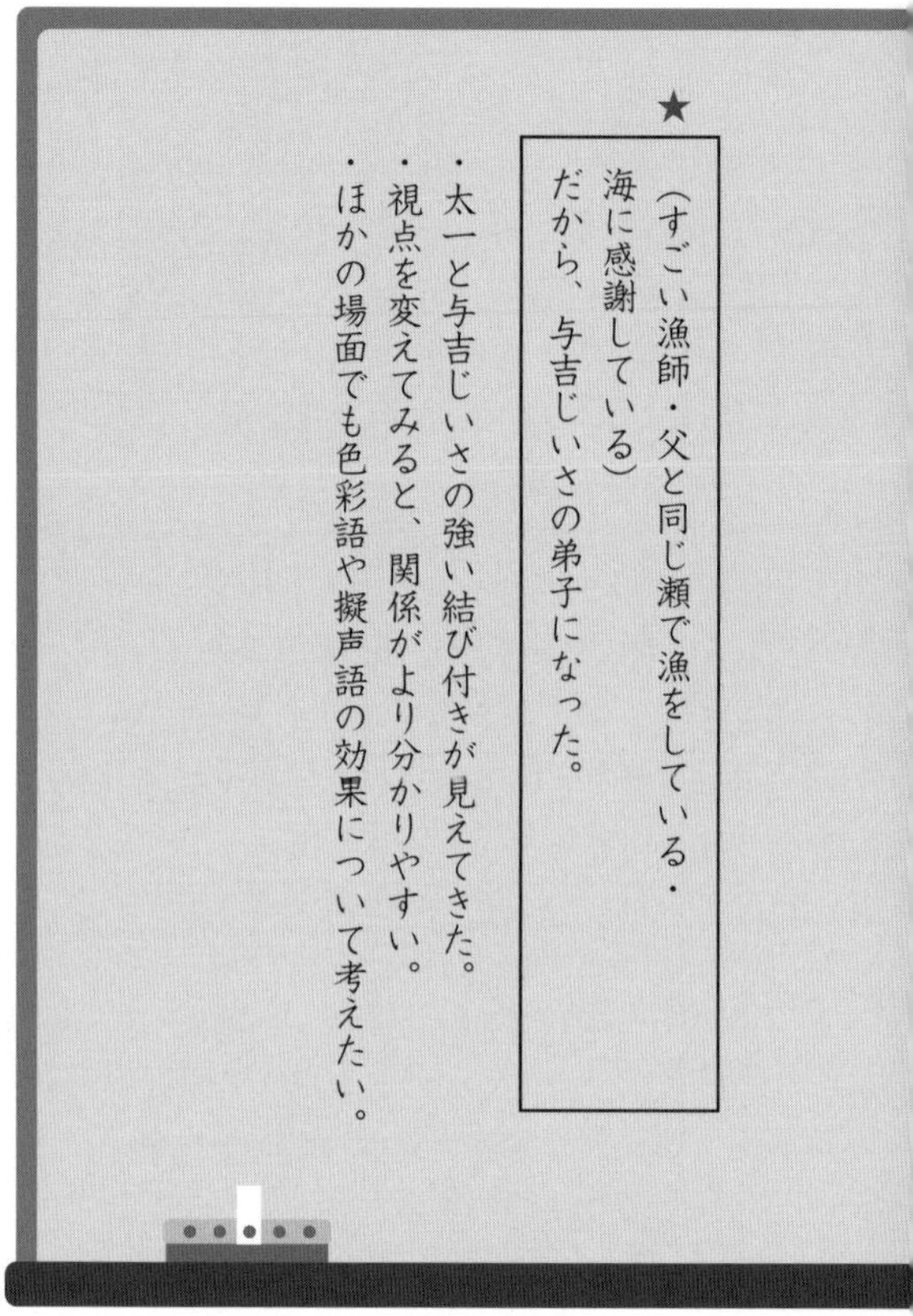

・視点を変えてみると、関係がより分かりやすい。

3 与吉じいさのつりの様子のすばらしさが分かる表現はどこかについて考える

色彩語・擬声語をとばした文と、本文を比較し、その効果について考えよう

色彩語と擬声語を飛ばした文と本文とを比較させ、その効果について話し合わせる。また、他の場面にも同じような表現効果はないか考えさせる。 配慮イ

とばしても意味は分かるよね。
とばしたらだめです。理由は…。
太一の視点で書かれているよ。早く自分も釣りたいんだね。

4 どうして弟子になったのか、考えをまとめる

「だから与吉じいさの弟子になった。」の前の部分を書いてね

「だから」の前の部分を空欄にして提示し、中に入る言葉を考えさせる。全体対話で交流させる。板書を参考にしながら人物関係図を描くことに学習がつながっているか振り返らせる。

おとうみたいにかっこいい。だから弟子になった。
心が広く、釣りの達人。だから弟子になった。

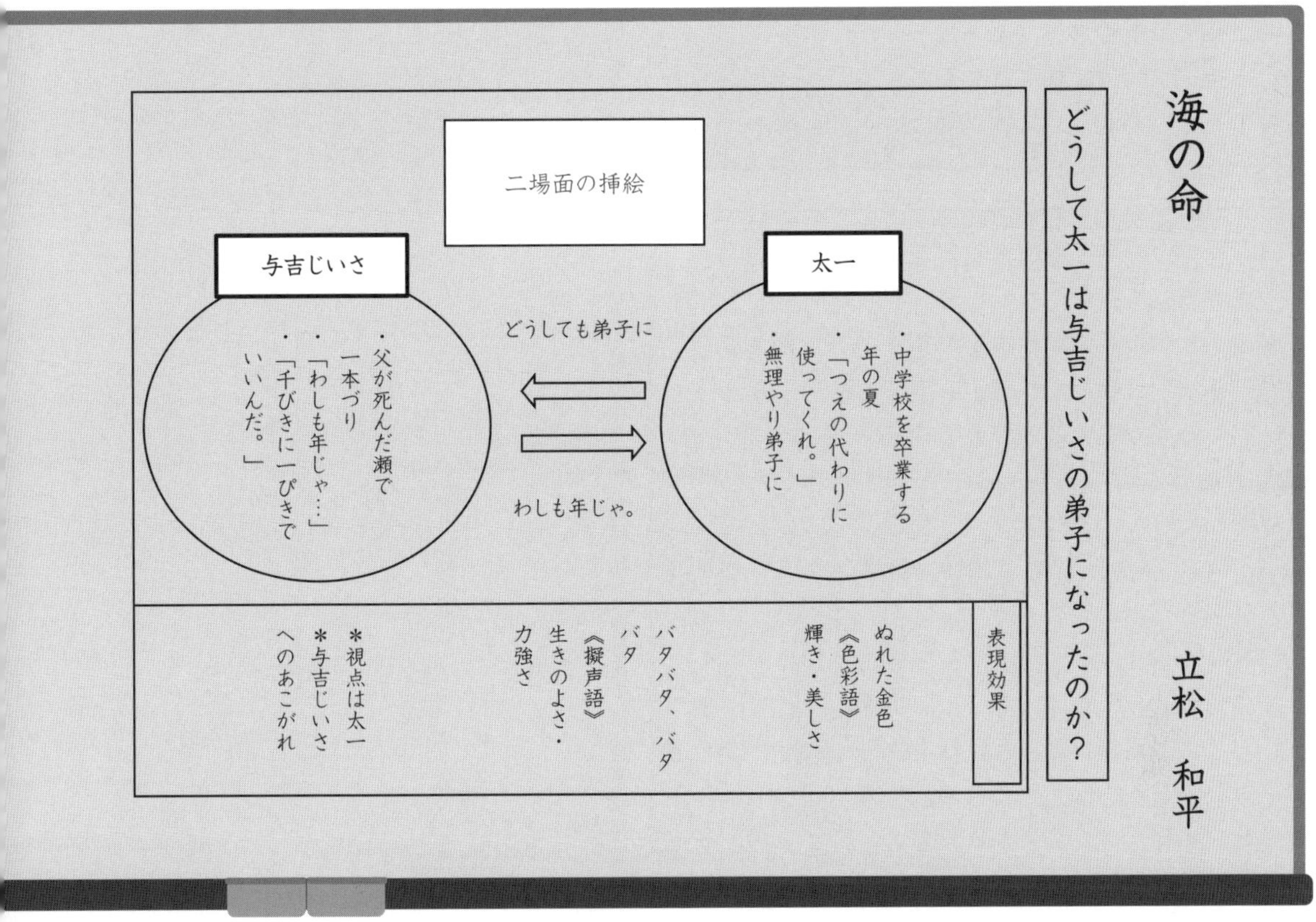

1 与吉じいさの人物像を考えながら、二場面を読む

与吉じいさはどんな人かな。これまでの学習を思い出しながら音読してね

「わしも年じゃ」はゆっくりと重々しく読むよ。

「バタバタ、バタバタ」のところは大きく読むといいね。

ペアで音読リレー（一文交代読み）をさせる。

これまでの板書を拡大したものを掲示し、学習を想起させる。

必要に応じて「クエ」「イサキ」「ブリ」については指導書の二次元コードを用いて提示する。

2 なぜ太一は与吉じいさの弟子になったのか考える

自分の考えの根拠と理由についてノートに書き、発表しよう

おとうと同じ瀬で一本づりの漁師をしているから。

おとうと同じすごい漁師だから。

なぜだろう…。

ノートに自分の考えを書かせる。数人の子供にモデル発言をさせ、なかなか書けない子供の助けにする。全体対話を行い、太一の心情についての思いを広げさせる。

配慮ア

本時の展開　第二次　第2時

目標　表現効果を話し合うことを通して、母の思いを知りつつ瀬に潜る太一の心情を想像し、それぞれの海に対する思いを書いたり話したりすることができる。

［本時展開のポイント］

豊かな表現技法に着目させることで、太一と母の海に対する思いの違いに気付かせたい。

［個への配慮］

㋐自力解決の方法を選択させる場面を設定

一人でじっくり考えたい場合、その時間を十分に確保する。また、教師に相談したり、ペア、立ち歩いてのペアなど、自分がやりやすい方法を選択したりしてノートにまとめさせる（ライトペアシェア）。

㋑ICT 機器の活用

挿絵と叙述だけでは海の様子を想像しにくい場合、きっかけがつかめるよう、海中の画像とクラシックの音楽を準備する。

㋒書き出し部分を提示し、続きを考えさせる

両者の立場を区別して書けない場合、段階的に考えられるよう板書を参考に、自分の考えと近いものを選んで書かせるようにする。二文書けなくても、どちらか一文書けたらペアで交流してもよいことを伝える。

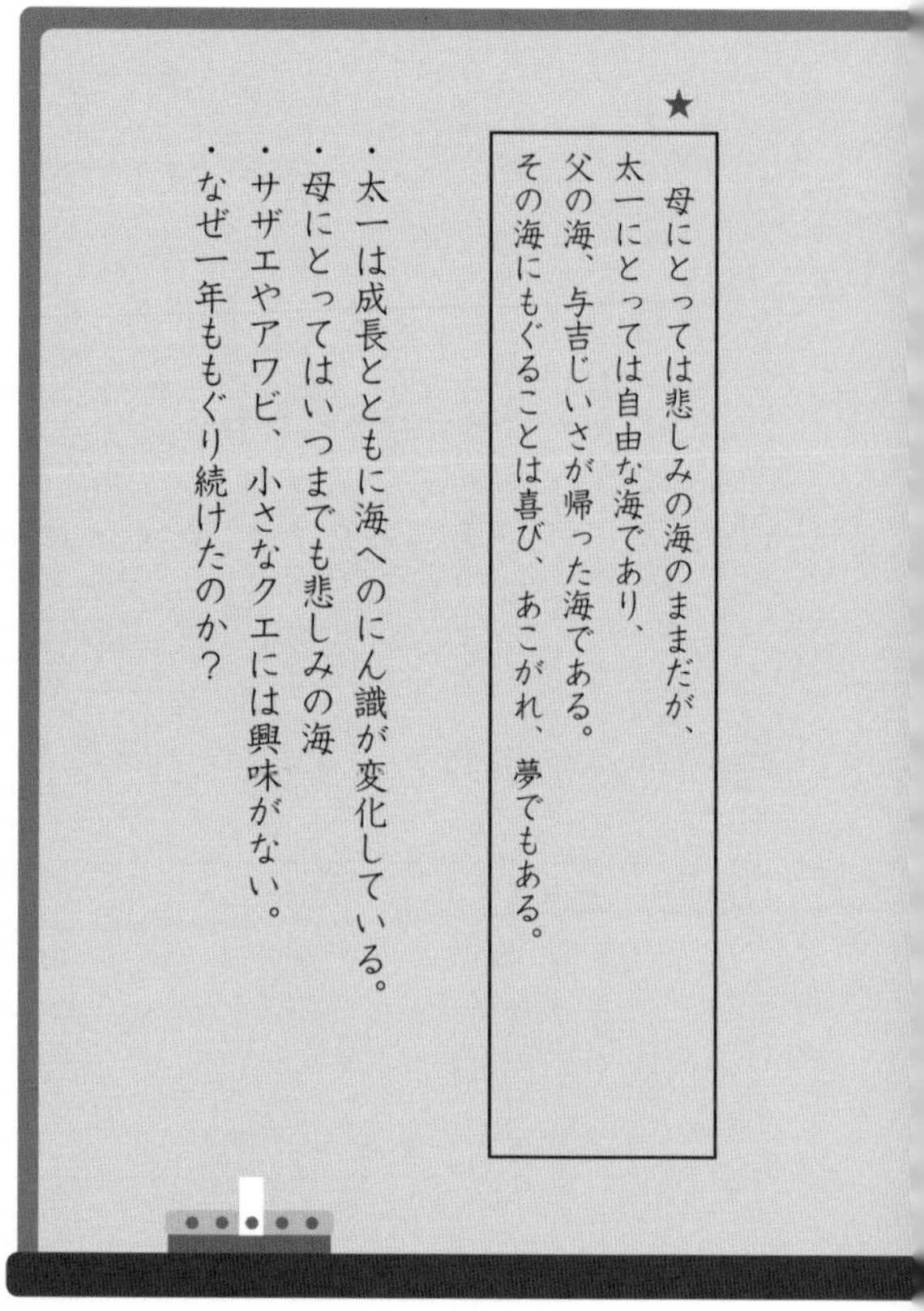

★
母にとっては悲しみの海のままだが、太一にとっては自由な海であり、父の海、与吉じいさが帰った海である。その海にもぐることは喜び、あこがれ、夢でもある。
・太一は成長とともに海へのにん識が変化している。
・母にとってはいつまでも悲しみの海
・サザエやアワビ、小さなクエには興味がない。
・なぜ一年ももぐり続けたのか？

3　表現効果について考える

表現効果の文の順序を逆にしたものと、本文を比較し、その効果について考えよう

冷たい水が気持ちよかったんだね。

潜った様子がよく分からないな。

五感を使って父の海の心地よさを味わっているね。

教科書P．224の9行目からの文の順序を逆にして教師が読み、本文と比較させる。海中の画像、クラシックの音楽を適宜使い、太一が父の海に潜ったときの感動を想像させる。　配慮㋑

4　母と太一の海に対する思いをまとめる

「母にとっては、…。太一にとっては…。」の形でまとめてね

母にとっては恐く、夫を奪った海。

母にとってはどうなのかな。

太一にとっては自由な海。父の海。自分が生きる場所。

母と太一の海に対する認識の違いをノートに書かせ、ペアで自分が書いた文を交流させる。全体対話を行い、分かったこと、疑問が残ることを話し合う。　配慮㋒

準備物
・扉・一・二・三・四場面の挿絵　・センテンスカード５枚 3-04~08
・海中の画像　・クラシックの音楽

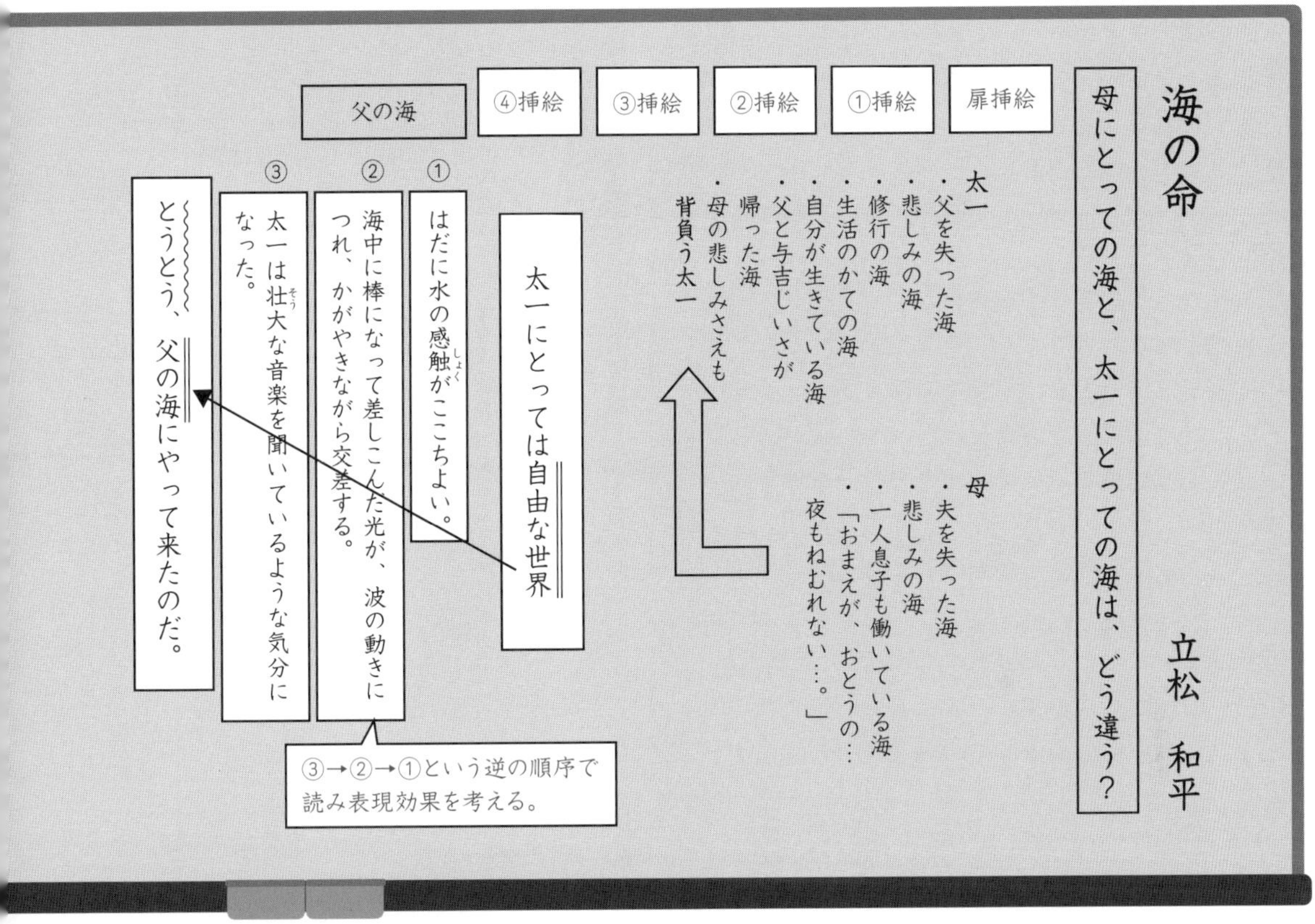

1 その後の太一の変化を考えながら、三・四場面を読む

弟子になって数年後の太一の変化を考えながら音読してね

スラスラ読めたから、次は立って読もう。

なかなか上手に読めないから、じっくり座って読もう。

一人読みをさせる。扉、一、二、三、四場面の挿絵を掲示し、物語が時系列で進行していることを意識させる。

2 母と太一では、海に対する思いが違うのか考える

母と太一を対比させて、海に対する思いをまとめてみよう

おとうが死んで、どちらにとっても悲しい海だった。

好きな場面だからじっくり考えたいな。

○○さんの意見を聞きに行きたいな。

母と太一を対比させてノートに自分の考えを書かせる。自力でまとめる時間を確保した後、全体対話を行い、母と太一の海に対する認識の違いを捉えさせる。　配慮ア

本時の展開　第二次　第3時

目標　太一が瀬の主を打たなかった理由について話し合うことを通して、太一の葛藤と心情の変化を想像し、書いたり話したりすることができる。

[本時展開のポイント]

五場面を「初め」「葛藤」「終わり」に分けることで、太一が変容したきっかけや理由について考えることができるようにする。

[個への配慮]

㋐初めと終わりの変化を視覚的に捉えることができるようにする

中心人物である太一の心情の変容のきっかけが何かを考えることが困難な場合には、視覚的な手がかりによって課題を把握することができるようにビフォーとアフターの板書をする。

㋑拡大したクエの挿絵（色付き）を準備する

二メートルもある大物。百五十キロはゆうに超えている威風堂々としたその姿を、言葉だけでは想像しにくい場合、挿絵で掲示する。また、色彩語の美しさに気付くことができるように、可能であれば色を付けるとよい。

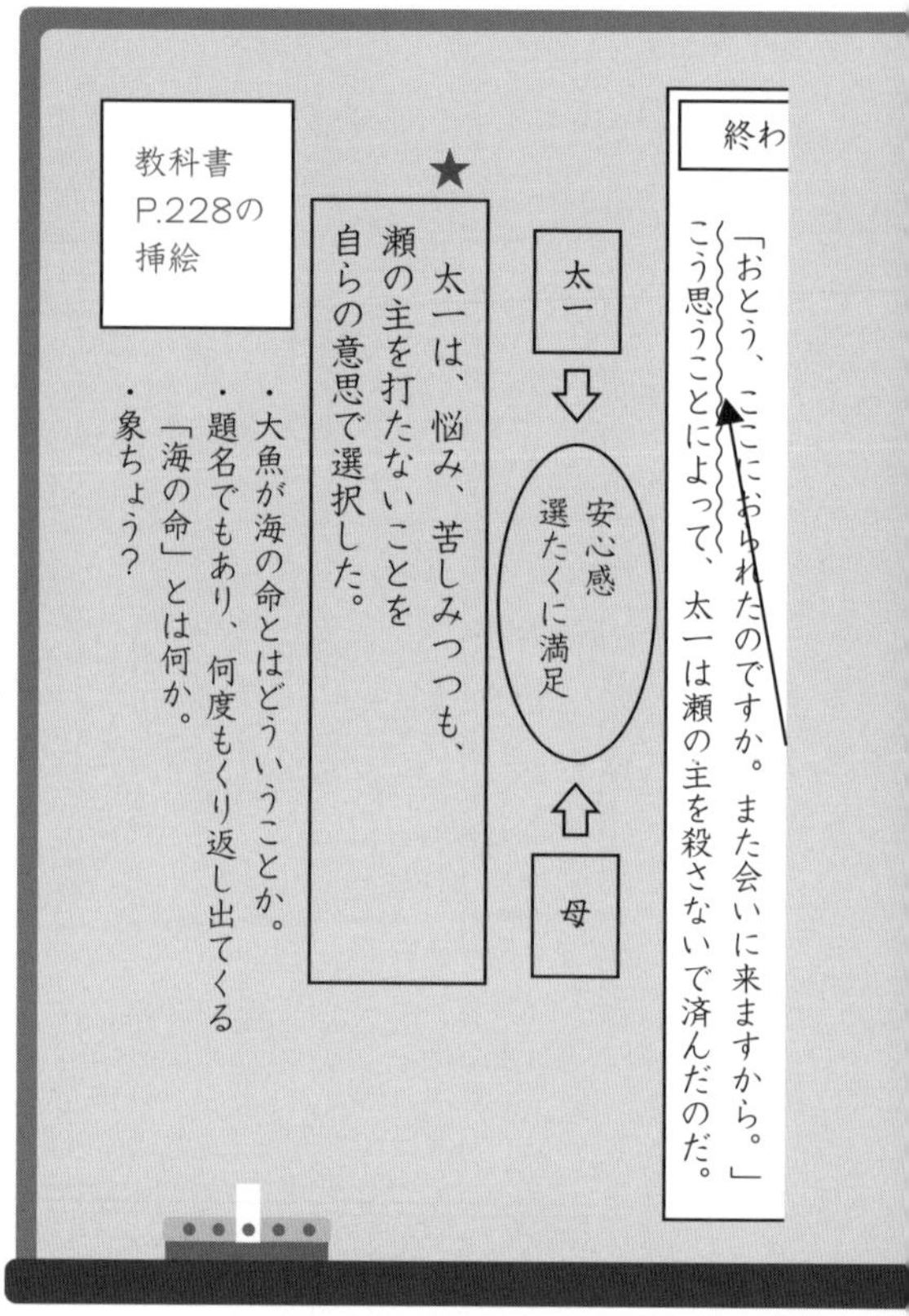

終わ
「おとう、ここにおられたのですか。また会いに来ますから。」
こう思うことによって、太一は瀬の主を殺さないで済んだのだ。
太一
安心感
選たくに満足
母
★
太一は、悩み、苦しみつつも、瀬の主を打たないことを自らの意思で選択した。
・大魚が海の命とはどういうことか。
・題名でもあり、何度もくり返し出てくる「海の命」とは何か。
・象ちょう？
教科書
P.228の
挿絵

3 瀬の主をなぜ打たなかったのか、話し合い、考えをまとめる

全体対話をして、自分の考えをまとめよう

クエの描写は美しいし、威厳も感じられるね。

クエに「おとう」と呼びかけている。だから殺せない。

話し合う際は、①太一から見たクエの描写についてや、②「村一番」と「一人前」の漁師のちがいなど、焦点化して話合いを仕組んでいく。

4 学習を振り返る

明らかになったことと、まだ疑問が残ることを出し合い、学習の見通しをもてるようにしよう

「海の命」って、どんな意味が込められているのかな。

人物関係図には、クエも入れたいな。

クエを人物関係図には描き入れる必要があると考える子供が出てくるものと思われる。また、象徴「海の命」が意味するものなど、疑問点も振り返りに書かせるようにする。

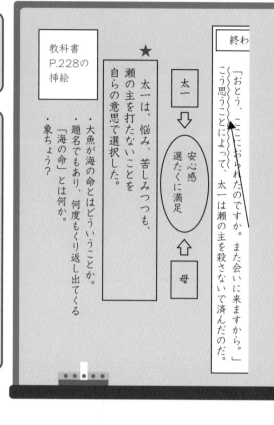

準備物
・拡大したクエの挿絵（可能であれば色を付けたものを教室壁面に掲示）・クエの挿絵（板書用）
・教科書 P.228 の挿絵（板書用）・「初め」と「終わり」をまとめておいた模造紙

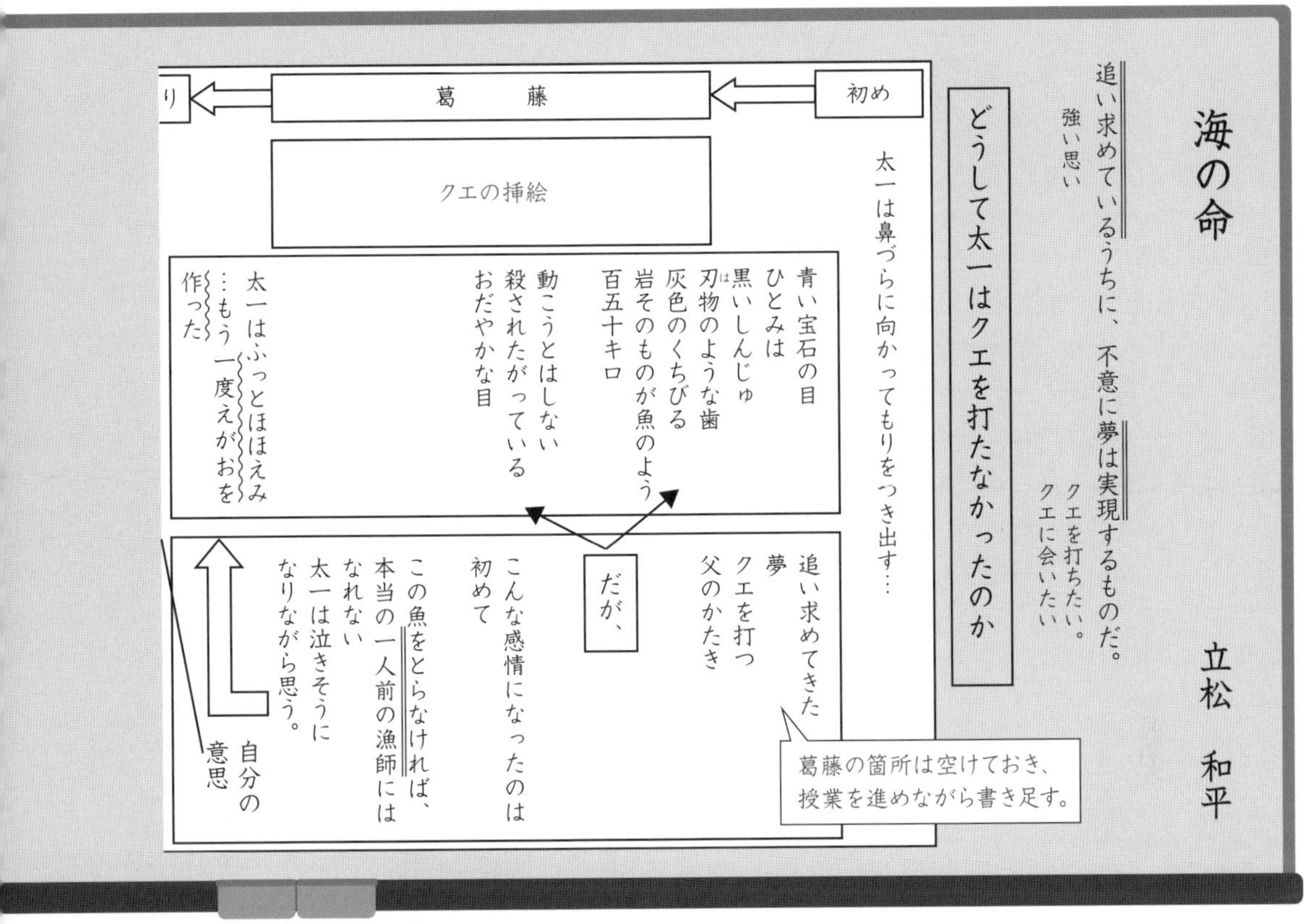

1 場面の初めと終わりの変化を考えながら五場面を読む

瀬の主に会った後の太一の行動を考えながら読んでね

クエに会いたい、そして打ちたいと太一は強く思っていた。

長くて分かりにくいな。

初めはもりを鼻づらにつき出した太一が、場面の終わりには、大魚は海の命だと思い、殺さなかったことを模造紙にまとめておく。　配慮ア

2 瀬の主を打たなかった理由を考える

初めはもりを向けたクエに、最後は笑顔を作ったのはなぜ？

何かきっかけがあったはずだよ。

太一はクエをどう思っているのか分からない。

ほほえむ前は泣きそうだったよ。

瀬の主の挿絵を黒板に、また二メートル大に拡大した挿絵も教室に提示する。

太一の心情が変容したわけを考える時間を十分に保障する。　配慮イ

本時の展開　第二次　第４時

目標 これまで読み取ってきたことや六場面の叙述を基に読み取ったことを話し合うことを通して、太一のその後の人生を想像し、書いたり話したりすることができる。

[本時展開のポイント]

あらためて「一人前の漁師」と「村一番の漁師」を対比することで、その後の太一の人生について想像がふくらむようにしていきたい。

[個への配慮]

㋐お気に入りの文を選び、その理由を交流することで、何気なく選んだ文のよさを認識することができるようにする

幸せな「その後」の場面なので、どの文を選んでも間違いではない。しかし、選んだ理由が認識できない場合、自分にも取り入れてわけを話すことができるようにその文を選んだわけを友達から聞く。

㋑「太一の今」についての想像をふくらますことができるよう、「部分とばし読み」を聞く

幸せな終わりで満足してしまい、「海の命」という象徴に気が付かない場合は、太一の人生が終わっていることに気付くように「部分とばし読み」をする。

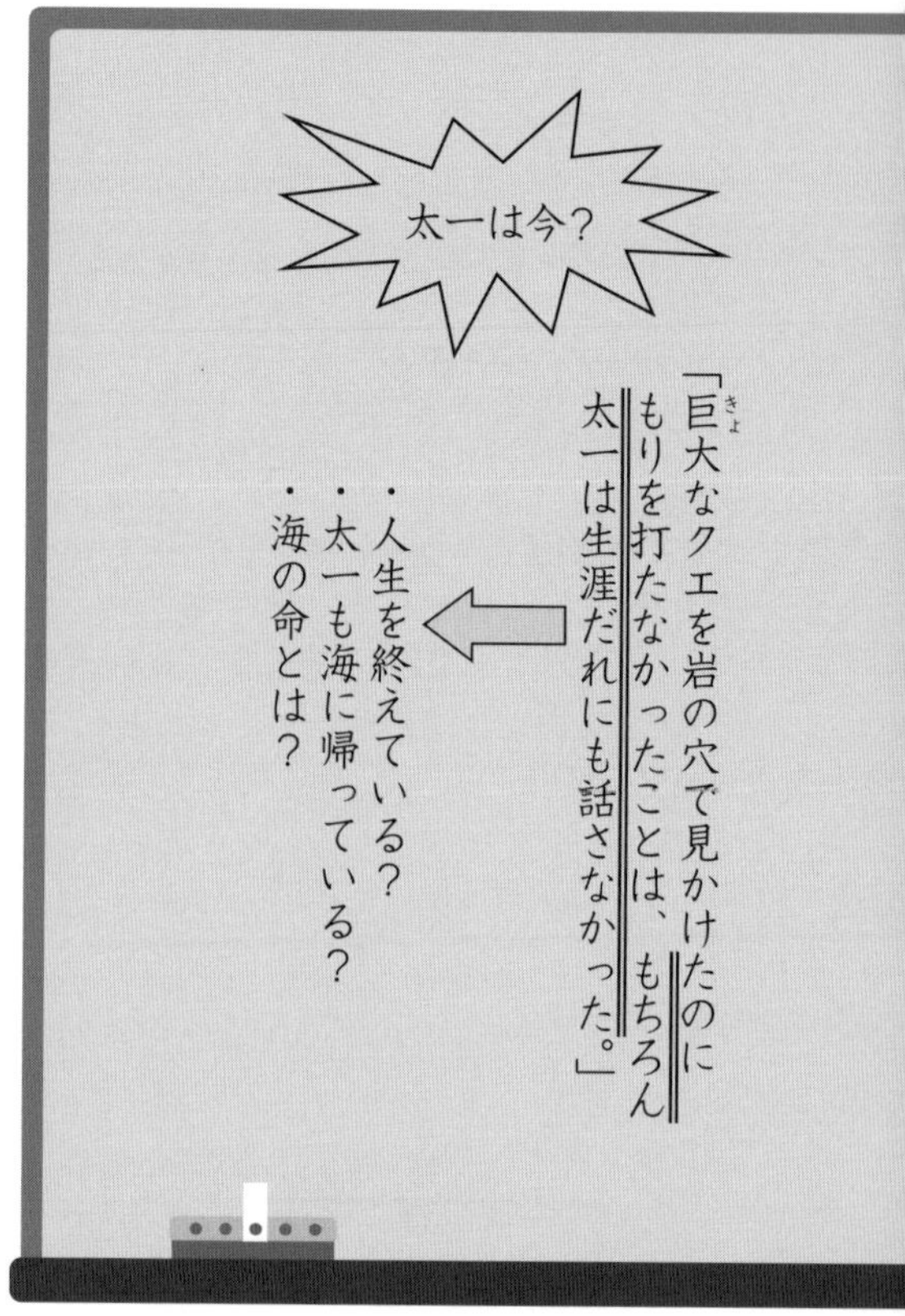

太一は今？
「巨大なクエを岩の穴で見かけたのにもりを打たなかったことは、もちろん太一は生涯だれにも話さなかった。」
・人生を終えている？
・太一も海に帰っている？
・海の命とは？

3 太一の今を考える

幸せなその後を送った太一の今は？

幸せでいいんじゃないのかな。

生涯っていうことは、一生誰にも話してない。

太一も海に帰ったのかな。

「『巨大な…打たなかったことは、話さなかった』んだね。」と、「もちろん太一は生涯誰にも」をとばして問う。「もちろん」は語り手の考えであること、「生涯誰にも」から、少年だった太一も、今はもういないことに気付くようになる。

配慮㋑

4 学習を振り返る

人物関係図を描くために、さらに必要なもの、明らかにしなければならないことは何か話し合い、三次の学習の見通しをもてるようにしよう

プロローグとエピローグも対比した方がいいね。

立松さんは、「命」をどう捉えているのかな。

「海の命」とは何か、分からないことは何か話し合うことで、三次の見通しがもてるようにする。

配慮㋑

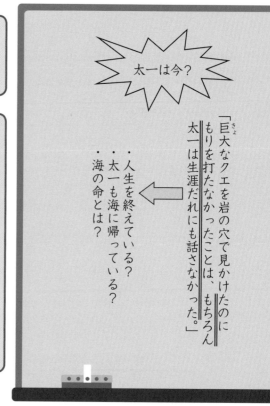

準備物 なし

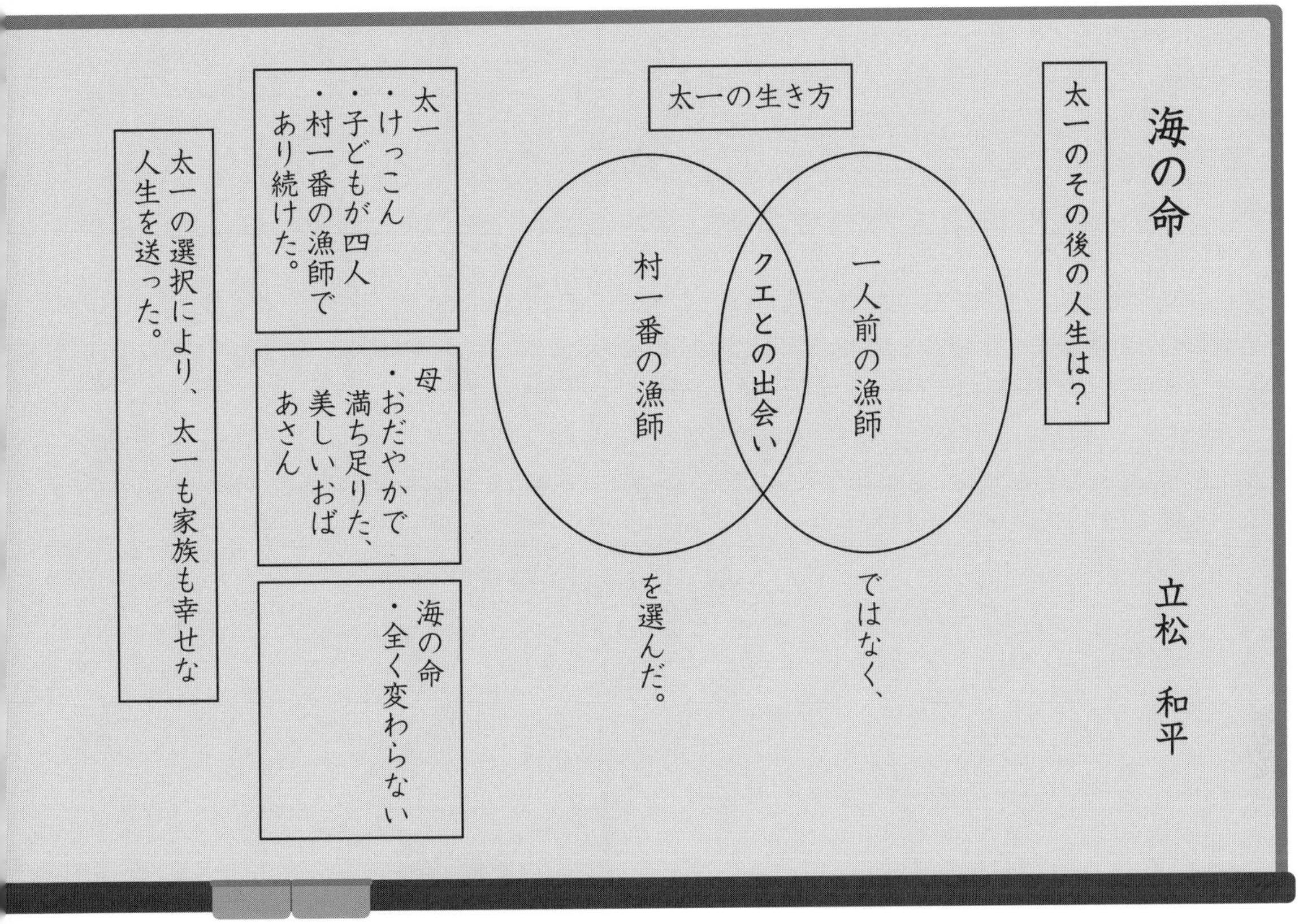

クエとの出会い

・子どもが四人

太一の選択により、太一も家族も幸せな人生を送った。

1 太一のその後を考えながら六場面を読む

その後の太一の人生を考えながら読んでね

太一は結婚して子供もできて、幸せだったね。
一文を選びにくいな。

一番のお気に入りの文を六場面から選び、「たけのこ読み」をする。何度挑戦してもよいこととする。太一のその後の想像が広がるように、同じ文を選んだ者同士で集まり、なぜお気に入りなのかを交流する。　配慮ア

2 六場面から読み取ったことを話し合う

太一のその後だけではなく、いろんなその後が描かれているね

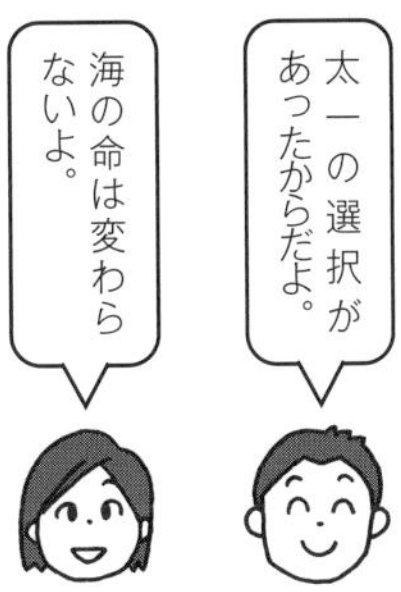

太一の選択があったからだよ。
海の命は変わらないよ。

同じ文を選んだメンバーで共有したことを発表する。母の文を選んだメンバーから、四場面の母のセリフとの対比が出なければ、そのときの板書をモニターに写し、比較しやすいようにする。

✓ 本時の展開　第三次　第1時

目標 ギャラリートークで友達の関係図を見ることを通して、自分の考えとは違うよさに気付き、自分の考えを広げることができる。

［本時展開のポイント］

単元を通して学んできたことを、人物関係図に表すことを通して、メタ認知することができるようにする。

［個への配慮］

ア全員分の関係図でなくてもよいこととする

全員分の関係をまとめることが困難な場合は、あきらめずにやれる範囲で完成させることができるよう、数人をピックアップしてもよいと伝える。また、友達を頼って立ち歩いたり、ハンドサインで教師を呼んだりするなど、様々なヘルプのパターンを共有しておく。

イ第一次第1時の初発の感想と、本時の人物関係図をくらべる

学んだことを振り返って学習の成果を感じにくい場合には、自分の学びの広がりを自覚することができるよう、初発の感想と本時で作成した人物関係図を比較する。

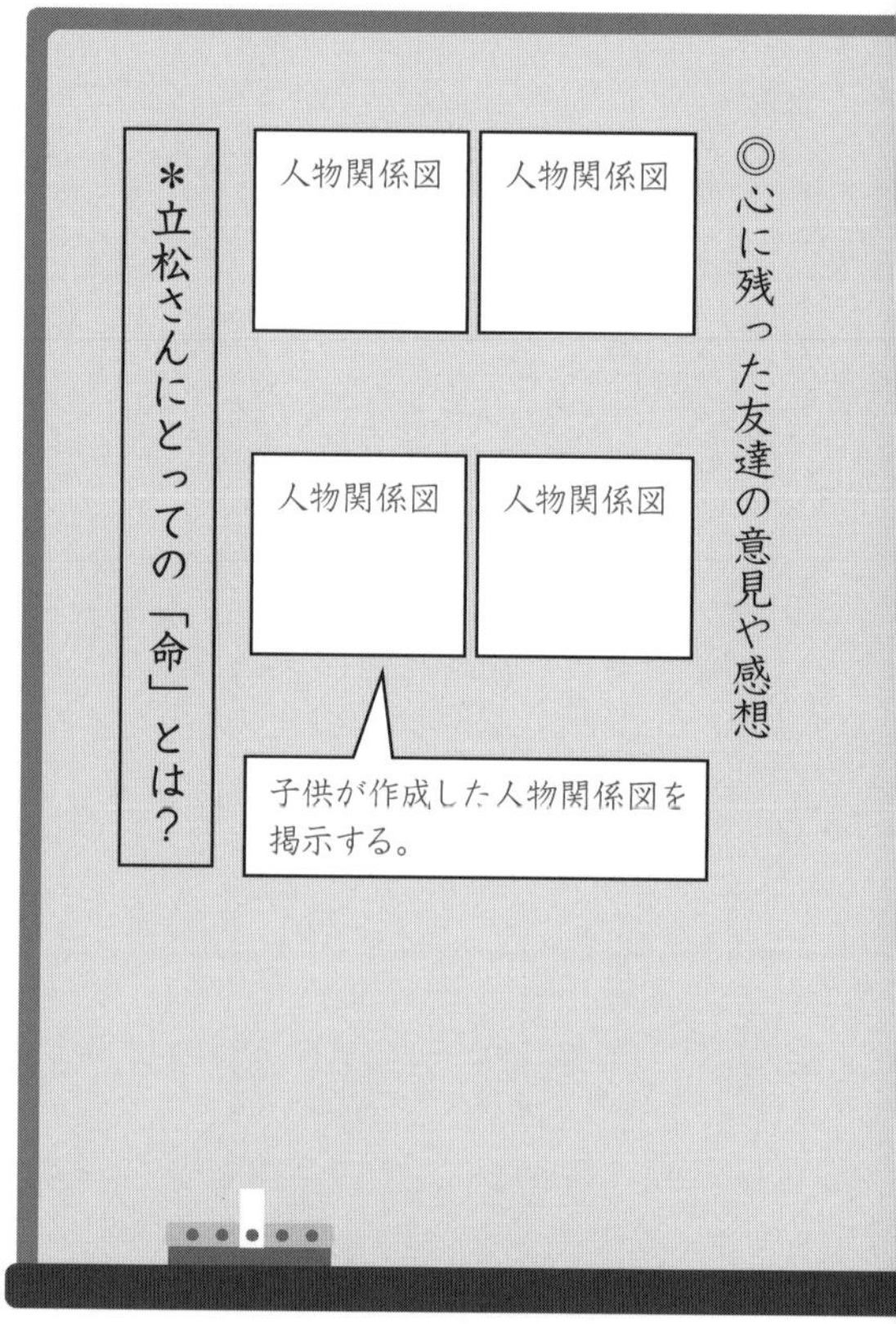

◎心に残った友達の意見や感想

＊立松さんにとっての「命」とは？

3 ギャラリートークをする

友達の関係図を見に行きましょう

友達のノートを一斉に見合い、その後フリートークでよさを共有したり質問したりする。友達の人物関係図を参考に、自分の人物関係図に加除修正を加えたい場合は、その時間を与える。

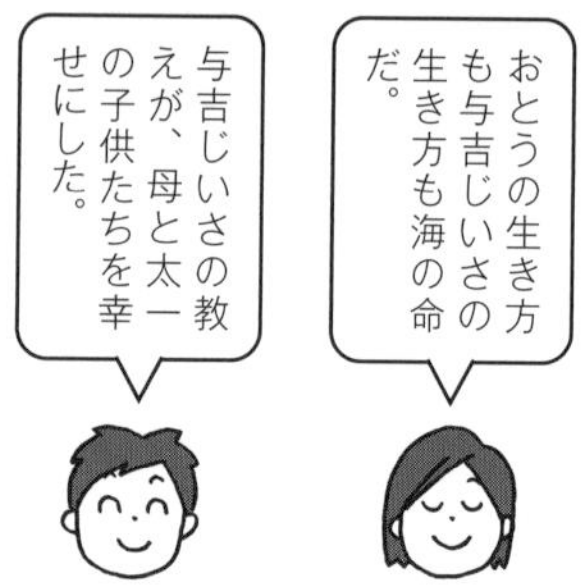

おとうの生き方も与吉じいさの生き方も海の命だ。
与吉じいさの教えが、母と太一の子供たちを幸せにした。

4 学習を振り返る

教科書P. 131「ふりかえろう」の三観点で振り返り、「たいせつ／いかそう」で学んだことを確かめよう

何を学んだかと言われても…。
太一もまた「海の命」だったんだね。

登場人物の関係やそれぞれの生き方、立松さんの表現の仕方などについて、みんなで語り合うことによって、自身の考えが広がったことを感じられるようにする。

配慮イ

準備物　・前時までの板書を写真に撮り拡大したもの

海の命　立松　和平

これまでの人物関係図を一つにまとめ、物語全体をふり返ろう

◎人物関係図を描く観点
（人物）
・心に残った行動・会話
・疑問に思った行動・会話
・なっ得できた行動・会話
（内容）
・海に対する姿勢
・漁師としての生き方
・人間としての成長
・作者の表現効果
（書き方）
・象ちょう的な表現に着目する。
「海のどんな表情でも」
「海のめぐみ」
「海の命は全く変わらない」
・自分と登場人物と比べていく。
・登場人物の言動や考え方を批評して書く。
・初めに考え、後に理由や根きょ（叙述）を書く。
・三角ロジック
◎今までの自分の学びの足あと（ノート）

1 教科書P．236～231を読み、見通しをもつ

どこに着目して人物関係図をまとめるか、考えながら聞きましょう

海に関する表現効果を中心に描きたいな。

クエと「海の命」を関連させて描くよ。

教科書P．230～231の2と、今までの学習を基に、人物関係図を描く観点を（人物）（内容）（書き方）に分けて掲示する。

2 人物関係図を描く

板書や、今までのノートも手がかりにして、人物関係図に表しましょう

ぼくは全員の関係図をまとめるよ。

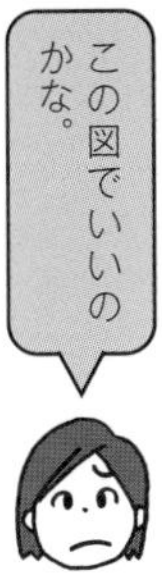

この図でいいのかな。

ぼくは太一を中心に描きたいな。

人物関係図を描くことに戸惑っている子供がいることをあらかじめ想定し、書き出す前に登場人物全員について描いてもよいし、数人をピックアップして描いてもよいことを伝える。　配慮ア

本時の展開　第三次　第2時

目標 立松和平「いのちシリーズ」を読み、座談会形式で感想を交流することを通して、立松和平の「命」に対する思いを想像し、自分の考えを広げることができる。

[本時展開のポイント]

クイズ形式の座談会を通して、友達と考えを共有することで、立松和平作品の世界観に興味をもち、さらにシリーズを読んでみたいという意欲につなげたい。

教室には単元の第一次から「いのちシリーズ」を設置し、読書を促しておく。読書カードを用意し、読後の感想を簡単に書かせておくのもよい。

[個への配慮]

ア座談会に全員が参加できるように工夫する

完全フリーな座談会にしたとき、発言回数が多い子と、なかなか発言できずに聞く側に回る子に分かれる場合、なるべく全員が発言できるよう、3段階のステップを踏む。

イ書き出し部分を提示し、続きを考えさせる

まとめ方が分からない場合、きっかけを作るために板書の文言に続くように書かせるようにする。長く書いても、短く焦点化してもよいことを伝える。

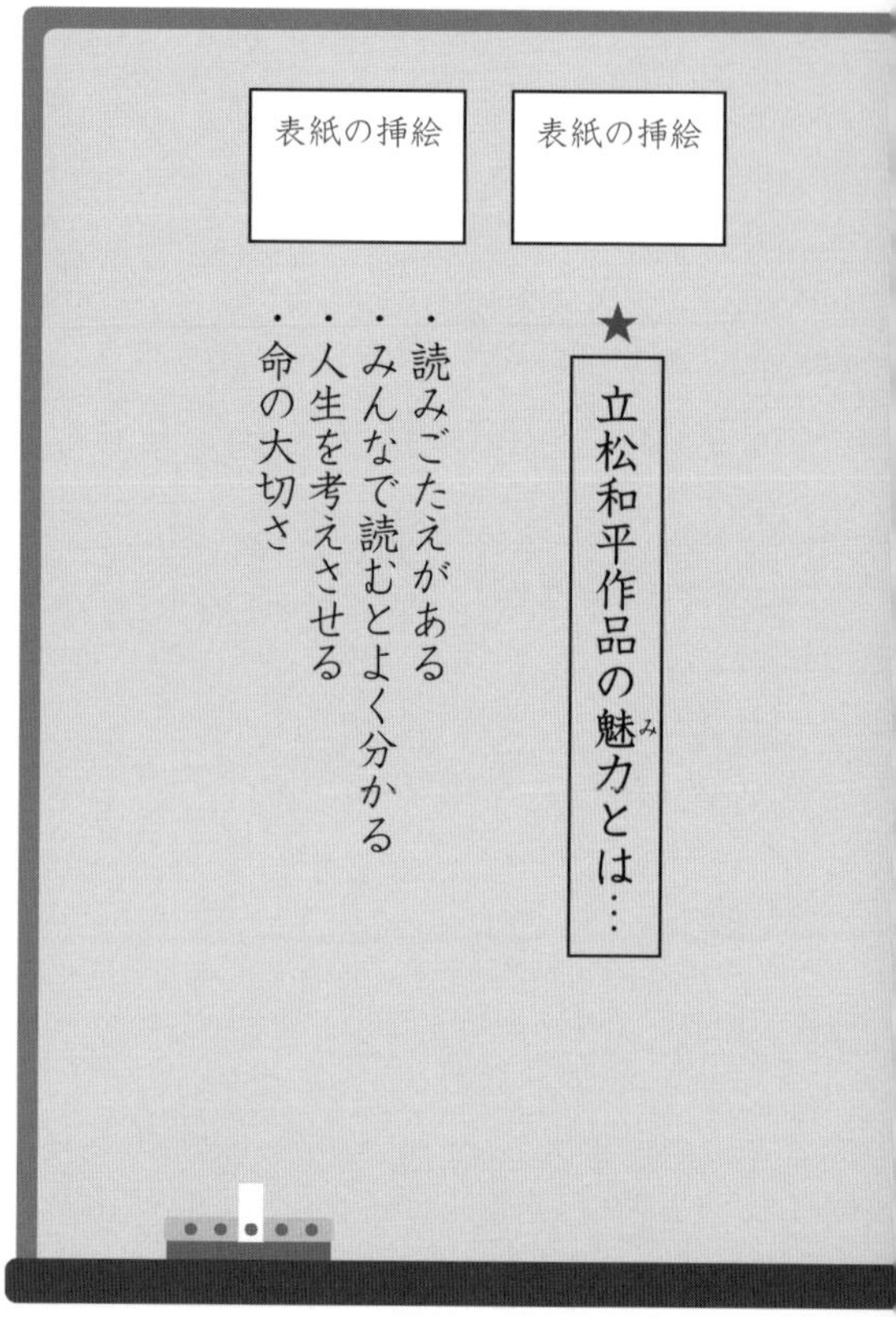

・読みごたえがある
・みんなで読むとよく分かる

表紙の挿絵
表紙の挿絵

を促したりする。

①初級（絵）：クエ／海を見つめる母の後ろ姿／四人の子供たち／イタチ

②中級：情景描写／家族とは／自然と人間／青い世界

③上級：命／象徴／立松和平さん　　配慮ア

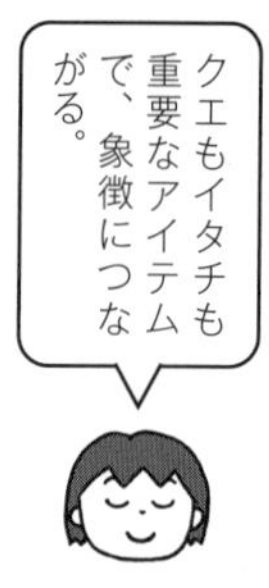

クエもイタチも重要なアイテムで、象徴につながる。

3 単元のまとめをする

「立松和平作品の魅力とは…」に続けて書きましょう

どうまとめたらいいんだろう。
命が巡ることを伝えている。

書き出し部分を提示し、後に続く言葉を考えさせる。数名を指名し発表させる。書き終えた子は自由に立ち歩いて作品の魅力について交流させる。その後、数名を指名し発表させる。　　配慮イ

準備物
・立松和平「いのちシリーズ」　・「いのち」シリーズ表紙（掲示用）
・①初級②中級③上級のカード

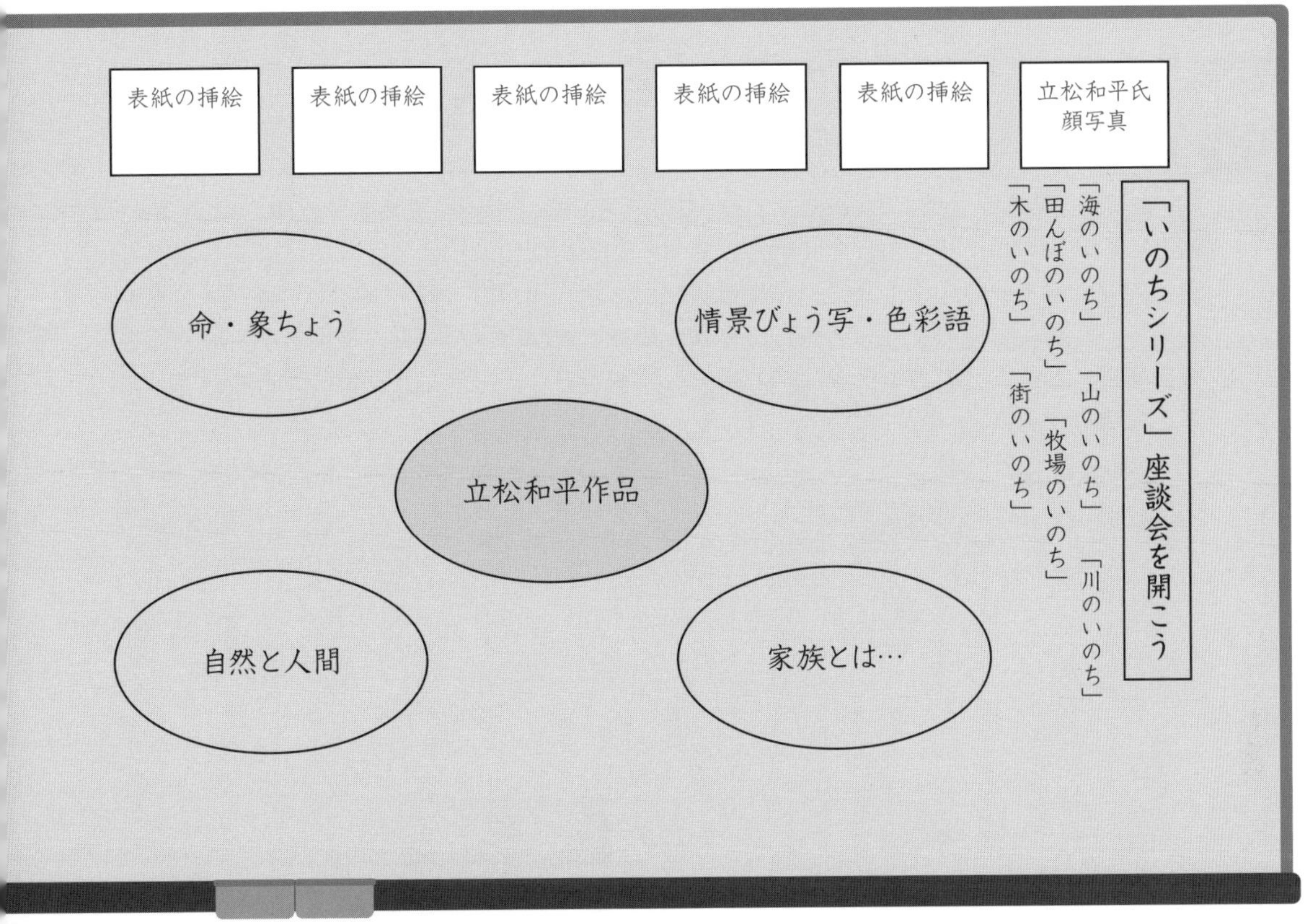

1 立松和平さんの紹介を聞く

立松さんは、こんな方です（指導書P．285の作者紹介）

立松さんは文学者なんだね。

立松和平氏に興味をもつことができるよう、パソコンなどで顔写真をクローズアップさせながら提示する。

指導書P．285の作者紹介を聞く。

2 座談会を行う

立松和平さんクイズをします。袋の中に入っている言葉や絵について語ってください

①～③の三つの袋にそれぞれカードを入れておき、挙手した子を指名して引かせる。引いた本人以外も語ってよいこととし、自由に対話させる。教師は、必要に応じて全体での交流を止めて軌道修正をしたり、気になる発言を共有しペアトーク

不安でたまらない太一の母。
座談会で発言できるかな。
色彩語と挿絵がマッチした作品が多いよ。

「笑うから楽しい」「時計の時間と心の時間」の授業デザイン

（光村図書６年）

教材観

「笑うから楽しい」は、人は楽しいときに笑うという通念を覆す内容であり、「時計の時間と心の時間」は、時計が表す時間と体感する時間の関係について、改めて考える機会となる内容である。両者とも双括型の文章構成であり、複数の事例を挙げて主張が述べられている。子供にとって身近な話題で、経験や知識と結び付けながら、事例と主張の関係を捉えるとともに、筆者の主張や論の進め方を解釈したり、評価したりする学習を行うのに適した教材である。

「笑うから楽しい」

終わり	中		初め
4	3	2	1
全体の主張と筆者の提案	主張を支える事象（事例②）	主張を支える実験（事例①）	全体の主張

「時計の時間と心の時間」

終わり	中						初め
8	7	6	5	4	3	2	1
主張の言い替え	事例のまとめ	「心の時間」の特性（事例④）	「心の時間」の特性（事例③）	「心の時間」の特性（事例②）	「心の時間」の特性（事例①）	言葉の定義 「心の時間」の特性	話題提示 主張

身に付けさせたい力

・経験や知識と結び付けながら、筆者の主張や論の進め方を捉える力
・筆者の主張や論の進め方について評価する力

授業づくりの工夫

焦点化

○「納得度」「事例の役割」など、一時間の授業における指導内容を明確化し、一つにしぼる。
○「Which 型課題」や「しかけ」による分かりやすい活動を設定する。

視覚化

○センテンスカードを掲示することで、主張と事例を捉えながら考えられるようにする。
○事例の「納得度」をランキング化することで、考えをゆさぶる発問に対する理解を促す。

共有化（シェア）

○納得度をランキング化することで全体の考えを可視化する。
○叙述を根拠にしたり、事例や主張を根拠にしたりした考えは、ペアで再現させたり、自分の言葉で言い替えさせたりするなどして共有を図る。

単元目標・評価規準

目標 自分の経験や知識と関係付けながら筆者の主張と事例を読み、筆者の主張や論の進め方に対する自分の考えをまとめることができる。

知識・技能
○原因と結果など情報と情報との関係について理解している。 (2)ア

思考・判断・表現
○「読むこと」において、目的に応じて文章と自分の経験を結び付けるなどして必要な情報を見付けたり、論の進め方について考えたりしている。 C(1)ウ

主体的に学習に取り組む態度
○進んで主張と事例の関係を捉えて読み、学習課題に沿って自分の考えをまとめようとしている。

単元計画（全7時間）

次	時	学習活動	指導上の留意点
一	1	**筆者の論の進め方はどのようになっているかな？** ○「笑うから楽しい」の文章を読み、文章構成の特徴と筆者の主張を読み取る。	・筆者の主張はどこに書かれているかを考えさせることを通して、双括型の文章構成であることを捉えさせる。 ・中心文を捉え、筆者の主張を捉えさせる。
	2	○事例の必要性を話し合うことを通して、事例の役割を理解し、事例の役割についてまとめる。	・事例を抜いた本文を提示し、事例の役割について捉えやすくする。 ・主張とは関わりのない事例を入れてもいいのかを問うことで、事例の役割を理解できるようにさせる。
	3	○「時計の時間と心の時間」を読んで、感想を交流し、今後の学習の見通しをもつ。	・自分の感想に近いものを選び、その根拠と理由をノートに書かせる。 ・双括型の文章構成であることを確かめる。 ・今後の学習について見通しをもたせる。
二	1	**事例の意図や筆者の主張を捉えよう** ○2 7段落の役割について考える。	・2 7段落は「心の時間」の特性を述べていないことを捉えさせる。 ・「心の時間」だけでなく、「時計の時間」も重要であることを筆者の主張と関連付けながら読み取らせる。
	2	○四つの「心の時間」の特性の納得度ランキングを考え、事例に関する筆者の意図について考える。	・納得度の低い事例の必要性について自分の経験や納得度ランキングを基に考えさせることで、事例選択に関する筆者の意図について考えさせる。
	3	○事例を基に、自分なりの「時間と向き合うちえ」を考え、筆者の主張に対する理解を深める。	・事例と自分の経験や知識などを結び付け、時間に対する考えをもたせ、筆者の主張に対する理解を深めさせる。
三	1	**自分の考えをまとめ、伝え合おう** ○筆者の主張や論の進め方について自分の考えをまとめる。	・文章構成に気を付けるとともに、ルーブリックを基に自己の学習を調整しながら、観点を決めて自分の考えをまとめさせる。

教材分析

イ 中心文

全ての段落の第一文が中心文となっている。1 4段落では、主張が述べられており、2 3段落では、事例の内容をまとめた文となっているのが分かる。

ウ 事例の役割

2段落は子供たちが実際に試すことができる実験が述べられている。3段落は体の仕組みから論理的に述べられている。

二つの事例は主張を支えていることを捉えさせたい。

くなるので、多くの空気を取りこむことができます。えがおになって、たくさんの空気を吸いこむと、脳を流れる血液が冷やされて、楽しい気持ちが生じるのです。

終わり

4 [イ]私たちの体と心は、それぞれ別々のものではなく、深く関わり合っています。楽しいという心の動きが、えがおという体の動きに表れるのと同様に、体の動きも心の動きに働きかけるのです。[ア]何かいやなことがあったときは、このことを思い出して、鏡の前でにっこりえがおを作ってみるのもよいかもしれません。

◆教材分析のポイント　その①【双括型の文章構成】

本単元の中心的な指導内容の一つは、文章構成を捉えて読むことである。筆者の主張はどの段落に書かれているのかを考えさせることで、双括型の文章構成であることを捉えさせたり、筆者の主張が「初め」と「終わり」でつながっていることや「終わり」では主張を踏まえて読み手に提案していることも捉えさせたりしたい。

◆教材分析のポイント　その②【事例の役割】

「事例の役割」について考えさせることも中心的な指導内容である。子供たちには、「もしも、事例がなかったら…。」と考えさせることで、事例の役割を考えさせる。

また、「もしも、事例がなかったら…。」と仮定して、教師自身も事例があることの効果を解釈することも教材研究の際にしておきたい。

指導内容

ア　双括型の文章構成

本教材文は、[1]段落が「初め」、[2][3]段落が「中」、[4]段落が「終わり」で、「初め」と「終わり」に主張が述べられている双括型の文章構成である。

「初め」に主張があるため、「中」の事例の内容理解もしやすくなっている。

[1]段落には、主張とその具体的な説明が書かれている。

[2]段落では、主張を支える実験が書かれており、子供たちも実際に試してみることができるものである。[3]段落では、主張を支える事象が書かれている。

[4]段落では、再度主張を述べ、その後、読み手に提案をしている。

初め　　　　中

笑うから楽しい

中村　真（なかむら　まこと）

[1] ア・イ　私たちの体の動きと心の動きは、密接に関係しています。例えば、私たちは悲しいときに泣く、楽しいときに笑うというように、心の動きが体の動きに表れます。しかし、それと同時に、体を動かすことで、心を動かすこともできるのです。泣くと悲しくなったり、笑うと楽しくなったりするということです。

[2] ア・イ　私たちの脳は、体の動きを読み取って、それに合わせた心の動きを呼び起こします。ある実験で、参加者に口を横に開いて、歯が見えるようにしてもらいました。このときの顔の動きは、笑っているときの表情と、とてもよく似ています。実験の参加者は、自分たちがえがおになっていることに気づいていませんでしたが、自然とゆかいな気持ちになっていました。このとき、脳は表情から「今、自分は笑っている」と判断し、笑っているときの心の動き、つまり楽しい気持ちを引き起こしていたのです。

[3] ア・イ　表情によって呼吸が変化し、脳内の血液温度が変わることも、私たちの心の動きを決める大切な要素の一つです。人は、脳を流れる血液の温度が低ければ、ここちよく感じることが分かっています。笑ったときの表情は、笑っていないときと比べて、鼻の入り口が広

指導のポイント

■第一次・第1時

「筆者の主張を捉える」

「筆者の主張はどの段落に書かれているかな」

（Which型課題）

主張はどの段落に書かれているのかを話し合うことを通して、全体の構造を理解させ、双括型の文章構成であることを捉えさせる。（ア、イ）

■第一次・第2時

「事例の役割について考えさせる」

「事例はいらないよね」

（Which型課題）

事例があるのとないのとでは主張の納得のしやすさに違いがあることを捉え、事例が主張を支えていることを理解させる。

教材分析

ウ 定義づけ

「時計の時間」「心の時間」それぞれの定義が述べられている。また、「心の時間」の特性について大きく分けて二つの特性があることを述べ、この後の展開につながっている。

エ 事例のまとめ

7段落は、それまでの事例で述べてきた二つの「心の時間」の特性について、まとめている。

その後、「時計の時間」が不可欠であることを述べた上で、「心の時間」によるずれや感覚による違いで他者との協力に困難さが生じることに言及している。

オ 事例選択の意図

四つの「心の時間」の特性を述べている。それぞれ子供にとって身近な具体例を示したり、図を用いながら実験の結果を述べたりしている。一方で、子供にとって共感しやすいものとそうでないものがあると考えられ、納得度を基に事例の必要性を問いかけるとともに、人によって納得しやすいものが違うことを基に筆者の事例選択の意図を考えさせる。

中

3 分かりやすい例が、「その人がそのときに行っていることをどう感じているかによって、進み方が変わる」というものです。みなさんも、楽しいことをしているときは時間がたつのが速く、たいくつなときはおそく感じたという経験があるでしょう。このようなことが起こるのは、時間を気にすることに、時間を長く感じさせる効果があるためだと考えられています。例えば、あなたがゲームに夢中になっているときには、集中しているので、時間を気にする回数が減ります。すると、時間はあっというまに過ぎるように感じます。逆に、きらいなことやつまらなく感じることには、集中しにくくなるので、時間を気にする回数が増えます。その結果、時間がなかなか進まないように感じるのです。

4 一日の時間帯によっても、「心の時間」の進み方は変わります。実験①はこの変化について調べたものです。実験の参加者に、一日四回、決まった時刻に、時計を見ないで三十秒の時間を計ってもらい、そのとき「時計の時間」がどのくらい経過していたかを記録してもらいました。実験①のグラフは、それぞれの時刻ごとに、記録の平均を示したものです。グラフを見ると、感じた時間は同じ三十秒でも、朝や夜は、昼に比べて長い時間がたっていたことが分かります。つまり、昼よりも時間が速くたつように感じているということなのです。これは、その時間帯の体の動きのよさと関係があると考えられています。私たちの体は、朝、起きたばかりのときや、夜、ねる前には、動きが悪くなります。すると、昼間であればすぐにできることでも、時間がかかるので、あっというまに時間が過ぎるように感じるのです。

5 身の回りの環境によっても、「心の時間」の進み方は変わります。これは、身の回りから受ける刺激の多さと関係があります。実験②は、円で表した刺激の数と時間の感じ方との関わりを調べたものです。複数の参加者に、さまざまな数の円を、同じ時間、映した画

「さまざまな事がらのえいきょう」を受けて変わる進み方の事例

その後、「心の時間の特性を紹介していないからなくてもいいよね」と考えをゆさぶる発問をして27段落の必要性を考え、役割を理解させる。（ウ、エ）

■第二次・第2時

「納得度ランキングを考える」、「この事例はなくてもいいよね」

（Which型課題、ゆさぶり発問）

事例の納得度についてランキング化することで、最も低いものを浮き立たせ、「この事例はなくてもよいのではないか」と考えをゆさぶることで筆者の事例選択の意図を考えさせる。（オ）

◆教材分析のポイント　その①【事例の役割】

本論の2〜7段落のうち、2段落は、「〜とは…のことです。」という叙述から、言葉の定義がなされていることが、7段落は、「ここまで見てきたように、」という叙述から、本論のまとめが述べられていると分かる。このことから、本論には「心の時間」の特性を述べている段落とそうでない段落があることが読み取れるであろう。教材研究で文章構成を考える際に、事例の役割についても考えたい。

◆教材分析のポイント　その②【事例選択の意図】

本単元の中心的指導内容の一つは、筆者が四つの事例を選択して提示している意図について解釈させることである。子供それぞれの経験によって共感しやすいものとそうでないものがあるだろう。どの事例が納得しやすいかは読み手によって異なる。より多くの読み手に納得してほしいという筆者の意図が考えられる。

指導内容

ア　題名読み

「時間」は、子供にとって身近ではある。しかし、「時計の時間」「心の時間」は言葉の意味を予想できそうではあるが、具体的に説明するのは難しい。全体で内容を予想するのに適した題名である。

イ　文章構成

1段落が「初め」、2〜7段落が「中」、8段落が「終わり」であり、1 8段落に主張が述べられている双括型の文章構成と言える。2段落には言葉の定義と「心の時間」の特性が述べられている。3〜6段落には、「心の時間」の特性、7段落には事例のまとめが述べられている。

初め

時計の時間と心の時間[ア]　一川（いちかわ）誠（まこと）

1 私たちは毎日、当たり前のように時間と付き合いながら生活しています。みなさんも、全く時計を見ずに過ごす日はないでしょう。そんな身近な存在である「時間」ですが、実は、「時計の時間」と「心の時間」という、性質のちがう二つの時間があり、私たちはそれらと共に生きているのです。[イ]そして、私は、「心の時間」に目を向けることが、時間と付き合っていくうえで、とても重要であると考えています。

2 みなさんが「時間」と聞いて思いうかべるのは、きっと時計が表す時間のことでしょう。私はこれを、「時計の時間」とよんでいます。[ウ]「時計の時間」は、もともとは、地球の動きをもとに定められたもので、いつ、どこで、だれが計っても同じ[ウ]ように進みます。しかし、「心の時間」はちがいます。「心の時間」とは、私たちが体感している時間のことです。みなさんは、あっというまに時間が過ぎるように感じたり、なかなか時間がたたないと思ったりしたことはありませんか。私たちが感じている時間は、いつでも、[ウ・オ]どこでも、だれにとっても、同じものとはいえません。「心の時間」には、さまざまな事がらのえいきょうを受けて進み方が変わったり、[ウ]人によって感覚がちがったりする特性があるのです。

話題＋主張　｜　定義づけ

指導のポイント

■第一次・第3時

「自分の感想に近いものを選ぶ」（Which型課題）

題名読みを行った上で、教材文を読むことで、内容に関心をもたせる。また、「なるほど！」「へえ…。」「ええっ!?」の立場を選択させることで、子供の具体的な感想と理由を叙述と結び付けながら学習課題を設定できるようにする。（ア、イ）

■第二次・第1時

「事例はいくつか」（Which型課題）

心の時間の特性を紹介している事例を数える活動を通して、2 7段落は特性を説明する段落ではないこと、事例ではないことを確認する。

教材分析

終わり

8

ィ このように考えると、生活の中で「心の時間」にも目を向けることの大切さが見えてくるのではないでしょうか。さまざまな事がらのえいきょうで、「心の時間」の進み方が変わると知っていれば、それを考えに入れて計画を立てられるでしょう。また、人それぞれに「心の時間」の感覚がちがうことを知っていれば、他の人といっしょに作業するときも、たがいを気づかいながら進められるかもしれません。私たちは、二つの時間と共に生活しています。ウカ そんな私たちに必要なのは、「心の時間」を頭に入れて、「時計の時間」を道具として使うという、「時間」と付き合うちえなのです。

主張＋主張の言い換え

指導内容

カ 結論（主張の言い換え）

7段落の事例のまとめを受けて、主張が述べられており、さらにそこから論を進めて、「心の時間」を頭に入れて、「時計の時間」を道具として使う「『時間』と付き合うちえ」について述べている。

この「『時間』と付き合うちえ」については、具体例は示されていないため、事例を基に主張を具体化することで、時間に関する考えを深めさせる。

中

面を見てもらいます。そして、円の増減によって、円が表示されていた時間をどのくらいに感じたかを調べました。すると、表示時間が同じでも、円の数が増えるほど、長く映っていたように感じる傾向があったのです。このような結果から、例えば、物が少ない部屋よりもたくさんある部屋のほうが、身の回りから受ける刺激が多いので、時間の進み方がおそく感じるのではないかと考えられます。

6 [オ]さらに、「心の時間」には、人によって感覚が異なるという特性があります。ここで、簡単な実験をしてみましょう。机を指でトントンと軽くたたいてみてください。しばらくの間、くり返したたくうちに、自分にとってここちよいテンポが分かってくるでしょう。このテンポは人によって異なるもので、歩く速さや会話での間の取り方といった、さまざまな活動のペースと関わりがあることが分かっています。そして、このペースと異なるペースで作業を行うと、ストレスを感じるという研究もあります。みんなで同じことをしていても、私たちは、それぞれにちがう感覚で時間と向き合っているのです。

7 ここまで見てきたように、[ウ]「心の時間」は、心や体の状態、身の回りの環境などによって、進み方がちがってきます。また、[ウ]私たちはそれぞれにちがう「心の時間」の感覚をもっています。そうした、「心の時間」のちがいをこえて、私たちが社会に関わることを可能にし、社会を成り立たせているのが「時計の時間」なのです。このことから、「時計の時間」が、私たちにとっていかに不可欠なものであるかが分かります。それと同時に、「時計の時間」と「心の時間」には、必ずずれが生まれることにも気づくでしょう。「心の時間」の感覚のちがいもあわせて考えれば、いつも正確に「時計の時間」どおりに作業し続けたり、複数の人が長い時間、同じペースで作業を進めたりすることは、とても難しいことだと分かります。

人によって感覚が違う事例

事例のまとめ

指導のポイント

■第二次・第3時

「時間と向き合うちえの選択肢を示す」（しかけ「選択肢をつくる」）

筆者の主張する「『時間』と向き合うちえ」の候補として選択肢を示し、最もふさわしいものはどれかを考えることを通して、主張を具体化することを理解し、自分なりに「『時間』と付き合うちえ」を考え、時間に対する理解を深め、第三次の活動につなげる。（カ）

■第三次・第1時

「賛成か、反対か」（Which型課題）

筆者の主張や論の進め方について立場を明確にして意見文を書かせる。

その際、ルーブリックを提示し、書く内容について自己調整できるようにする。

本時の展開　第一次　第1時

目標 筆者の主張について話し合うことを通して、双括型の文章構成であることを理解し、筆者の主張を捉えることができる。

本時展開のポイント

本文を根拠にしながら話し合うことができるように、センテンスカードを配置して筆者の主張はどこに書かれているのかなど、文章構成を捉えやすくしている。

個への配慮

㋐友達の意見から選ばせる

センテンスカードから筆者の主張を見付けるのが困難な場合、自分の考えをもつことができるように、友達の考えで納得できるものを選ばせる。

㋑センテンスカードを手元で一緒に操作し説明を補う

考えをゆさぶる発問の意味を捉えるのが困難な場合、「初めと終わりを入れ替える」という発問の意味が分かるように、小さなセンテンスカードを用意し一緒に手元で操作しながら、「このようにカードを入れ替えても、変な文章にならないかな？」と補足説明をしながら、視覚的な理解を促す。

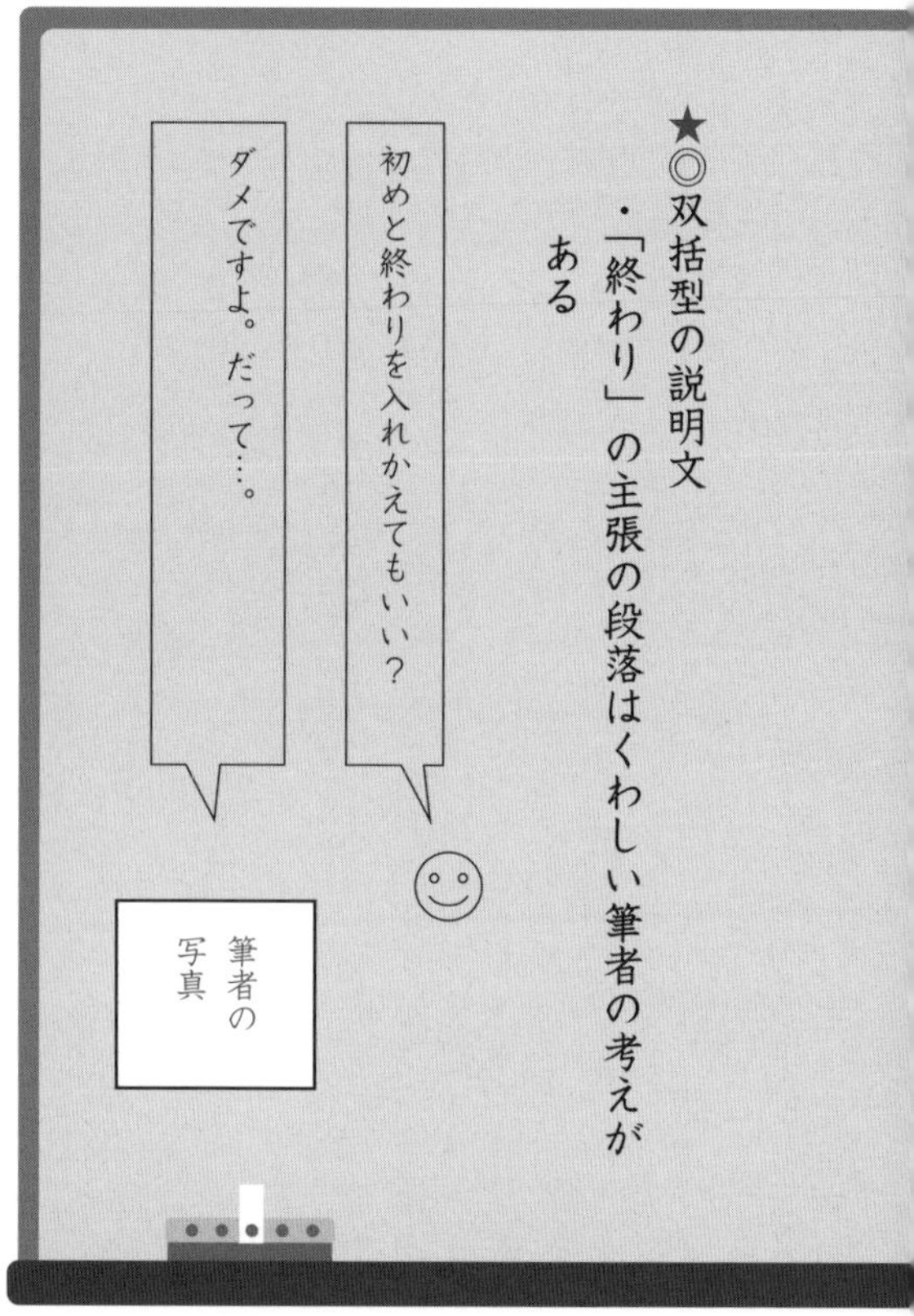

3 筆者の主張を捉える

「初め」と「終わり」は入れ替えてもいいよね

ダメ。もしも、最後の語りかけが「初め」にあったら、「どうして?」って思うから。
「初め」と「終わり」を入れ替えるってどういうこと?

1段落と4段落に主張がある双括型の文章構成であることを確認した後、「初め」と「終わり」を入れ替えてもいいかと考えをゆさぶることで、筆者の主張にあるメッセージを捉えさせる。

配慮㋑

4 学習のまとめをさせる

入れ替えてはいけない理由を書こう

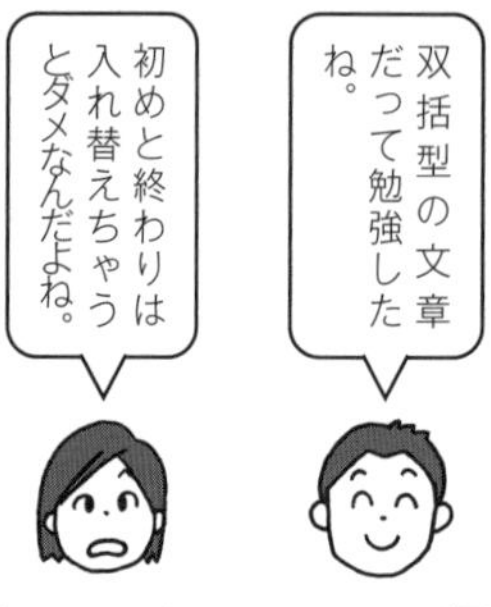

振り返り

話し合ったことを基に、「初め」と「終わり」の主張の違いをまとめさせる。

筆者の立場から答えられるように対話形式でまとめられるようにする。

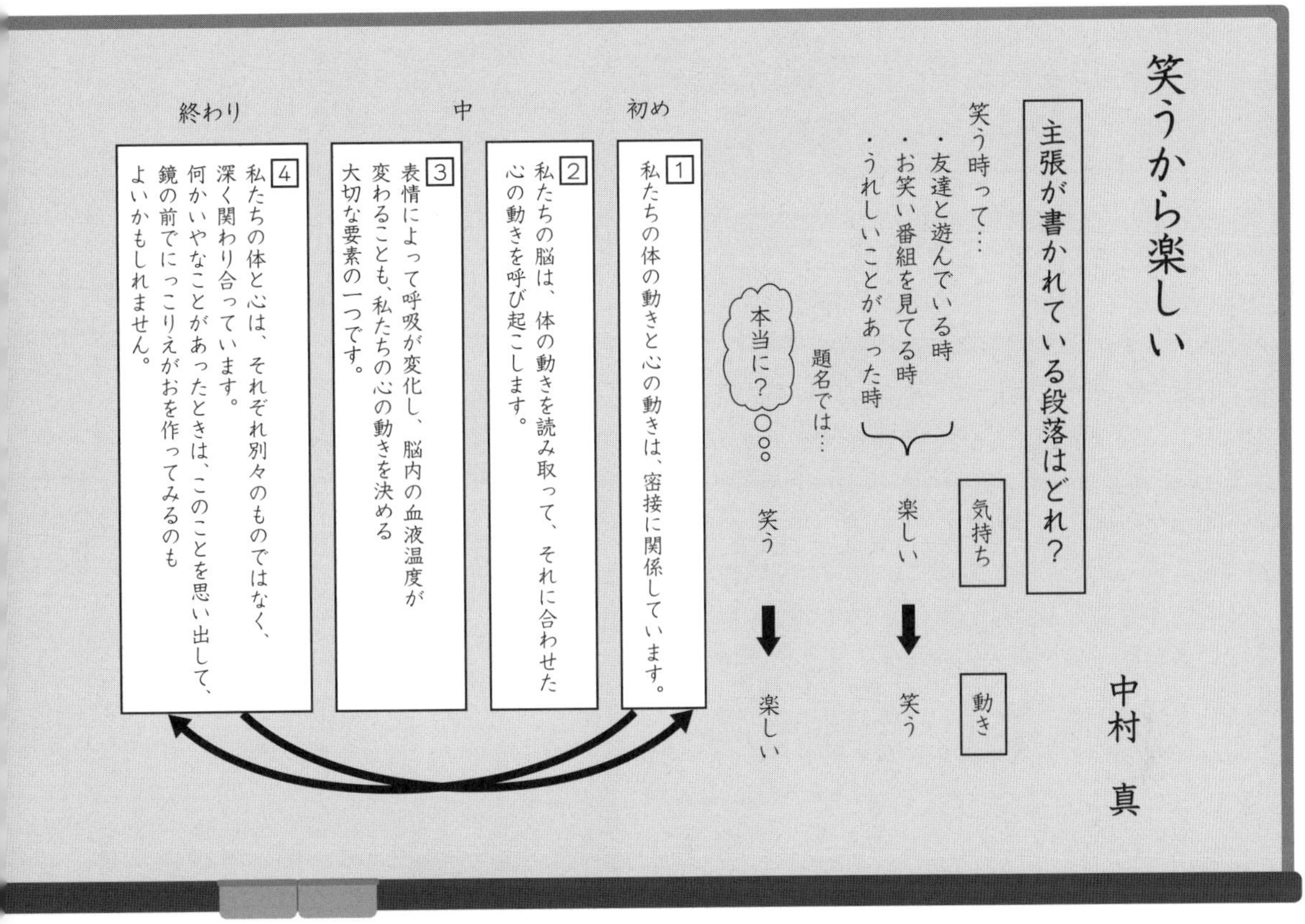

笑うから楽しい
中村 真
主張が書かれている段落はどれ？
笑う時って…
・友達と遊んでいる時
・お笑い番組を見てる時
・うれしいことがあった時
気持ち
楽しい
笑う
動き
題名では…
本当に？
笑う
楽しい
初め
中
終わり
1 私たちの体の動きと心の動きは、密接に関係しています。
2 私たちの脳は、体の動きを読み取って、それに合わせた心の動きを呼び起こします。
3 表情によって呼吸が変化し、脳内の血液温度が変わることも、私たちの心の動きを決める大切な要素の一つです。
4 私たちの体と心は、それぞれ別々のものではなく、深く関わり合っています。何かいやなことがあったときは、このことを思い出して、鏡の前でにっこりえがおを作ってみるのもよいかもしれません。

1 題名読みをして内容を想像する

題名とみんなの経験とくらべて考えると、どんなことが書かれていると思う？

友達と遊んでいるとき、笑うことが多いです。

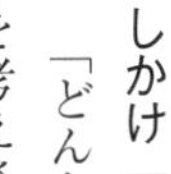

私たちが思っていることとは反対のことを言いたいのかな？

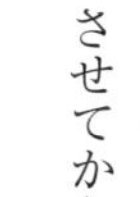

しかけ「隠す」

「どんなときに笑うか」を考えさせた後、題名のみを提示して内容を想像させてから範読をする。

2 主張の段落はどこかを考える

筆者の主張が書かれている段落はどれかな？

①段落と④段落に「関係している」という内容が書かれているよ。

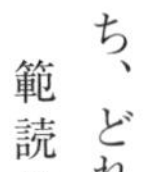

どこに書いてあるか見付けられないな。

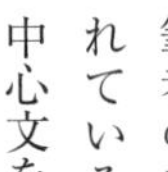

Which型課題

「○○は、A～Cのうち、どれか」

範読後、センテンスカードを掲示してから、筆者の主張はどこに書かれているかを、中心語や中心文を基に考えさせる。

配慮ア

✓ 本時の展開 第一次 第2時

目標 事例の必要性を話し合うことを通して、事例の役割を理解し、事例の役割についてまとめることができる。

[本時展開のポイント]

「もしも、事例がなかったら」という仮定した状況を問う Which 型課題を設定し、全員参加を促す。

[個への配慮]

㋐事例を抜いた本文プリントを読ませる

「中はいらないよね。」という考えをゆさぶる発問の状況を理解するのが困難な場合、「中がなかったら…」という仮定した状況を理解できるように、事例を抜いた本文プリントを読ませ、発問内容を理解できるようにする。

㋑友達の考えを参考にさせる

学習した内容をどのようにまとめればいいのか整理するのが困難な場合、学習内容をまとめられるように、まとめを書けた子供に発表させてまとめ方の参考にさせたり、書くことの見通しをもてるように、教師とのやり取りの中で一緒に書き出しを考えたりする。

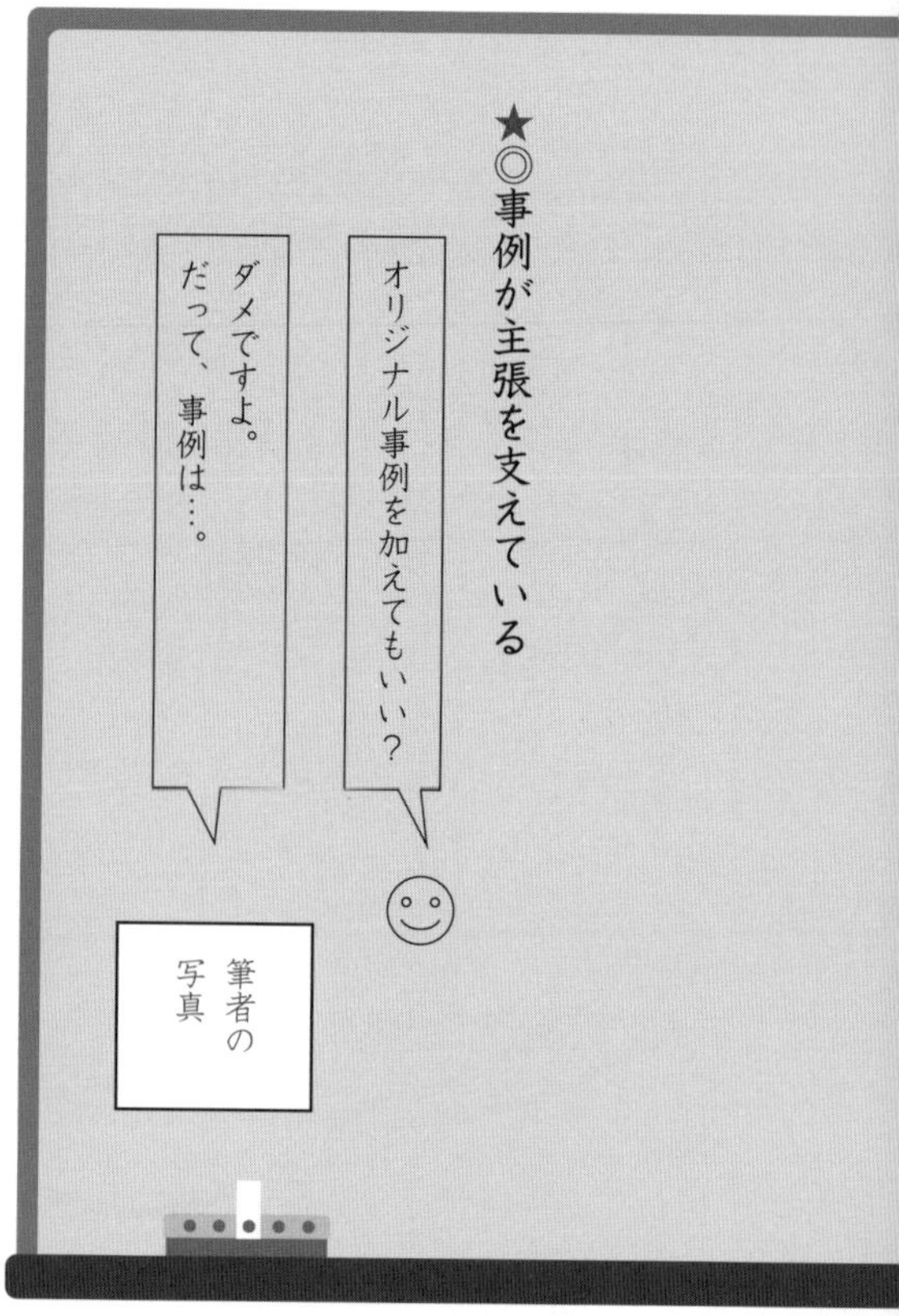

3 事例の役割について考える

より筆者の主張が納得できるように、こんな事例を加えるといいんじゃないかな

それだと中村さんの主張とは真逆だよ。
「笑うから楽しい」じゃなくて「笑っても悲しい」になってる。

しかけ「加える」

教師が考えた、筆者の主張と異なる主旨の事例を加えてもいいかを考えることで、事例の役割について理解を深めさせる。

4 本時を振り返る

今日の学習で分かったことをまとめよう

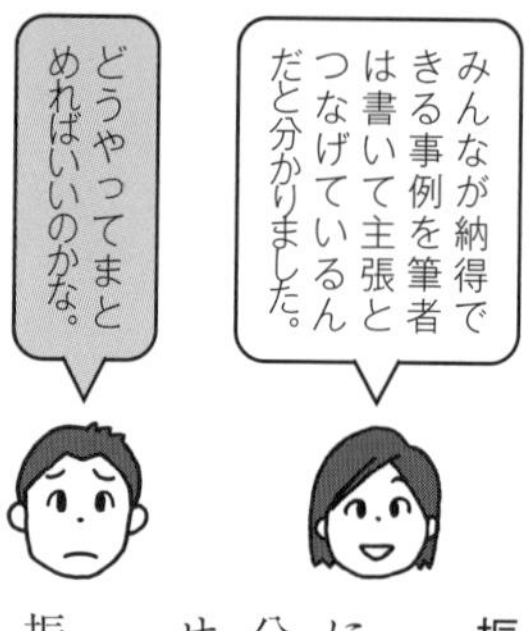

みんなが納得できる事例を筆者は書いて主張とつなげているんだと分かりました。

振り返り

話し合ったことを基に、事例の役割について分かったことをまとめさせる。

書く前にペアで学習の振り返りについて話し合わせることで、書くことへの見通しをもたせる。

配慮㋑

準備物
・ダウト読みをするためのセンテンスカード４枚 4-05～08　・筆者の写真
・オリジナル事例１枚 4-09　・事例を抜いた本文プリント

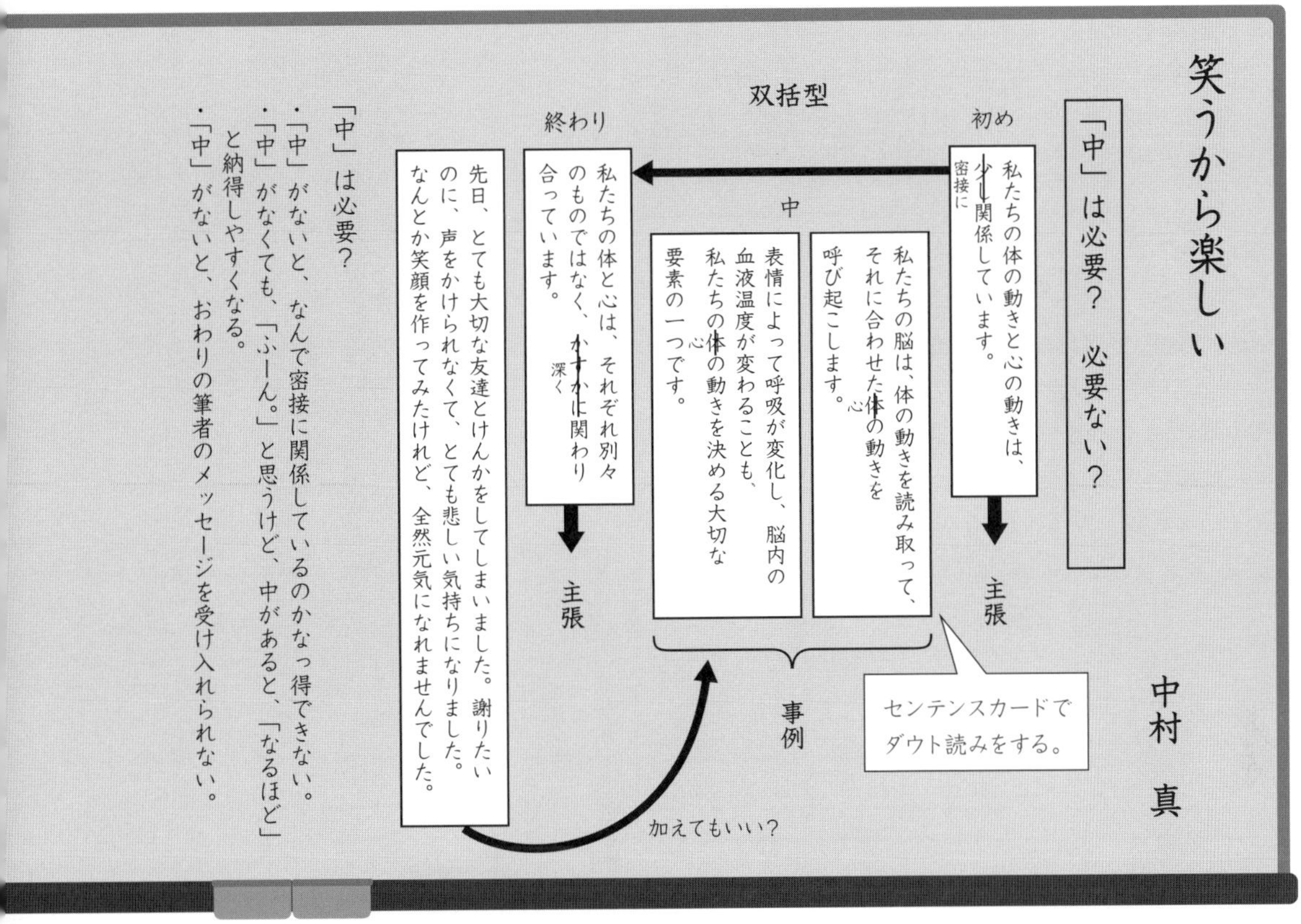

1 本文の内容を振り返る

ダウト読みをしよう

ダウト。「少し」じゃなくて、「密接に」だったね。

初めと終わりに主張が書かれていたね。

しかけ「置き換える」

各センテンスカードの一つの語句を置き換える。教師がカードを読み、本文と異なる語句を読んだときに、「ダウト。」と子供に指摘させることで内容と文章構成を確認する。

2 「中」の必要性を考える

「初め」と「終わり」に二回も主張が書かれているから、「中」はなくてもいいよね

必要だよ。だって、事例がなかったら、主張に納得できないです。

「『中』はなくてもいい」ってどういうことかな…。

Which型課題

「○○は必要か、必要ではないか」

「中」の必要性について問うことで、事例が主張を支える根拠になっていることを理解させる。

配慮ア

本時の展開 第一次 第3時

目標 初発の感想を交流することを通して、主張が初めと終わりにあることを理解し、今後の学習の見通しをもたせる。

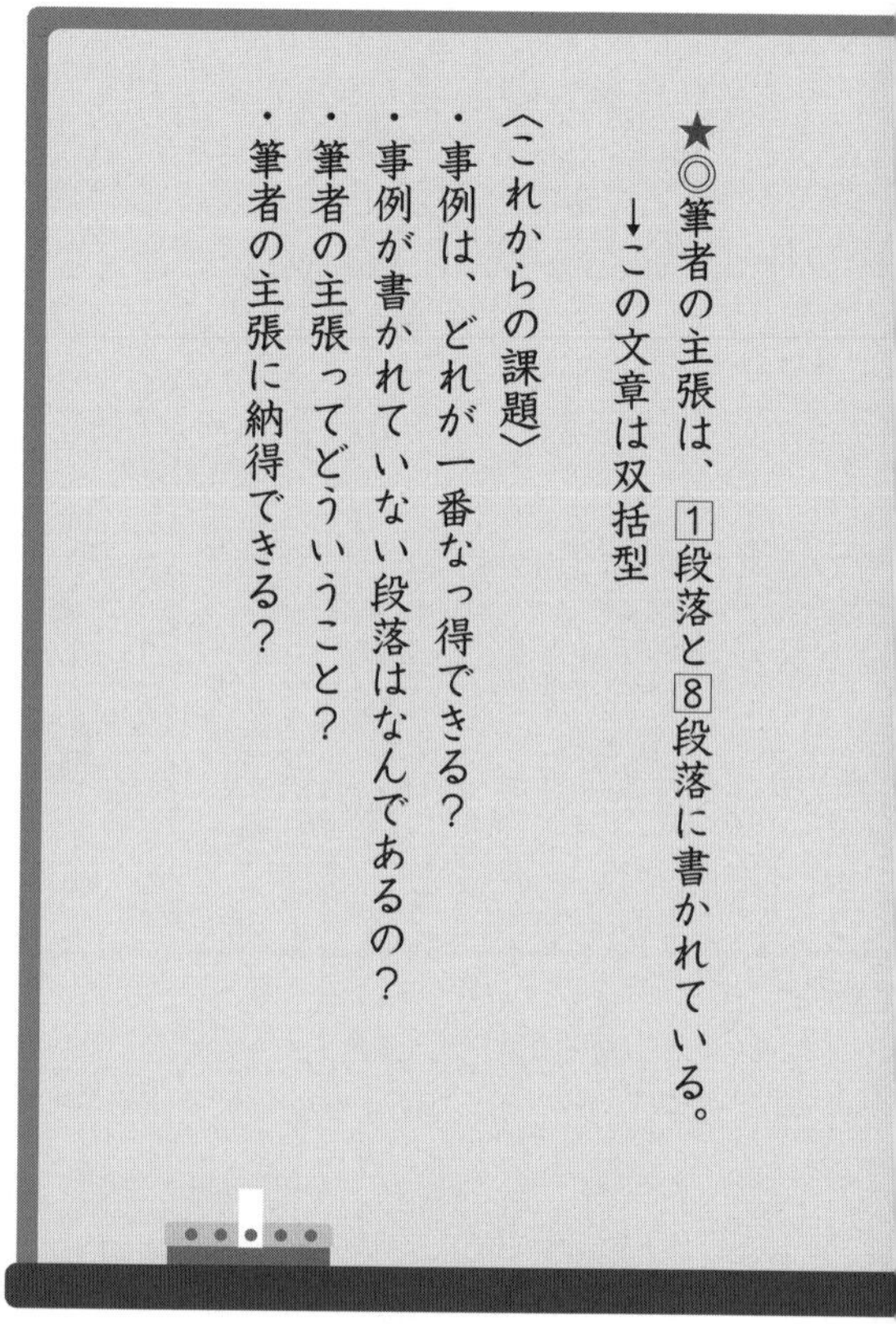

→この文章は双括型

・事例は、どれが一番なっ得できる?
・事例が書かれていない段落はなんであるの?

[本時展開のポイント]

初発の感想を三つの抽象的なものから選ばせることで、教材に対する具体的な感想と理由を叙述と結び付けながら、これからの学習課題を整理する。

[個への配慮]

ア友達が挙げた根拠を選び、経験を想起させる

根拠や理由を言葉にするのが困難な場合、自分の経験と重ねながら根拠や理由を考えられるように、友達が挙げた根拠の中から、共感できるものを選ばせ、「似ている経験をしたのかな。」と個別に問い、子供の経験と結び付けるようにする。

イ文章構成の型をまとめたプリントを基に考える

主張がどこに書かれているかを判断できない場合、主張が書かれている段落を見付ける着眼点をもてるように、文章構成の型をまとめたプリントを基に主張は「初め」「終わり」の段落に書かれていることを想起させ、考える手がかりにする。

3 文章構成の型を捉える

筆者の主張は何段落に書かれているかな?

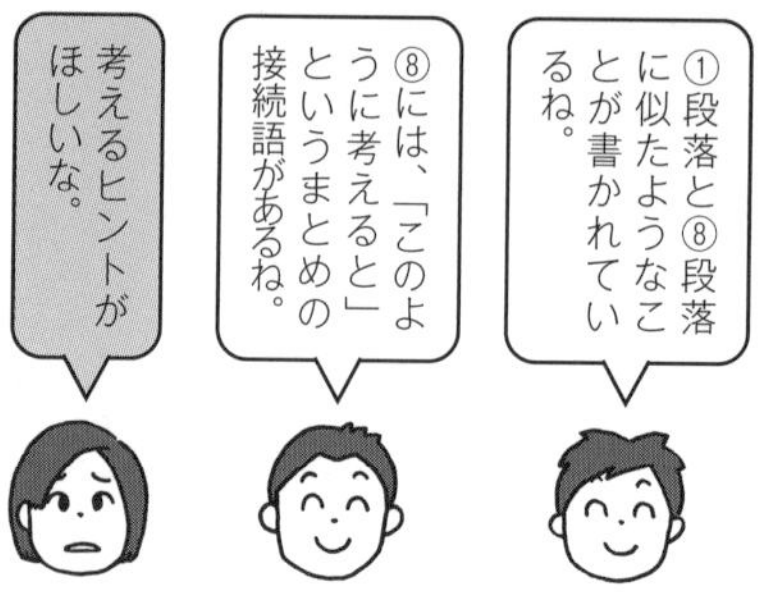

⑧には、「このように考えると」というまとめの接続語があるね。
考えるヒントがほしいな。

これまでの話し合いを基に、筆者の主張がどこに書かれているかを確認し、双括型の文章であることを捉えさせる。

考えさせる際には、一人で考える、友達と一緒に考えるなど、学び方を子供に選択させたい。 配慮イ

4 今後の課題を整理する

これからどんなことをみんなで考えたいかな?

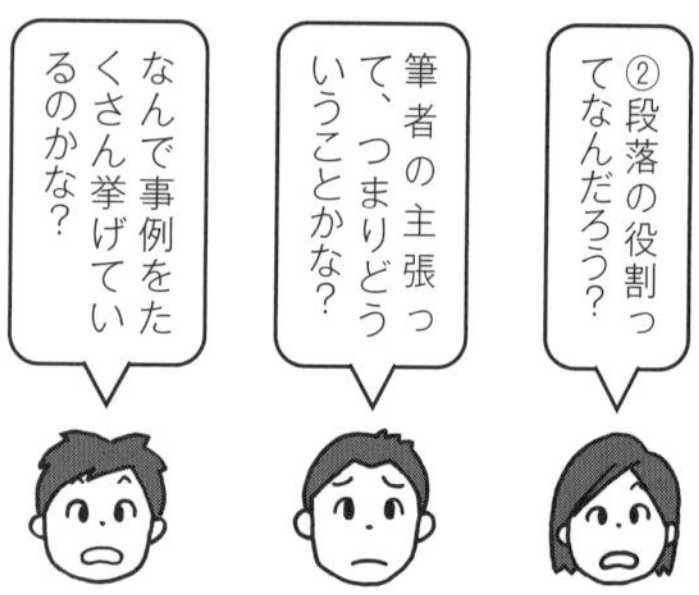

②段落の役割ってなんだろう?
筆者の主張って、つまりどういうことかな?
なんで事例をたくさん挙げているのかな?

これまで話し合ったことや印象に残った友達の発言などをペアで確認させる。

単元で考えていく課題を教師が子供の発言を基にしながら整理していく。

準備物 ・「なるほど！」「へえ…。」「ええっ！？」のカード 4-10～12

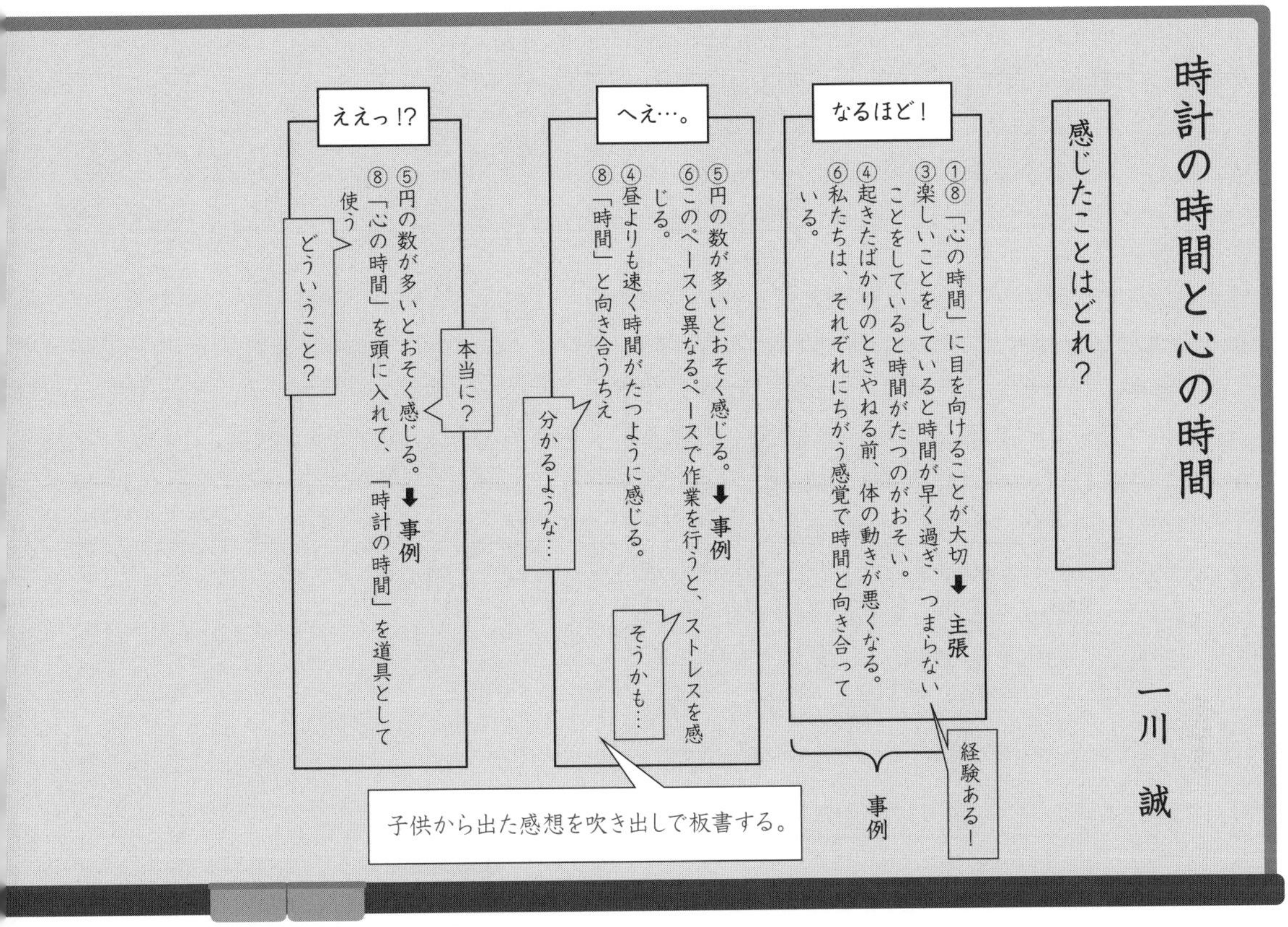

③楽しいことをしていると時間が早く過ぎ、つまらないことをしていると時間がたつのがおそい。
④起きたばかりのときやねる前、体の動きが悪くなる。

⑤円の数が多いとおそく感じる。⬇ 事例

④昼よりも速く時間がたつように感じる。

⑤円の数が多いとおそく感じる。⬇ 事例

子供から出た感想を吹き出しで板書する。

1 範読を聞き、感想を交流する

範読を聞いて、感じたことを友達と話してみよう

心の時間って何かな。
文章を読んで、なるほどと思ったところが多かったな。

題名から文章の内容を想像させる。

また、範読を聞かせる前に、「なるほど！」「へえ…。」「ええっ!?」と思ったところに線を引くように声を掛けてから範読をする。

2 感想はどれかを考える

文章を読んだ感想はどれですか

ぼくは、「へえ」と思いました。どこからかというと…。
「ええっ!?」と思ったけど、はっきり理由は言えないな。

Which型課題

「○○は、A～Cのうちどれか」

文章全体の感想を選ばせることで、根拠と理由を明らかにさせる。

根拠と理由を板書し、共有する。

配慮ア

本時の展開　第二次　第1時

目標　分類されたセンテンスカードの意味を考えることを通して、27段落の役割を理解し、その役割についてまとめることができる。

[本時展開のポイント]

事例の数を数える活動を通して、「心の時間」の特性を紹介している段落とそうでない段落があることを叙述を基に考えられるようにする。

[個への配慮]

ア 27段落を抜いた本文プリントを用意する

27段落の必要性について考えることが困難な場合、27段落がなかった場合の文章と比較しながら考えられるように、27段落を抜いた文章を配布して考えさせる。

イ「もしもなかったら…」を考えさせる

27段落の必要性について自分の考えをまとめられない場合、考えを文章で表現できるようにするため、27段落が必要な理由ではなく、もしも27段落がなかったらどうなってしまうのかを考えさせる。

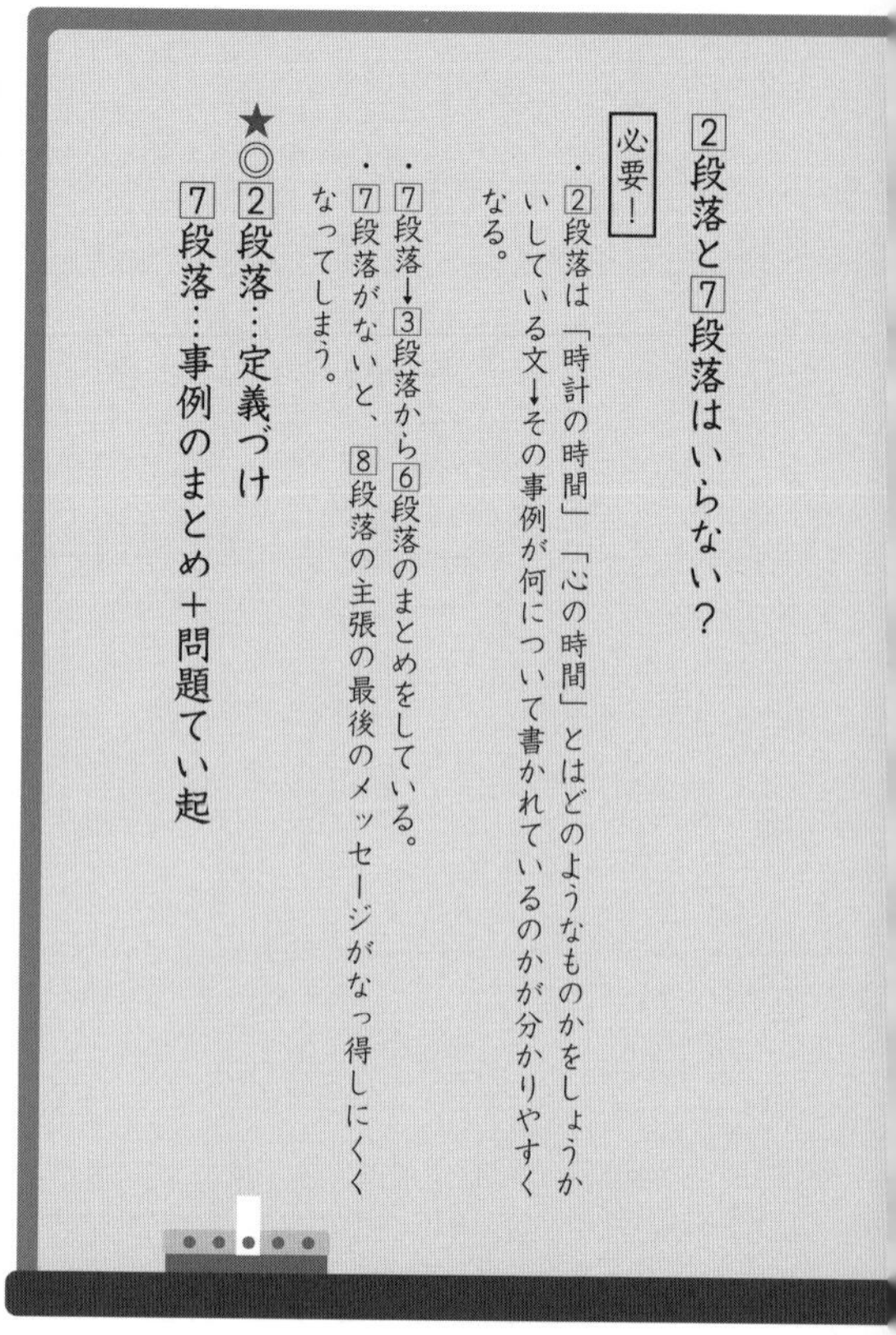

2段落と7段落はいらない？
必要！
・2段落は「時計の時間」「心の時間」とはどのようなものかをしょうかいしている文→その事例が何について書かれているのかが分かりやすくなる。
・7段落→3段落から6段落のまとめをしている。
・7段落がないと、8段落の主張の最後のメッセージがなっ得しにくくなってしまう。
★◎2段落…定義づけ
7段落…事例のまとめ＋問題てい起

3

27段落の必要性を考える。

「心の時間」の特性について書いていない27段落はなくてもいいよね

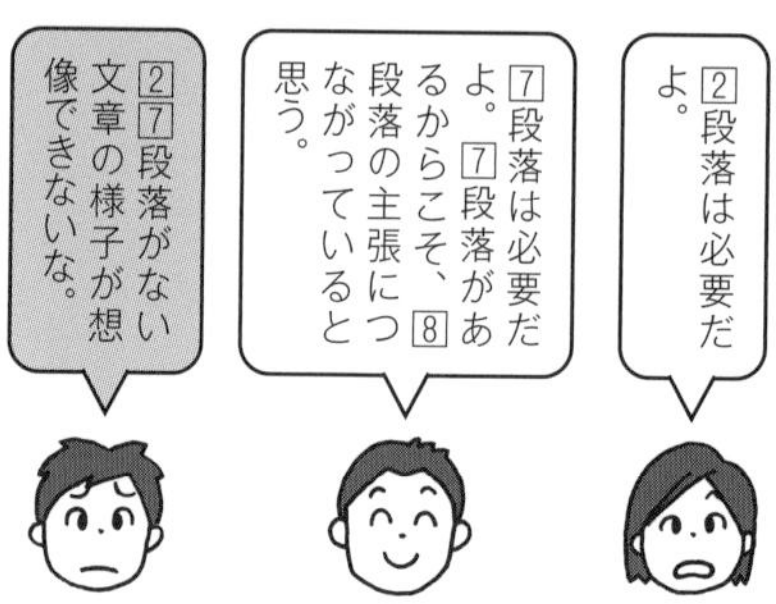

2段落は必要だよ。
7段落は必要だよ。7段落があるからこそ、8段落の主張につながっていると思う。
27段落がない文章の様子が想像できないな。

考えをゆさぶる発問を行い、2段落は、「心の時間」の二種類の特性について略述していることに気付かせる。7段落は、ここまでの事例をまとめて、8段落の主張につなげていることに気付かせる。

配慮ア

4

分かったことをまとめる

「27段落はなぜ必要なのかをノートにまとめよう」

主張や事例の段落だけじゃなくて、事例をまとめる段落があるんだ。
どうやってまとめればいいのかな。

話し合ったことを基に、27段落の必要性について、まとめさせる。書く前に、ペアでどのようにまとめるかを話し合わせてもよい。

配慮イ

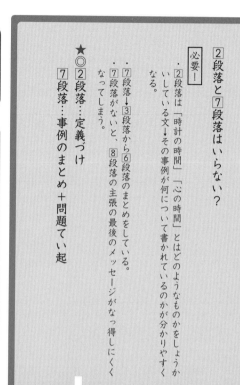

準備物 ・センテンスカード8枚 4-13～20 ・27段落を抜いた本文プリント

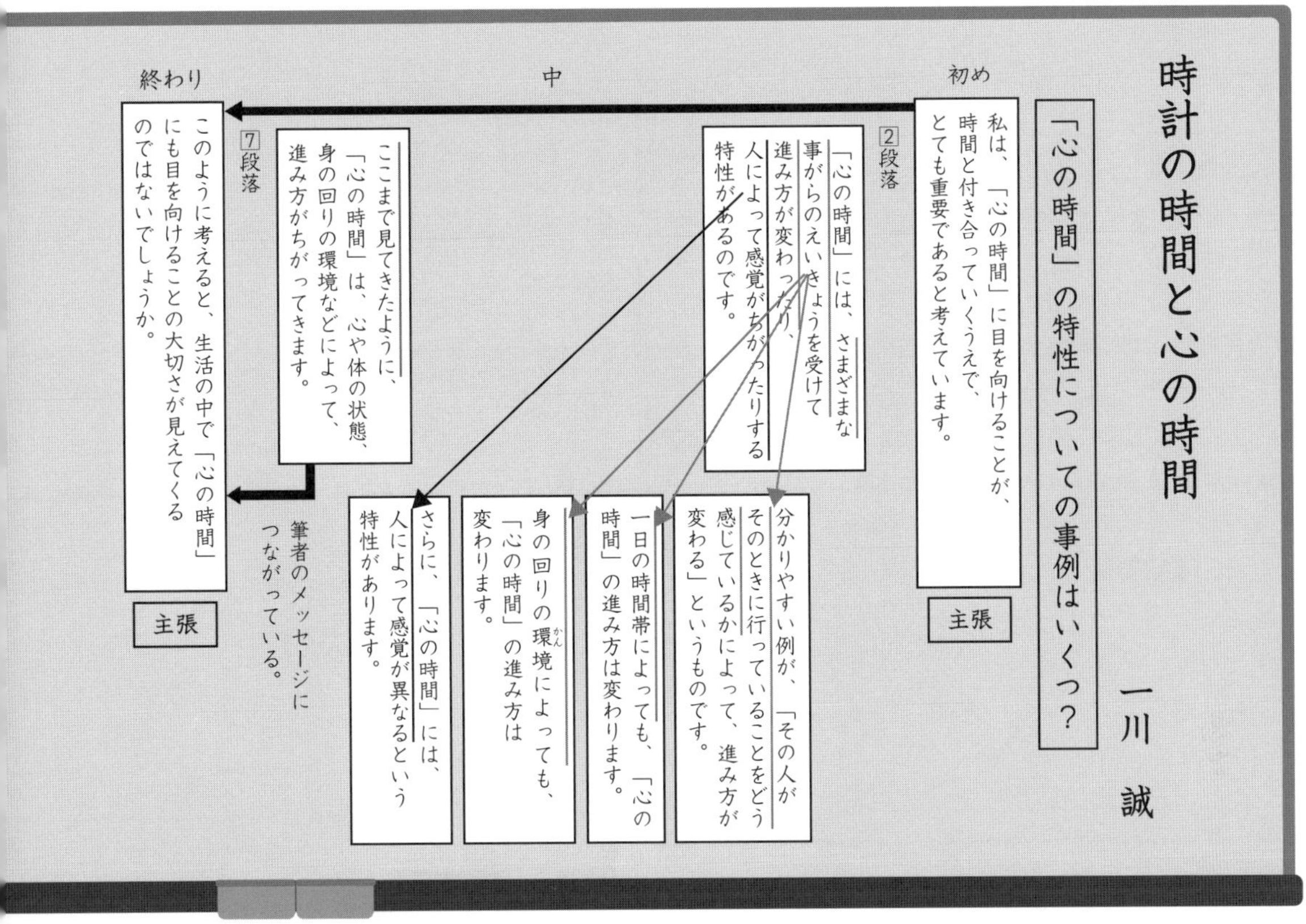

時計の時間と心の時間
一川 誠
「心の時間」の特性についての事例はいくつ？
初め
私は、「心の時間」に目を向けることが、時間と付き合っていくうえで、とても重要であると考えています。
主張
中
2段落
「心の時間」には、さまざまな事がらのえいきょうを受けて進み方が変わったり、人によって感覚がちがったりする特性があるのです。
分かりやすい例が、「その人がそのときに行っていることをどう感じているかによって、進み方が変わる」というものです。
一日の時間帯によっても、「心の時間」の進み方は変わります。
身の回りの環境（かん）によっても、「心の時間」の進み方は変わります。
さらに、「心の時間」には、人によって感覚が異なるという特性があります。
7段落
ここまで見てきたように、「心の時間」は、心や体の状態、身の回りの環境などによって、進み方がちがってきます。
筆者のメッセージにつながっている。
終わり
このように考えると、生活の中で「心の時間」にも目を向けることの大切さが見えてくるのではないでしょうか。
主張

1

筆者の主張を捉える

初めのセンテンスカードはどれかな？

こんな順番だったよね。
筆者の主張は、①段落と⑧段落に書かれていたね。

Which型課題
「〇〇は、どれか」

初めと終わりのセンテンスカードを提示し、どちらが初めの段落かを確認する。

その後、「『心の時間』に目を向けることが重要である」という筆者の主張を確認する。

2

事例の数を数える

紹介されている「心の時間」の特性はいくつ？

四つだよね。
二つじゃないのかな。

Which型課題
「〇〇はいくつか」

「心の時間」の特性について書かれている事例を数えることで、27段落は「心の時間」の特性についての事例ではないことを確認する。

本時の展開　第二次　第2時

目標 納得しやすい事例ランキングについて交流することを通して、自分の経験と事例との関係を理解し、筆者の事例選択の意図についてまとめることができる。

[本時展開のポイント]

納得度ランキングを作り、交流することで、人によって納得しやすい事例は違うことを子供たちが捉えやすいようにする。

[個への配慮]

㋐一番だけを考えたり似ている意見を選ばせたりする

納得度ランキングを考えるのが困難な場合、自分の考えをもてるようにするために、「一番だけでもいいよ。」など考えることを一つにしぼったり、個別に問いかけややり取りをして考えを引き出したり、友達の意見で似ているものを選ばせたりする。

㋑自分の考え形成プリントを用意する

筆者の意図を考えるのが困難な場合、筆者の意図を推察し自分の考えをもつことができるようにするために、選択肢の中から自分の意見に似ているものを選ばせたり、なぜそれを選んだのかを本文やセンテンスカード、友達の意見を基に考えさせたりする。

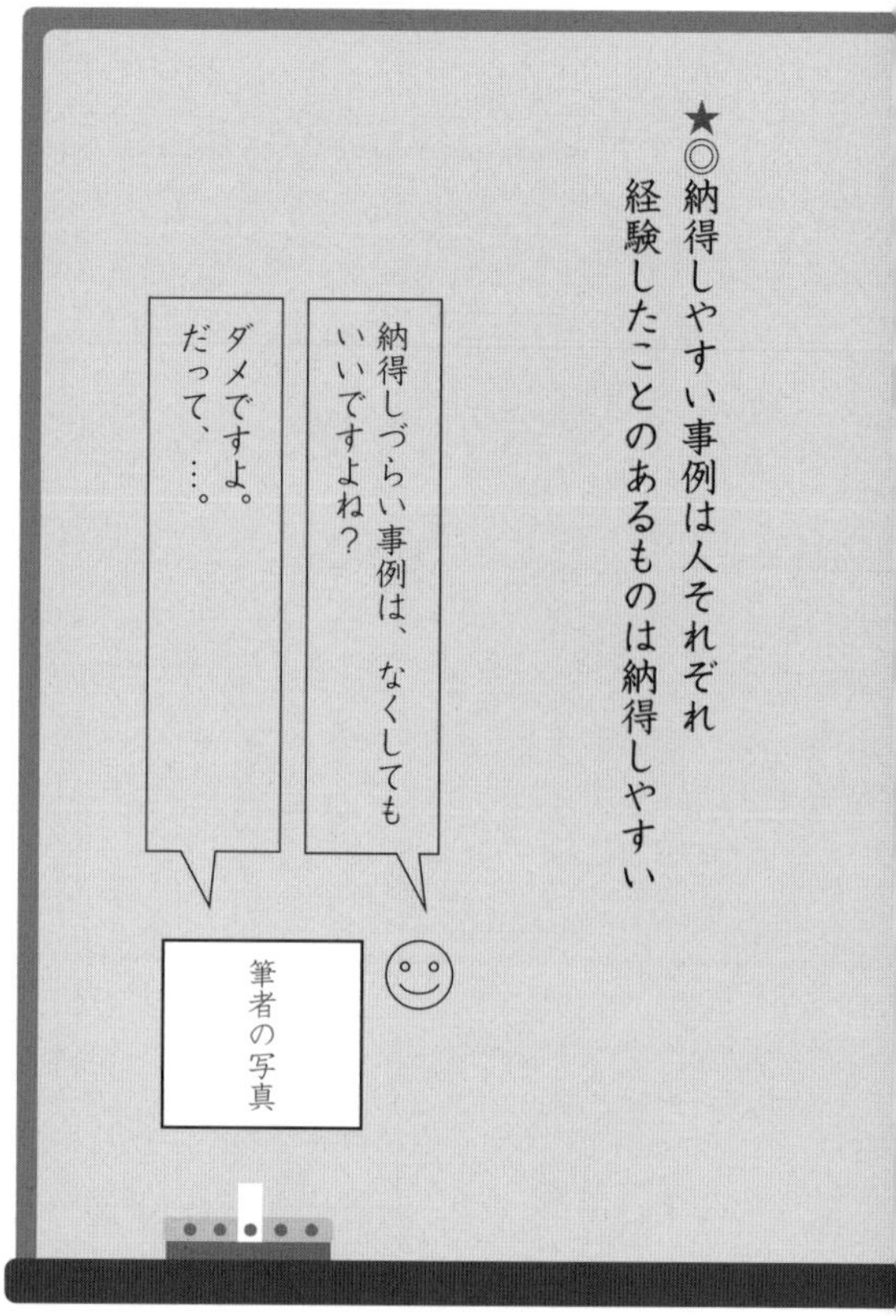

3 納得しづらい事例の必要性について話し合う

人気のない事例はなくてもいいよね

納得しやすい事例は人によって異なるが、自分が経験したことなどは納得しやすいことをまとめる。

その後、納得しづらい事例を取り上げて考えをゆさぶる発問を行い、筆者の事例選択の意図について目を向けさせる。

アは一番じゃないけど、「そうなんだ。」とは思う。
アの事例と似たようなことを経験している人もいるかもしれないよ。

4 筆者の意図をノートにまとめる

筆者の気持ちになって、いろいろな事例を書いた理由を考えよう

ペアで筆者の意図について話し合わせまとめる内容について見通しをもたせた後、筆者の立場に立って、様々な事例を挙げている意図をまとめさせる。

配慮㋑

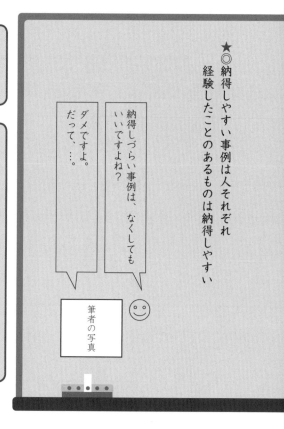

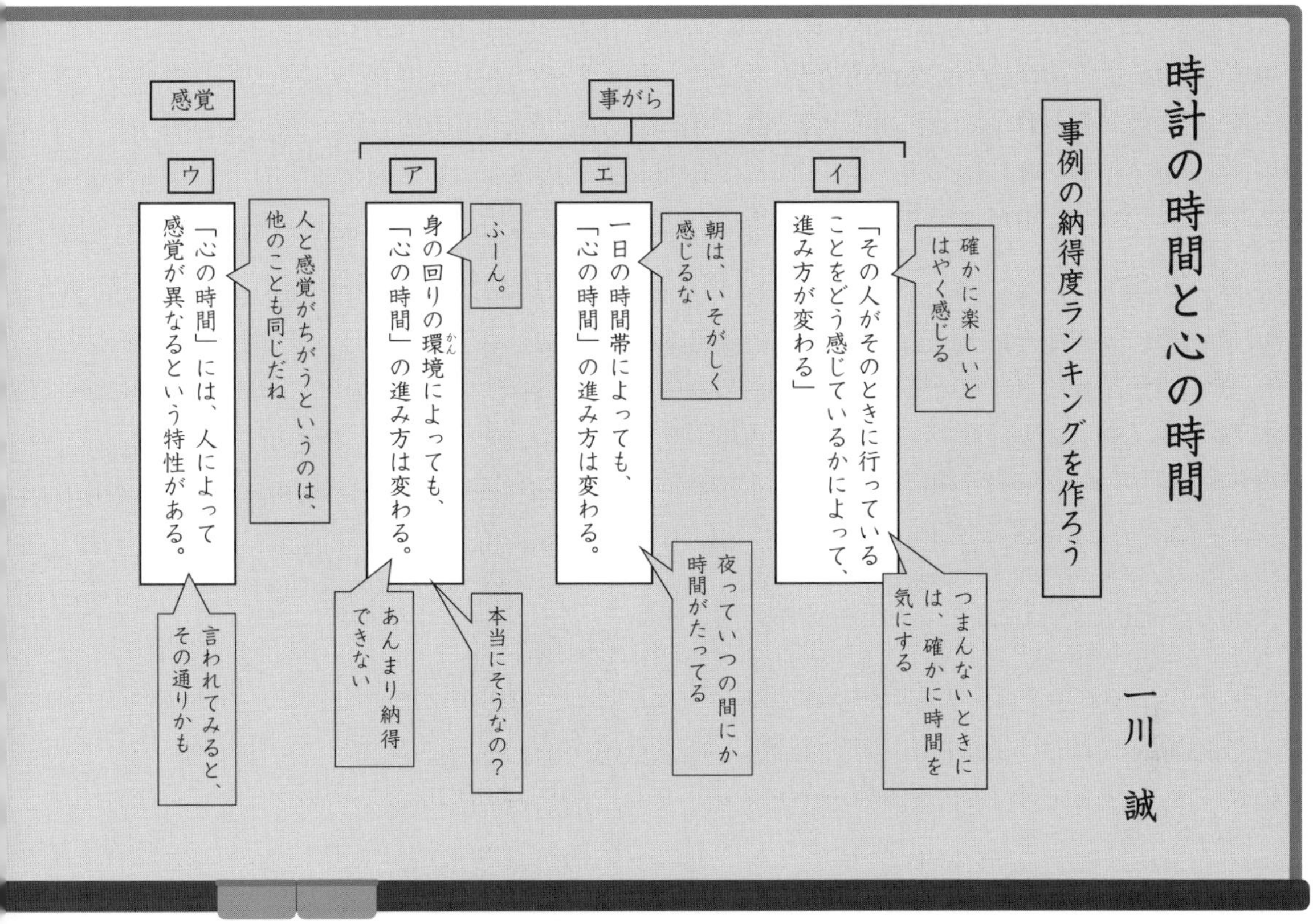

時計の時間と心の時間
一川 誠
事例の納得度ランキングを作ろう
事がら
イ
「その人がそのときに行っていることをどう感じているかによって、進み方が変わる」
確かに楽しいとはやく感じる
つまんないときには、確かに時間を気にする
エ
一日の時間帯によっても、「心の時間」の進み方は変わる。
朝は、いそがしく感じるな
夜っていつの間にか時間がたってる
ア
身の回りの環境（かん）によっても、「心の時間」の進み方は変わる。
ふーん。
本当にそうなの？
あんまり納得できない
感覚
ウ
「心の時間」には、人によって感覚が異なるという特性がある。
人と感覚がちがうというのは、他のことも同じだね
言われてみると、その通りかも

1 事例を分類し、前時の確認をする

四つの事例は、それぞれ、「事がら」と「感覚」どちらについての事例だったかな

アは、「事がら」の事例だったね。

ウは、唯一の「感覚」の事例だったよ。

しかけ「分類する」

カードを裏返しに提示し、「事がら」と「感覚」のどちらの事例かを分類させることで、事例のまとまりとのつながりを振り返れるようにする。

2 学習課題について話し合う

四つの事例で納得度ランキングを作るならどんな順位？

一位はイかな。好きな番組を見てるとＣＭは長く感じるな。

ランキングを作るのが難しいな。

Ｗｈｉｃｈ型課題

「もしも○○の順位を付けるならその順位は？」

事例の内容に対して、一番納得するものを選択させることで、ランキングの根拠を自分の経験を理由にしながら交流する。

配慮ア

本時の展開 第二次 第3時

目標 主張の具体例を考えることを通して、主張と事例のつながりを理解し、筆者の主張に対する理解を深める。

[本時展開のポイント]

筆者の主張を自分の経験と結び付けて具体化することを通して、主張が事例とつながっていることが捉えられるようにする。

[個への配慮]

ア各段落の「例えば」を基に考えさせる

主張が具体化されたものを読んで、どの事例が根拠になっているか判断できない場合、どの事例が根拠になっているのかを考えられるように、本文の各段落で挙げられた「例えば」を一緒に見付け、センテンスカードとのつながりを考えさせる。

イ場面を限定して具体的な経験を想起させる

主張を具体化した「『時間』と付き合うちえ」を考えることが困難な場合、具体的に考えられるようにするために、「朝」や「宿題をするとき」など場面を限定して考えさせることで、経験を想起しやすくする。

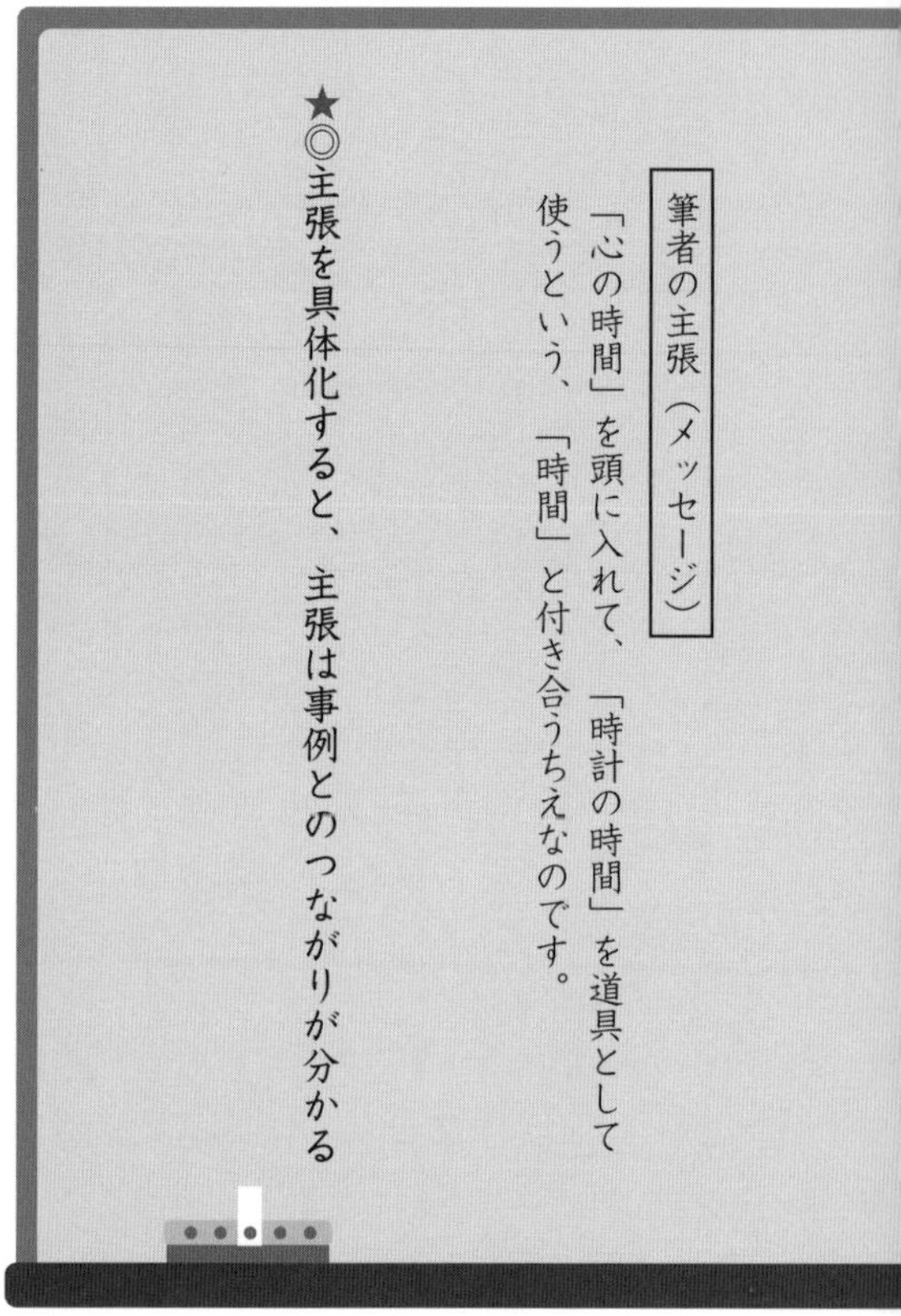

筆者の主張（メッセージ）
「心の時間」を頭に入れて、「時計の時間」を道具として使うという、「時間」と付き合うちえなのです。
★◎主張を具体化すると、主張は事例とのつながりが分かる

3 主張を具体化する

自分の経験を基にして筆者の主張を具体化しよう

友達と遊ぶときは、「すぐ来て。」というのではなく、「〇時に集合ね。」と約束した方がいい。

「『時間』と付き合うちえ」が思い付かないな。

四つの心の時間の特性を基に、主張を具体化した「『時間』と付き合うちえ」を考えさせる。本文から離れすぎないように、どの心の時間の特性を意識したかを明確にさせる。

自分の経験と事例を基にすると具体例を考えやすくなることを押さえる。

配慮イ

4 具体例を共有する

グループで一番よい「ちえ」について話し合おう

みんなが納得する具体例がいいね。

となりのグループで選ばれた具体例も面白いね。

グループでよい「『時間』と付き合うちえ」を選ぶ活動を通して、多くの人が経験したものが分かりやすいことを全体で共有する。

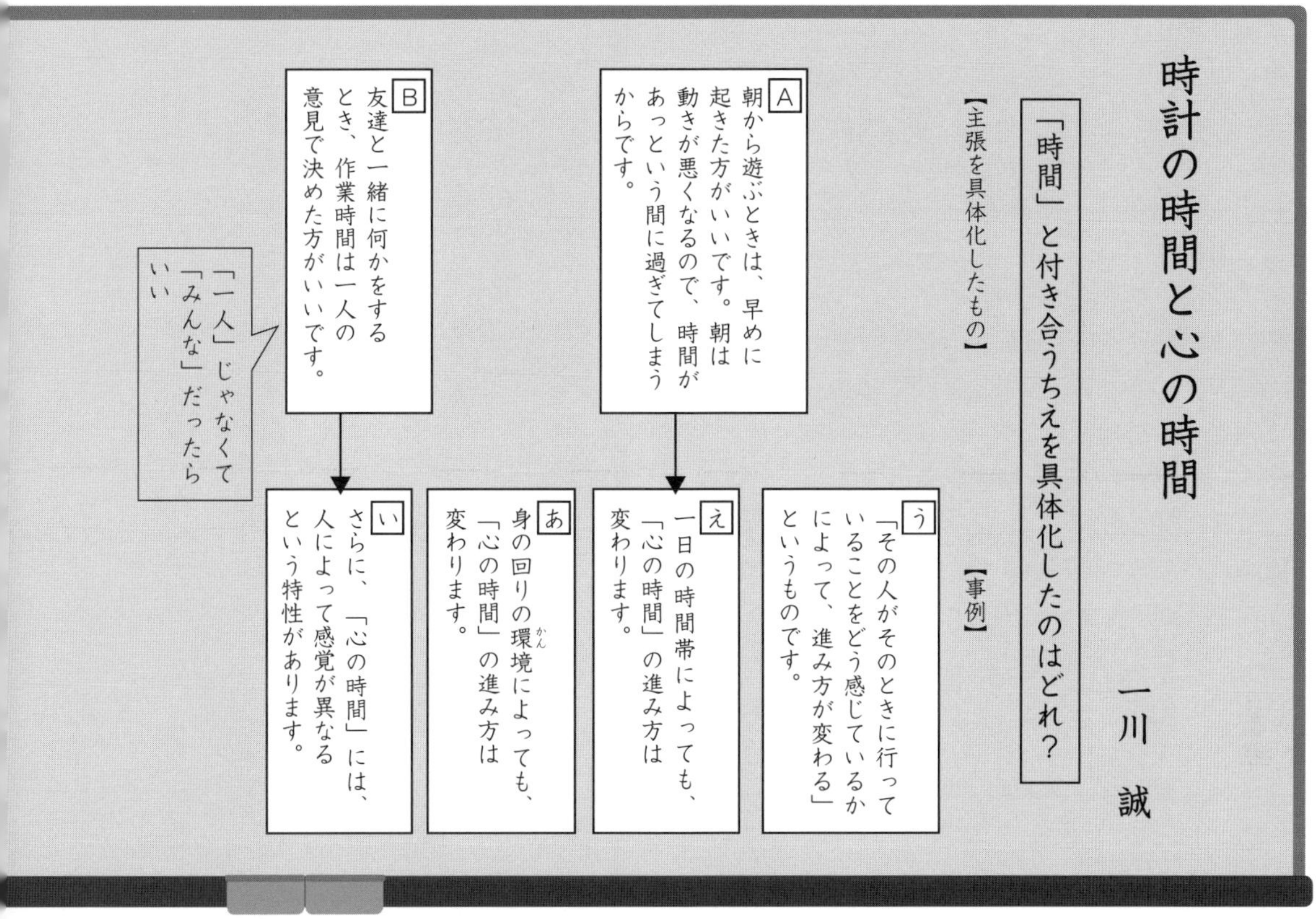

時計の時間と心の時間
一川　誠
「時間」と付き合うちえを具体化したのはどれ？
【主張を具体化したもの】
A 朝から遊ぶときは、早めに起きた方がいいです。朝は動きが悪くなるので、時間があっという間に過ぎてしまうからです。
B 友達と一緒に何かをするとき、作業時間は一人の意見で決めた方がいいです。
「一人」じゃなくて「みんな」だったらいい
【事例】
う 「その人がそのときに行っていることをどう感じているかによって、進み方が変わる」というものです。
え 一日の時間帯によっても、「心の時間」の進み方は変わります。
あ 身の回りの環境によっても、「心の時間」の進み方は変わります。
い さらに、「心の時間」には、人によって感覚が異なるという特性があります。

1 事例と主張を確認する

四つの事例は、何を説明していたかな？

「心の時間」の特性について説明するために事例があったね。

7段落では事例のまとめをしていたね。

しかけ「並べ替える」

カードを順番通りに並べ替えることで事例の概要と、四つの事例を挙げた筆者の意図を確認する。

また、「『心の時間』についてだけ伝えたかったんだね。」と問い、どちらも重要であることを押さえる。

2 学習課題を設定する

もしも、主張を具体化したとしたら、正しいのはどれかな？

Aは、「一日の時間帯」を考えた「『時間』とうまく付き合うちえ」だね。

どれが基になっている事例か分からないな。

Which型課題

「〇と〇のうち、どれか」

AとBでは、筆者の主張を具体化したものはどちらかを事例とのつながりを根拠に考えさせる。

配慮ア

本時の展開　第三次　第1時

目標　筆者の主張や論の進め方に対して立場を明らかにすることを通して、意見文の内容について理解し、自分の考えを意見文にまとめることができる。

本時展開のポイント

筆者の主張に対して賛成か反対か立場を選ばせることで、その根拠、理由を明らかにしながら書けるようにする。

個への配慮

ア書きやすいテーマを選択させる

筆者の主張に対して自分の立場を明確にするのが困難な場合、自分の考えを意見文にまとめることができるようにするため、「事例について」など、子供が書きやすい意見文のテーマを選択させる。

イ意見文の文型を示す

どのように書けばいいか分からない場合、内容を整理しながら書けるようにするために、意見文の文型を示す。例えば、「筆者の主張に対して、○○です。理由は○つあります。（中略）このことから…。」のような文型が考えられる。

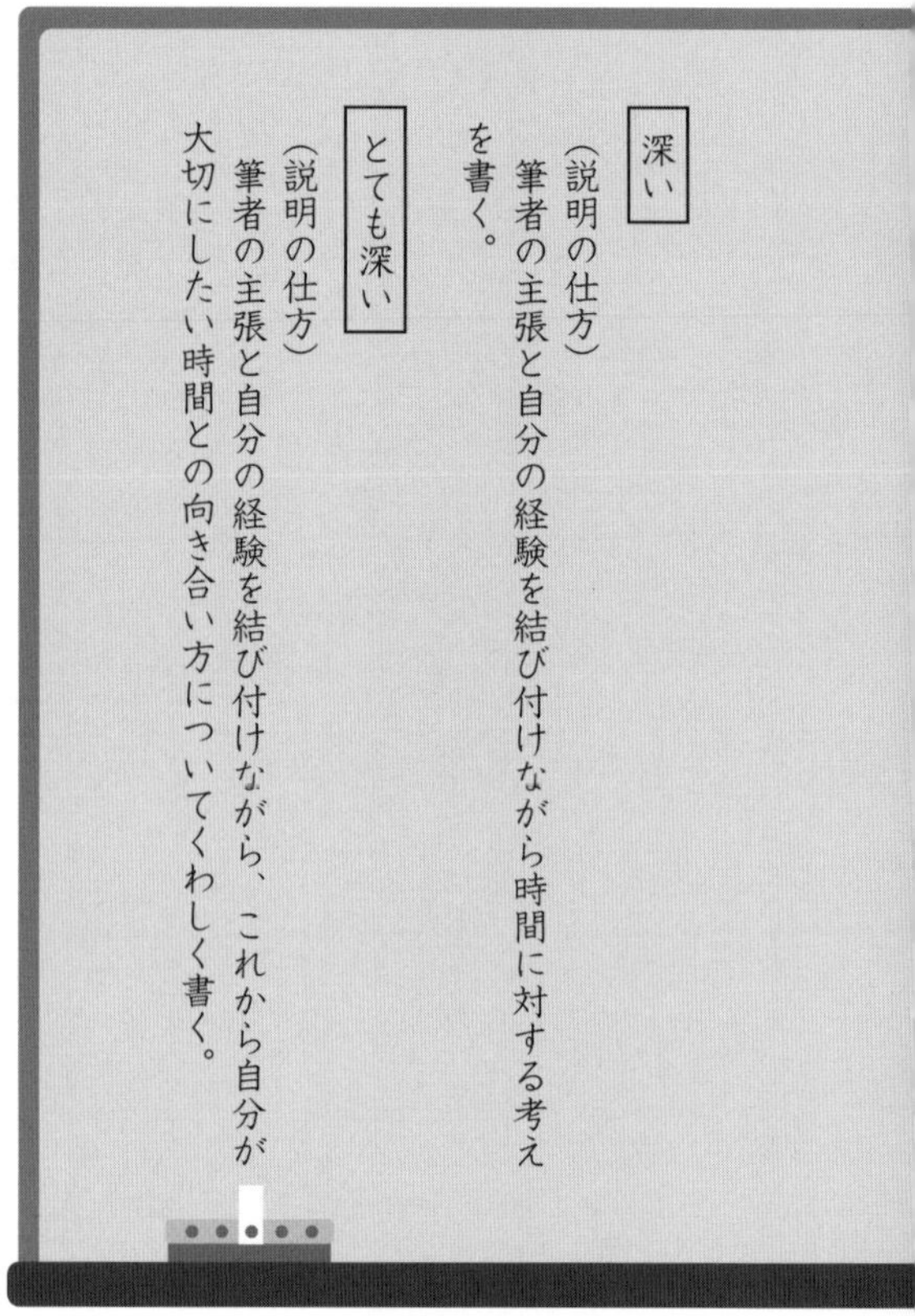

3　意見文を書く

立場と根拠をはっきりさせながら意見文を書こう

ルーブリックを示しながら、どのような内容で書くか、見通しをもたせる。

また、「事例」について書きたいという子供の声があれば、柔軟に対応し書くことへの抵抗感を少なくする。　配慮イ

4　意見文を読み合う

友達の意見文を読んで、思ったことを付箋に書いて友達のノートに貼ろう

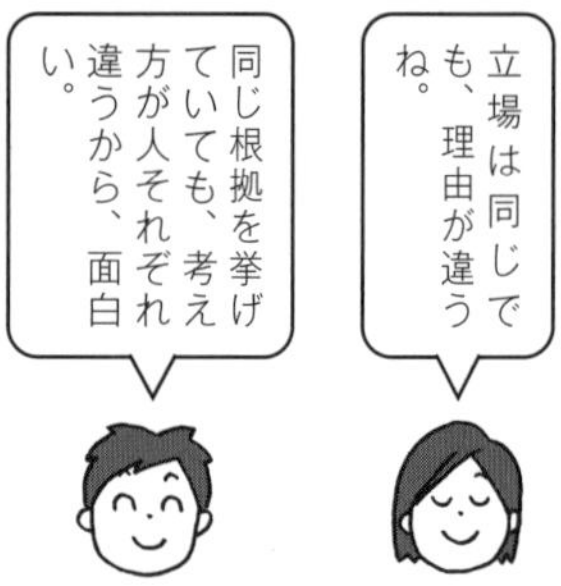

立場は同じでも、理由が違うね。
同じ根拠を挙げていても、考え方が人それぞれ違うから、面白い。

振り返り

ギャラリーウォークで友達の意見文を読ませ、感じたことなどを付箋に書き、友達のノートに貼らせる。

友達からの付箋を読み、自分の学習を振り返ることができるようにする。

時計の時間と心の時間

一川 誠

テーマを決めて意見文を書こう

学んだこと

文章構成について
○双括型

事例について
○経験したことのある事例は納得しやすい

筆者の主張について
○主張と事例のつながり

学びカードを使って考える対象を焦点化する。

テーマ
（説明の仕方）
・筆者の主張に賛成？　反対？

やや深い
（説明の仕方）
筆者の主張に対して自分の立場をはっきりさせて、時間に対する自分の考えを書く。

1 カードの話題について話し合う

学びカードに書かれていることについて、何を学んだかを友達に話そう

「進み方」と「感覚の違い」の心の特性があったね。

筆者の主張は、①段落と⑧段落に書かれていて、双括型の文章だったね。

しかけ「選択肢をつくる」
これまで学んできたことが書かれているカード（学びカード）を裏返して提示し、めくられたカードのことについてどのようなことを学んだのかをペアで話し合わせる。

2 学習課題をつかむ

テーマを決めて賛成か、反対か立場を決めよう

ぼくは、筆者の主張に賛成です。

納得できない事例もあったけど、筆者の主張には「なるほど」と思いました。

立場がなかなか決められないな。

Which型課題
「○か○のうち、どれか」
立場を明確にさせた上で、意見文を書かせるために、なぜその立場なのかをペアで話し合わせる。
配慮ア

「『鳥獣戯画』を読む」の授業デザイン

（光村図書６年）

教材の特性

　この説明文は、絵巻物『鳥獣戯画』の「たった一つの場面」を材料に語られている文章である。しかし、世界的なアニメーション監督・高畑勲のすぐ隣で眺めることで、こんなにも豊かに、奥深いものかと驚かされる。「そこに目を付けるのか」と思わず唸らずにはいられない。おそらく子供たちは、この文章との出会いで『鳥獣戯画』の魅力に気付かされるであろう。ただ、それだけで終わってはもったいない。我々読者は、筆者・高畑勲の「どの言葉に」「どの文に」共感し、納得したのか。感動したのか。そこには、天才・高畑勲ならではの「論理」が隠されているはずである。それらを紐解き、その「論理」を真似しながら使ってみることで、国語科のものの見方や考え方を鍛えていくことにつながるだろう。

結論	本論				序論				
9	8	7	6	5	4	3	2	1	
答え ←									→ 問い
★筆者の主張（要旨）『鳥獣戯画』は、人類の宝なのだ。	↑ ◆補足説明『鳥獣戯画』以外の日本文化	◎事例のまとめ → 読者への投げかけ	○具体例②　筆さばきによる表現		◎事例のまとめ　漫画の祖　国宝の絵巻物（主張への伏線）アニメの祖		○具体例①　墨一色。抑揚のある線と濃淡。	◇説明文の導入部（イントロ）	題名……隠れた問い（『鳥獣戯画』とは、どんなものだろうか？）

身に付けさせたい力

・非連続テキスト（絵）と連続テキスト（文や言葉）を関連付けながら読む力
・語感や言葉の使い方を意識しながら読む力

授業づくりの工夫

焦点化	視覚化	共有化
○単元全体の課題を「筆者は、どこを、どのように褒めるのか」で貫き、見通しをもって取組やすくする。 ○説明文の典型（尾括型・双括型）を共通のものさしとして読むことで、全体を俯瞰的に捉えられるようにする。	○絵を指差しながら文章を読むことで、絵と文や言葉をつなげながら読むことができるようにする。 ○センテンスカードで着目させたい文章を提示し、色分けすることで説明文の論理が見えやすくなるようにする。	○センテンスカードの言葉や挿絵の順番をわざと間違って提示することで、着目させたい文や言葉を全員が確認できるようにする。

単元目標・評価規準

目標 語や語句の使い方、非連続テキストの効果的な用い方など、筆者の書きぶりの工夫を読み取り、それらを生かして自分の考え・思いが伝わるような文章を書こうとしている。

知識・技能
語感や言葉の使い方に対する感覚を意識して、語や語句を使っている。 (1)オ

思考・判断・表現
「読むこと」において、目的に応じて、文章と絵・写真を結び付けるなどして情報を見付けたり、論の進め方について考えたりしている。
C(1)ウ

学びに向かう人間性
教材文を読むことで学んだ情報の提示の仕方、論の進め方を用いるなど、見通しをもってパンフレットを書こうとしている。

単元計画(全10時間)

次	時	学習活動	指導上の留意点
一	1	○扉絵の蛙と兎を手がかりにお話を考え、感想を交流する。	・お話を想像してみたり、絵のよさを出し合ったりする中で、鑑賞する楽しさだけでなく、その奥深さがあることを体験させたい。
二	1	○連続テキスト(文や言葉)と非連続テキスト(絵)のつながりを読む。〈確認読み〉	・絵と文を結び付けながら読むことを通して、筆者が文を書き分けることで、部分と全体の両方へ着目させていることに気付かせたい。(第1 2 3段落)
	2	○筆者の提示の工夫(書きぶりのよさ)や意図を考える。〈解釈・評価読み〉	・筆者役が読者役に語りかけながら音読することで、読者の反応を予想しながら、筆者が書き進んでいるということを捉えさせる。(第3 4段落)
	3	○事実と意見を読み分ける。〈確認読み〉	・間違いを指摘させる中で、筆者が事実と意見とを書き分けていることに気付かせる。(第5 6 7段落)
	4	○文章構造が双括型と尾括型のどちらかを話し合う。〈解釈読み〉	・双括型か尾括型かを話し合わせる中で、筆者の書きぶりのよさやその意図・思いについて考えられるようにする。
三	1	○パンフレットの構成を考え、班で分担をする。	・パンフレットの構成や紙面について考える際に、「『鳥獣戯画』を読む」で学んだ鑑賞の視点や筆者の書きぶりの工夫を生かせるようにする。
	2	○パンフレットの紙面について考え、下書きを作成する。	
	3・4	○パンフレットを作成する。	・パンフレット作成に関して、図鑑やインターネット等を参考、引用する場合のルールや表記についても合わせて指導したい。
	5	○できあがったパンフレットを見せ合い、よさや感想を交流し合う。	・「『鳥獣戯画』を読む」で学んだ「絵と文章の提示の仕方」「文章の構成」などを観点にして、それぞれのパンフレットのよさを出し合えるように仕組む。

教材分析

登場人物の動きが見えるように、ページをめくったところが、次のコマになるように配置している。一枚の絵を意図的に二枚に分けて提示しているのも、読者の思考を焦点化するための筆者の工夫の一つである。

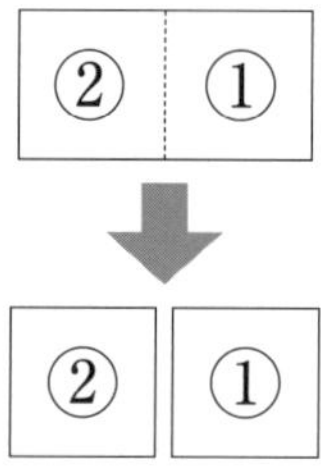

エ　アップとルーズの効果

同じ一枚の絵でも、引きで全体を俯瞰したり、寄せで焦点化したりすることで、注目するものが違ってくる。そこに筆者の解説が加わり、見えてくるのは表面的なものから次第に深層部分へと、深く味わうことができるようになっている。

オ　事実から意見へ

「(兎は) 投げられたのに」「(兎は) 笑っている」という事実から、「遊びだからにちがいない」という意見を導き出している。事実と意見を読み分けることは、説明文だけでなく日常の様々な情報を読み解く上で必要な力である。

序論

この一場面を見ただけでもわかる。線のみで描かれ、大きさがちがうはずの兎と蛙が相撲をとっている。[イ]どこか、おかしくて、おもしろい。すごく上手だけれど、たしかに漫画みたいだ。でも、それだけではない。ためしに、ぱっとページをめくってごらん。

……改ページ……

4 どうだい。蛙が兎を投げ飛ばしたように動いて見えただろう。アニメの原理と同じだね。『鳥獣戯画』は、漫画だけでなく、アニメの祖でもあるのだ。漫画なら、コマ割りをすればいいし、紙芝居でも、こんなふうに絵をさっと引きぬけば、同じことができる。それぞれ手法はちがうけれど、どれも、動きを生み出したり、場面をうまく転換したりして、時間を前へと進めながら、お話を語っていく。それを、『鳥獣戯画』などの絵巻物では、長い紙に絵を連続して描くことでやった。この二枚の絵も、本当はつながっているのを、[ウ]わかりやすいように、わざと切りはなして見てもらったのだ。実際に絵巻物を手にして、右から左へと巻きながら見ていけば、取っ組み合っていた蛙が兎を投げ飛ばしたように感じられる。

本論

5 もう少しくわしく絵を見てみよう。まず、兎を投げ飛ばした蛙の口から線が出ているのに[イ]気がついたかな。いったいこれはなんだろう。けむりかな、それとも息かな？ポーズだけでなく、目と口の描き方で、蛙の絵には、投げ飛ばしたとたんの激しい気合いがこもっていることがわかるね。[イ]そう、きっとこれは、「ええい！」とか、「ゲロロッ」とか、気合いの声なのではないか。まるで漫画のふき出しと同じようなことを、こんな昔からやっているのだ。

アップ（部分）表面から深層へ

■第二次・第2時

「高畑さんになりきって読もう」

筆者役が読者役に語りかけながら音読することで、読者の反応を予想しながら、筆者が書き進んでいるということを捉えさせる。

(3 4段落)
(イ、エ)

■第二次・第3時

「どうして、間違いなの？」

間違いを指摘させる中で、筆者が事実と意見とを書き分けていることに気付かせたい。

(5 6 7段落)
(オ)

◆教材分析のポイント　その①【テキストと非連続テキスト】

本教材は、絵巻物のたった一つの場面を材料に語られている説明文である。しかし、一つであるからこそ、そのとき筆者がどの部分（もしくは全体）をクローズアップし、説明しようとしているかを的確に捉えなければ、必要な情報を取り出すことはできない。教材研究する際に、教師自身も絵を指差しながら本文を読んでみることで、読めていなかったものに気付けるはずである。

◆教材分析のポイント　その②【説明文の典型との比較】

六年生の子供たちは、これまで様々な説明文を材料に、系統的に学んできているはずだ。学んできた典型的な説明文をものさしにして、本教材と向き合ってもらいたい。「双括型か、尾括型か」大切なのは、その結論ではない。どのようなプロセスを経て子供たちが結論を導き出そうとしているのか。子供の「根拠」や「理由付け」に耳を傾け、その的確さやその子らしさを、しっかりと価値付けたい。

指導内容

ア　イントロダクション

いきなり蛙と兎の相撲の場面から始まる。身構えていた読者を一気に、その世界に引き込むしかけがこの1段落である。子供たちは、知らず知らずのうちに、文や言葉（連続テキスト）を絵（非連続テキスト）と結び付けながら読むことであろう。

イ　語り口調

小さなまとまりの文節や、体言止め。短く平易な言葉でテンポよく語りかけてくる。ときには問いかけ、うなずき、共感してくれる筆者の姿勢は、子供たちに真似してもらいたい、これからの時代に求められるプレゼン能力の土台ではないだろうか。

ウ　提示の工夫

さすがアニメーション界の匠。

■イントロ■

『鳥獣戯画』を読む　　高畑　勲

1 アはっけよい、のこった。秋草の咲き乱れる野で、蛙と兎が相撲をとっている。蛙が外掛け、すかさず兎は足をからめて返し技。その名はなんと、かわず掛け。おっと、蛙が兎の耳をがぶりとかんだ。この反則技に、たまらず兎は顔をそむけ、ひるんだところを蛙が――。

2 イ墨一色、抑揚のある線と濃淡だけ、のびのびと見事な筆運び、その気品。みんな生き生きと躍動していて、まるで人間みたいに遊んでいる。けれども、こんなに人間くさいのに、何から何まで本物の生き物のまま。耳の先だけがぽちんと黒いのは、白い冬毛の北国の野ウサギ。蛙はトノサマガエル。まだら模様があって、いく筋か背中が盛り上がっている。ただの空想ではなく、ちゃんと動物を観察したうえで、骨格も、手足も、毛並みも、ほぼ正確にしっかりと描いている。だから、この絵を見ると、さっきまで四本足で駆けたり跳びはねたりしていた本当の兎や蛙たちが、今ひょいと立って遊び始めたのだとしか思えない。

3 ケこの絵は、『鳥獣人物戯画』甲巻、通称『鳥獣戯画』の一場面。『鳥獣戯画』は、「漫画の祖」とも言われる国宝の絵巻物だ。なぜ漫画の祖とよばれているのか、

アップ（部分）⇄ルーズ（全体）表面を読む

指導のポイント

■第一次・第1時

「どんなセリフが入るかな」

単元の導入で、自分たちの考えたセリフと本文を比較することで、鑑賞する楽しさだけでなく、その奥深さを体験させたい。（ア）

単元終末のパンフレットづくりに向けて、図書館司書に、日本文化に関するブックトークをしてもらい、各自が紹介するテーマを決めるなどの活動も考えられる。

■第二次・第1時

「どこを指差せばいいかな?」（「考える音読」）

「指差し読み」で、連続テキスト（文や言葉）と非連続テキスト（絵）のつながりを読ませる。（1 2 3段落）（エ）

教材分析

段落とのつながりをどのように読むかで、双括型とも尾括型とも捉えることができる文章構成となっている。

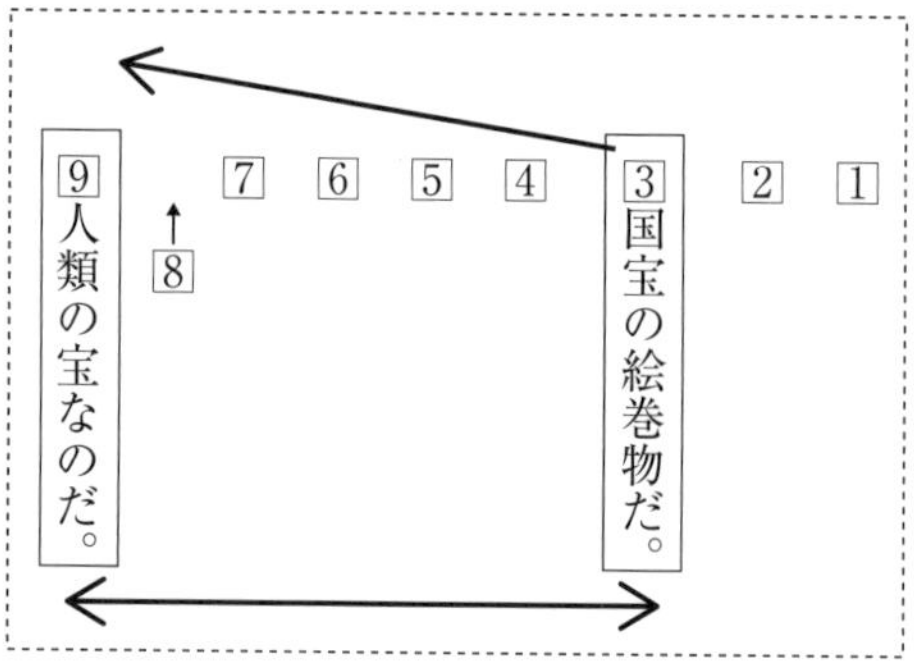

文章構成図のイメージ

本論

9 十二世紀という大昔に、まるで漫画やアニメのような、こんなに楽しく、とびきりモダンな絵巻物が生み出されたとは、なんとすてきでおどろくべきことだろう。しかも、筆で描かれたひとつひとつの絵が、実に自然でのびのびしている。描いた人はきっと、何物にもとらわれない、自由な心をもっていたにちがいない。世界を見渡(わた)しても、そのころの絵で、これほど自由闊(かつ)達なものはどこにも見つかっていない。描かれてから八百五十年、祖先たちは、幾(いく)多の変転や火災のたびに救い出し、そのせいで一部が失われたり破れたりしたにせよ、この絵巻物を大切に保存し、私(わたくし)たちに伝えてくれた。ケ『鳥獣戯画』は、クだから、国宝であるだけでなく、人類の宝なのだ。

きぶりの工夫を生かせるようにする。（イ、ウ、ク）

■第三次・第5時

「できあがったパンフレットを見せ合い、交流し合おう」

パンフレットを見せ合う際は、「『鳥獣戯画』を読む」で学んだ「絵と文章の提示の仕方」「文章の構成」などを観点にしてよさや感想を交流するようにする。

指導内容

カ 同図異時の捉え方

筆者の語る『鳥獣戯画』の魅力の一つが、この「同図異時」だ。指導書内の筆者の言葉にも「古今東西探してもアニメのコマ送りのような『同図異時』は日本文化にしかない」とある。授業者としては、目を通しておきたい。

キ 8段落の異質性と必要性

8段落は、『鳥獣戯画』そのものについて語られている他の段落と異なり、日本文化の発展について述べられている。しかし、この段落こそ、9段落にある筆者の主張を支える根拠となるものである。

ク 強調の役割をする接続語

接続語の「だから」を文頭ではなく、主語「『鳥獣戯画』は」の後に置くことで、それまで訴えてきた「『鳥獣戯画』の価値」をあらためて強調し、「人類の宝である」という筆者の主張を強調する役割がある。

ケ 文章構成

『鳥獣戯画』の価値について、3段落で「国宝の絵巻物だ」と一旦まとめている。さらに、本論で具体例を挙げながら説明していく。結論である9段落と3

本論

6 もんどりうって転がった兎の、背中や右足の線。勢いがあって、絵が止まっていない。動きがある。しかも、投げられたのに目も口も笑っている。それがはっきりとわかる。そういえば、前の絵の、応援していた兎たちも笑っていた。ほんのちょっとした筆さばきだけで、見事にそれを表現している。たいしたものだ。では、なぜ、兎たちは笑っていたのだろうか。蛙と兎は仲良しで、この相撲も、対立や真剣勝負を描いているのではなく、蛙のずるもふくめ、あくまでも和気あいあいとした遊びだからにちがいない。

7 カ絵巻の絵は、くり広げるにつれて、右から左へと時間が流れていく。ではもう一度、この場面の全体を見てみよう。まず、「おいおい、それはないよ」と、笑いながら抗議する応援の兎が出てきて、その先を見ると、相撲の蛙が兎の耳をかんでいる。そして、その蛙が激しい気合いとともに兎を投げ飛ばすと、兎は応援蛙たちの足元に転がって、三匹の蛙はそれに反応する。カ一枚の絵だからといって、ある一瞬をとらえているのではなく、次々と時間が流れていることがわかるだろう。この三匹の応援蛙のポーズと表情もまた、実にすばらしい。それぞれが、どういう気分を表現しているのか、今度は君たちが考える番だ。

8 この絵巻がつくられたのは、今から八百五十年ほど前、平安時代の終わり、平家が天下を取ろうとしていたころだ。『鳥獣戯画』だけではない。この時代には、ほかにもとびきりすぐれた絵巻がいくつも制作され、上手な絵と言葉で、長い物語を実に生き生きと語っている。そして、これら絵巻物に始まり、江戸時代には、絵本（絵入り読み物）や写し絵（幻灯芝居）、昭和時代には、紙芝居、漫画やアニメーションが登場し、子どもだけでなく、大人もおおいに楽しませてきた。キ十二世紀から今日まで、言葉だけでなく絵の力を使って物語を語るものが、とぎれることなく続いているのは、日本文化の大きな特色なのだ。

アップ（部分）⇄ルーズ（全体）深層を読む

8段落は「鳥獣戯画」の話？

指導のポイント

■第二次・第4時

「双括型、尾括型。どっち？」

双括型か尾括型かを話し合わせる中で、筆者の書きぶりの工夫やその意図・思いについて考えられるようにする。大切にしたいのは、子供たちが文章の「どこに」（根拠）に着目し、「どうして」（理由付け）そう考えているのかだ。

（ケ）

■第二次・第4時（別案）

「第8段落は必要なの？」

8段落の必要性について話し合うことで、筆者の主張や事例について、改めて読み深めることができるようにする。

（キ）

■第三次・第1・2時

「パンフレットの構成や紙面を考えよう」

パンフレットづくりに向けて、「『鳥獣戯画』を読む」で学んだ鑑賞の視点や筆者の書きぶりの工夫を再確認していく。

（イ、ウ、キ）

■第三次・第3・4時

「さあいよいよパンフレット作りだ」

パンフレットづくりや交流をする中で、「『鳥獣戯画』を読む」で学んだ鑑賞の視点や筆者の書

✓ 本時の展開 第一次 第1時

目標 絵に注目しながら文を読む活動を通して、この説明文に書かれている『鳥獣戯画』の面白さに気付き、それを表現しようと意欲的に音読することができる。

[本時展開のポイント]

「隠す」→「絵だけ見せる」→「文も見せる」と段階的に提示することで、どの子も無理なく、興味・関心をもちながら、『鳥獣戯画』に出会えるようにする。

[個への配慮]

㋐ルビ付きの本文を用意しておく

漢字の読みに不安を感じている子供には、その点が不参加を招かないように、ルビ付きの教科書プリントを用意し、必要に応じて配布する。

㋑発表への不安を取り除き、心の準備をさせる

発表することへの不安が大きく、突然指名されると答えるのが心配な子供は、自分の考えや感想に自信をもち、発表の心の準備ができるように、机間指導の際に声をかけながらノートへ線を引いたり、丸で囲んだりして、具体的に価値付けるようにする。

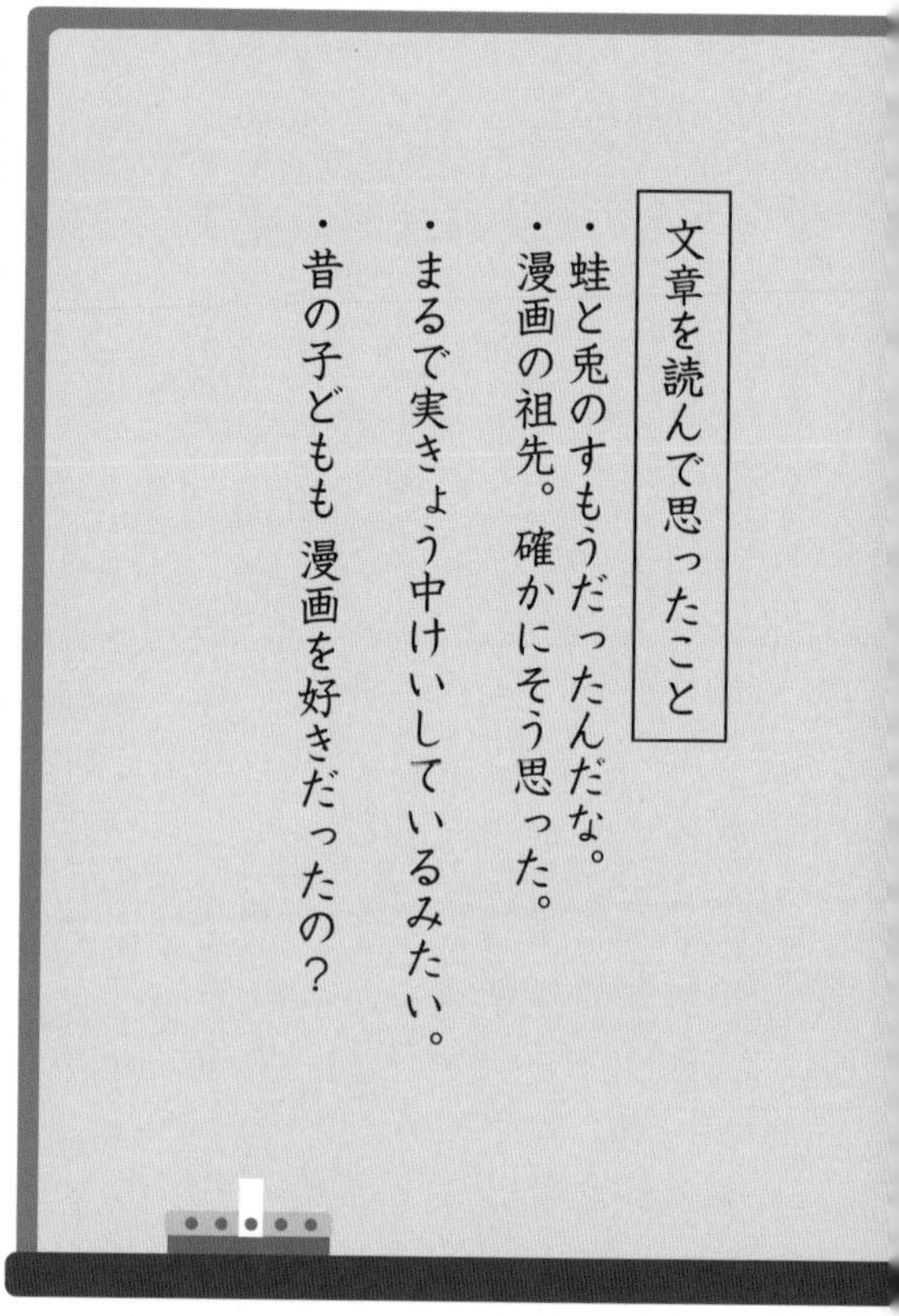

文章を読んで思ったこと
・蛙と兎のすもうだったんだな。
・漫画の祖先。確かにそう思った。
・まるで実きょう中けいしているみたい。
・昔の子ども 漫画を好きだったの？

3 感想をノートに書かせた後、全体で交流する

お話を読んでどんな感想をもったかな？

「漫画の祖」と言われているんだね。確かに、漫画みたいだと思ったよ。（説明内容）

一文が短くて、テンポがすごくいいなぁと思いました。（説明方法）

子供の感想が「すもう」「漫画の祖」「絵巻物」などの説明内容についてなのか、「まるで実況中継」「一文が短い」など説明方法についてなのか把握しておき、指名する順番を考えておきたい。

配慮㋑

4 音読の練習をする

アナウンサーみたいに読めるようになろう

Aさん、すごいね。すらすら読めている。

Bさん、アナウンサーの実況みたいだ。

「まるで実況中継みたいだ」など素直な子供の発言を生かして、テンポや抑揚を付けて、楽しみながら音読に取り組みたい。まずは何度も声に出して、この文章を「自分の体に入れること」が大切である。

配慮㋐

準備物　・扉絵を拡大したもの　・扉絵を隠すための模造紙　・筆者の顔写真

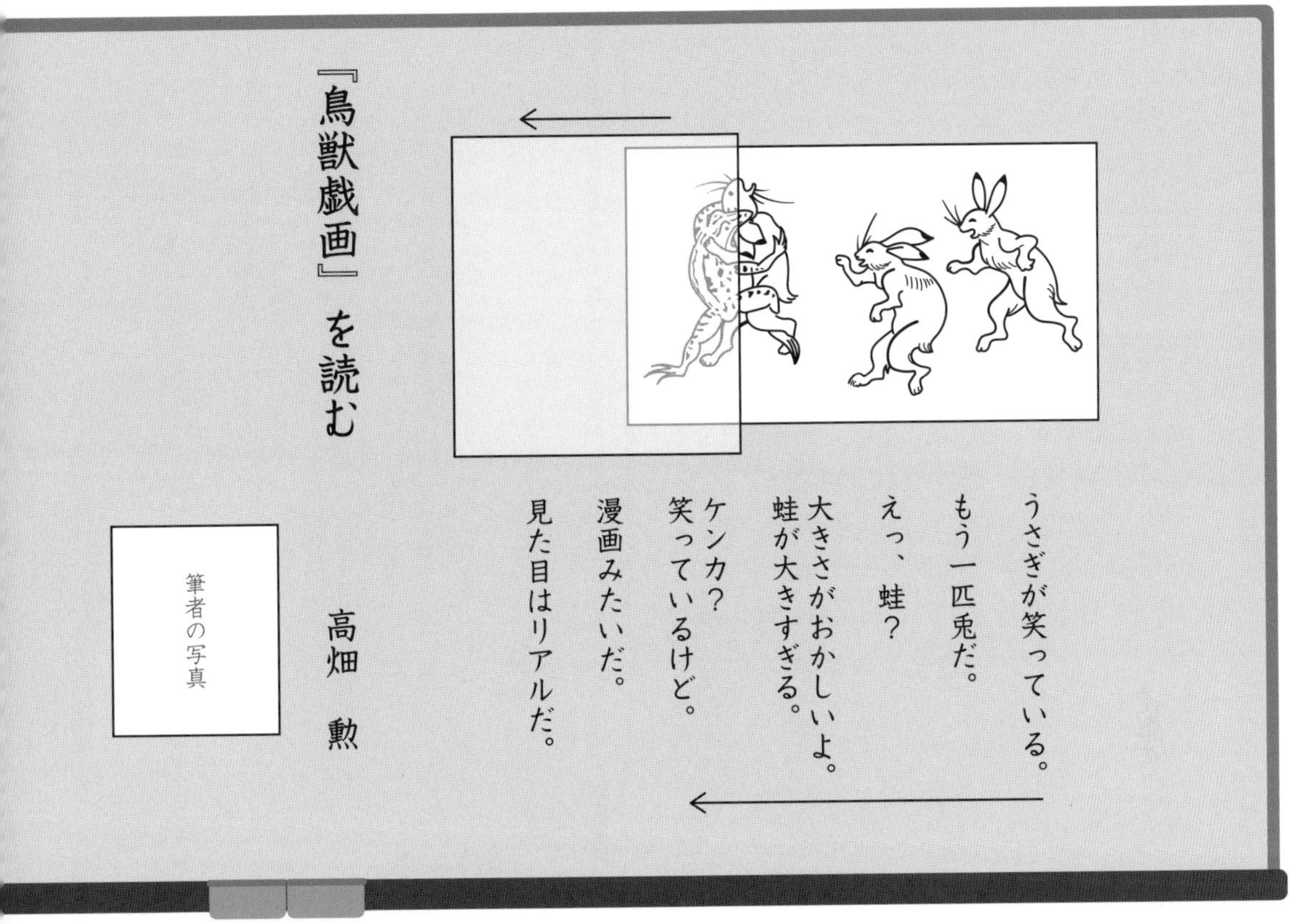

もう一匹兎だ。

大きさがおかしいよ。
蛙が大きすぎる。

見た目はリアルだ。

1 挿絵を隠しておいて、少しずつ見せていく

何が隠れているかな？

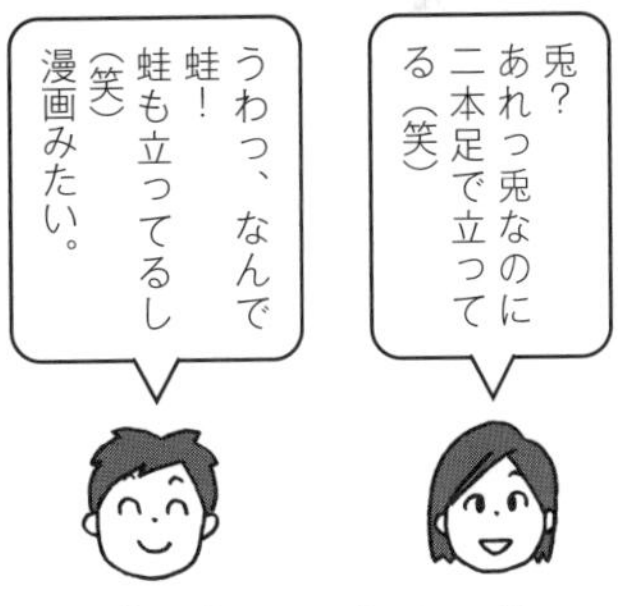

兎？あれっ兎なのに二本足で立ってる（笑）
うわっ、なんで蛙！蛙も立ってるし（笑）漫画みたい。

教科書の扉絵部分を模造紙で隠しておいて、徐々に絵を見せていくようにする。その際の子供たちの反応を板書に残し、絵巻物を読んだときの疑似体験となるようにしたい。

2 1 2 3段落を範読する

どんなお話なのか、考えながら聞いてね

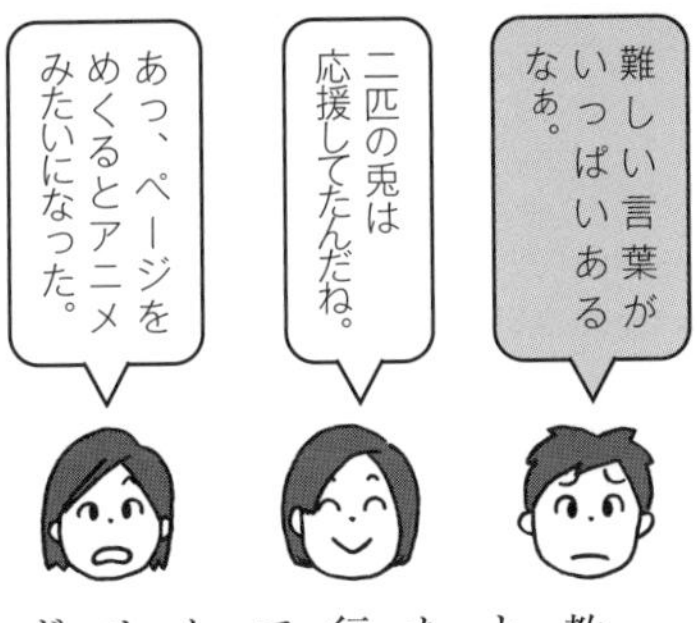

難しい言葉がいっぱいあるなぁ。
二匹の兎は応援してたんだね。
あっ、ページをめくるとアニメみたいになった。

指導書CDではなく、教師の音読でしっかりと間を取りながら、抑揚たっぷりに読み聞かせを行いたい。そうすることで、初読段階でも、子供たちは文と写真を対応させながら読もうとするはずだ。　配慮ア

本時の展開　第二次　第1時

目標　文と絵を対応させながら読む活動を通して、アップとルーズの文があることに気付き、自分でピントを合わせながら音読することができる。

[本時展開のポイント]

「アナウンサーみたいに」という共通モデルのイメージをもって活動に取り組む中で、自然と具体の文、抽象の文に着目させていきたい。

[個への配慮]

ア二人で分担することで役割が限定される

文と写真をつなげて読むのが困難な子供には、文に対応する写真の部分に注目できるように、「文を読む役」「写真を指差す役」と役割をペアで分担する。

イ授業後に同じ質問をして理解度を確認する

授業の中で表現するのが難しい子供には、理解度の確認と学習内容の定着が図れるように、授業後に改めて「両方あるのはどうして？」と個別に質問する。

①の文と②の文では、部分を説明している。
カメラはアップでとっている。

③の文では、
絵全体（絵巻物）についても説明している。
カメラはルーズでとっている。

★◎同じ一枚の絵（一場面）でも、
筆者の高畑さんは、文を書き分けることで
カメラをアップとルーズに切り替えている。

3 アップとルーズの文の役割に着目させる

読む役と指差し役を二人で分担してみよう

そこ、そこ。違うよ。今はこの部分を読んでいるんだよ。

カメラマンが高畑さんの指示で、アップとルーズを切り替えているんだな。

四年生の説明文「アップとルーズ」を想起させて、筆者がどの部分に注目させて説明しているかを読み取っていく。読む役と指差す役（カメラマン）を分担することで、文と絵を合わせる必然性を作る。

4 テキストの読み方を意識して音読する

アップとルーズを意識して音読してみよう

このあとの4段落はアップかな、ルーズかな？

あれっ、アップでもルーズでもない文もあるよ。

読み手は、連続テキスト（文章）と非連続テキスト（絵、写真、図など）を結び付けながら読むことで、書き手が伝えたい情報を的確に受け取ることができるということに気付かせたい。

配慮イ

準備物 ・１枚目の写真（『鳥獣戯画』の写真）を拡大したもの　・センテンスカード３枚 5-01～03

『鳥獣戯画』を読む

高畑　勲

アップ

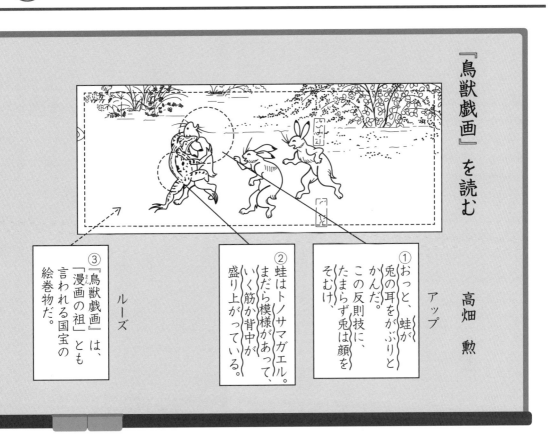

①おっと、蛙が兎の耳をがぶりとかんだ。この反則技に、たまらず兎は顔をそむけ、

②蛙はトノサマガエル。まだら模様があって、いく筋か背中が盛り上がっている。

ルーズ

③『鳥獣戯画』は、「漫画(まんが)の祖」とも言われる国宝の絵巻物だ。

1 文に関係する絵を指差しながら読ませる

テレビのアナウンサーみたいに読もう

ここを見て下さい。「まだら模様があって」「いく筋か背中が盛り上がっている。」でしょ？

さすがＡくん。本物のアナウンサーみたいだ（笑）

楽しい雰囲気で始められるように、物怖じせずになりきって読むことができる子供を最初に指名する。また、聞く側の子供たちも「うんうん」「なるほど」と反応しながら聞けるように声掛けする。配慮ア

2 指差せない理由について考える

どうして③の文は指差しにくいのかな？

あれ、③の文はどこを指差すの？

③の文は一部分だけではなくて、絵全体について紹介している。

子供の「どうして」から、思考を深めていきたい。だからこそ、③の文で部分を指すことができないということについて、学級全体で「本当だ」という思いを共有できるようにじっくり取り組むようにする。

✓ 本時の展開 第二次 第2時

目標 提示の仕方について考える活動を通して、筆者が読みやすくなるように工夫をしていることに気付き、読み取った筆者の意図や思いを話したり書いたりできる。

[本時展開のポイント]

動物の数を問うことで、曖昧に読んでいる子供たちが、あらためて文章と写真を対応させながら読もうと意識するようにする。

[個への配慮]

㋐両面にルビ付きとルビなしの本文を印刷したプリントを用意しておく

自分とくらべて周りの子供がすらすら読めることが重圧になる子供には、安心してルビ付きを使い、余裕をもって活動に参加できるように、自分でルビ付き・ルビなしを選択できるようにする。

㋑根拠となる文を提示して、選択させる

情報過多で本文全体からは根拠を探すのが難しい場合には、写真と対応させながら本文を読むことができるように、板書にあるセンテンスカードを渡しておき、その中から根拠を探させる。

★ 筆者の工夫

○筆者の高畑さんは時間の流れが分かるようにわざと二つに切って読ませている。

○筆者の高畑さんは読者の反応を考えながら語りかけるように書いている。

3 筆者の工夫（提示の仕方）をまとめる

高畑さんは、何のためにそんなことしたの？

分かりやすいようにわざと二枚にしていたんだね。
見せ方だけじゃないよ。文章も特徴的じゃない？話しかけてくる感じがするよ。

筆者は、一枚の絵をそのまま提示すると、「読者が読み違えてしまうのでは」と考えている。パンフレットづくりをしていく中で大切にしたいのは、技術はもちろん、読者に向き合おうとする、その意識である。

4 「つぶやき読み」で、筆者の語り口調を確認する

Aちゃんが言っていることを確かめてみよう

「④どうだい。…動いて見えただろう。」
「うん。確かにそう見えたよ。」面白いね。高畑さんが話しかけてくる。

「つぶやき読み」とは、筆者役が本文を読み、読者役が反応し（つぶやき）ながら読む音読である。

活動を通して、筆者特有の語り口調に気付かせたい。

準備物
・『鳥獣戯画』の写真、短冊黒板（子供が見付けた根拠となる文を書き込む）
・裏表にルビ付き・なしの本文を印刷したプリント

『鳥獣戯画』を読む

高畑　勲

全部で蛙は何匹？　兎は何匹？
「蛙は５匹、兎は４匹」ではない。
「蛙は４匹、兎は３匹」である。

シーン１　シーン２

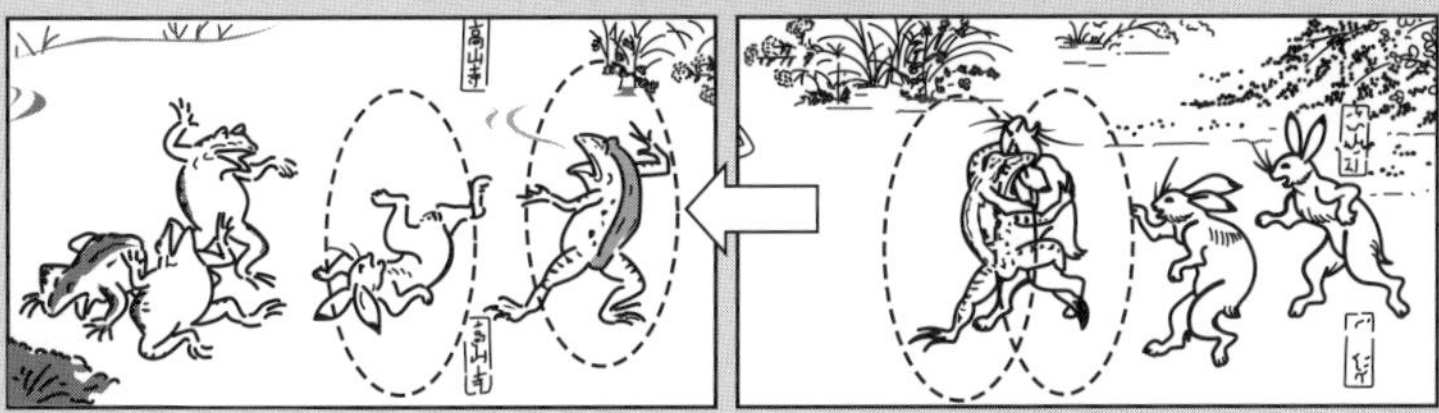

アニメの原理

その根きょとなる文（番号は段落）

４蛙が兎を投げ飛ばしたように動いて見えただろう。

４アニメの原理と同じだね。

４実際に絵巻物を手にして、右から左へと巻きながら見ていけば、取っ組み合っていた蛙が兎を投げ飛ばしたように感じられる。

５まず、兎を投げ飛ばした蛙の口から線が出ているのに気がついたかな。

７一枚の絵だからといって、ある一瞬をとらえているのではなく、次々と時間が流れていることがわかるだろう。

1 「マル・テン読み」で、本時に扱う内容を繰り返し音読する

次は、お隣の友達とペアでやってみよう

どこか、

おかしくて、

おもしろい。

もう交代？一つ一つの文が短いから休む暇がないね。

３・４段落をペアで「マル・テン読み」を行い、テンポよく読めるようにしておきたい。初めは教師と子供、次に子供と子供で行う。家庭任せではなく、学校で音読をきちんと鍛えていく時間を確保する。

2 動物の数をきっかけに説明内容を深く読む

蛙は何匹？　兎は何匹かな？

蛙は５匹、兎は４匹。あれっ、違うの？

違うよ。この蛙とこの蛙は同じだもん。ここを読んでよ。「④アニメの原理と同じだね。」

この絵巻物は一枚の絵で「時間の流れ」を表している。写真をぼんやり眺めて、部分的に文章を読んで理解しているつもりの子供もいるはずである。何匹？と問うことで子供のズレを確認できる。

本時の展開 第二次 第3時

目標 「事実」と「意見」を読み分ける活動を通して、書き手の「ものの見方」や「書きぶりのよさ」を捉え、自分の言葉で話したり書いたりできる。

本時展開のポイント

カードを分類することで、「事実」と「意見」の文を組み合わせて書かれていることを視覚的に捉えられるようにする。

個への配慮

㋐教師が側で一緒に「指差し読み」する

全体で「事実」と「意見」の読み分け方を確認した後に、ペアでの活動を仕組み、参加できているか確認する。自分で読みながら指差すことが難しい場合は、文に対応した写真を指差すことができるように、教師が側で読み上げてそれに合わせて指差していくように促す。

㋑友達の意見を材料に「自分らしさ」を選択させる

自分の意見や考えをもつのが苦手な子供には、「自分らしい考え」を形にできるように、友達の意見の中から選択させる。

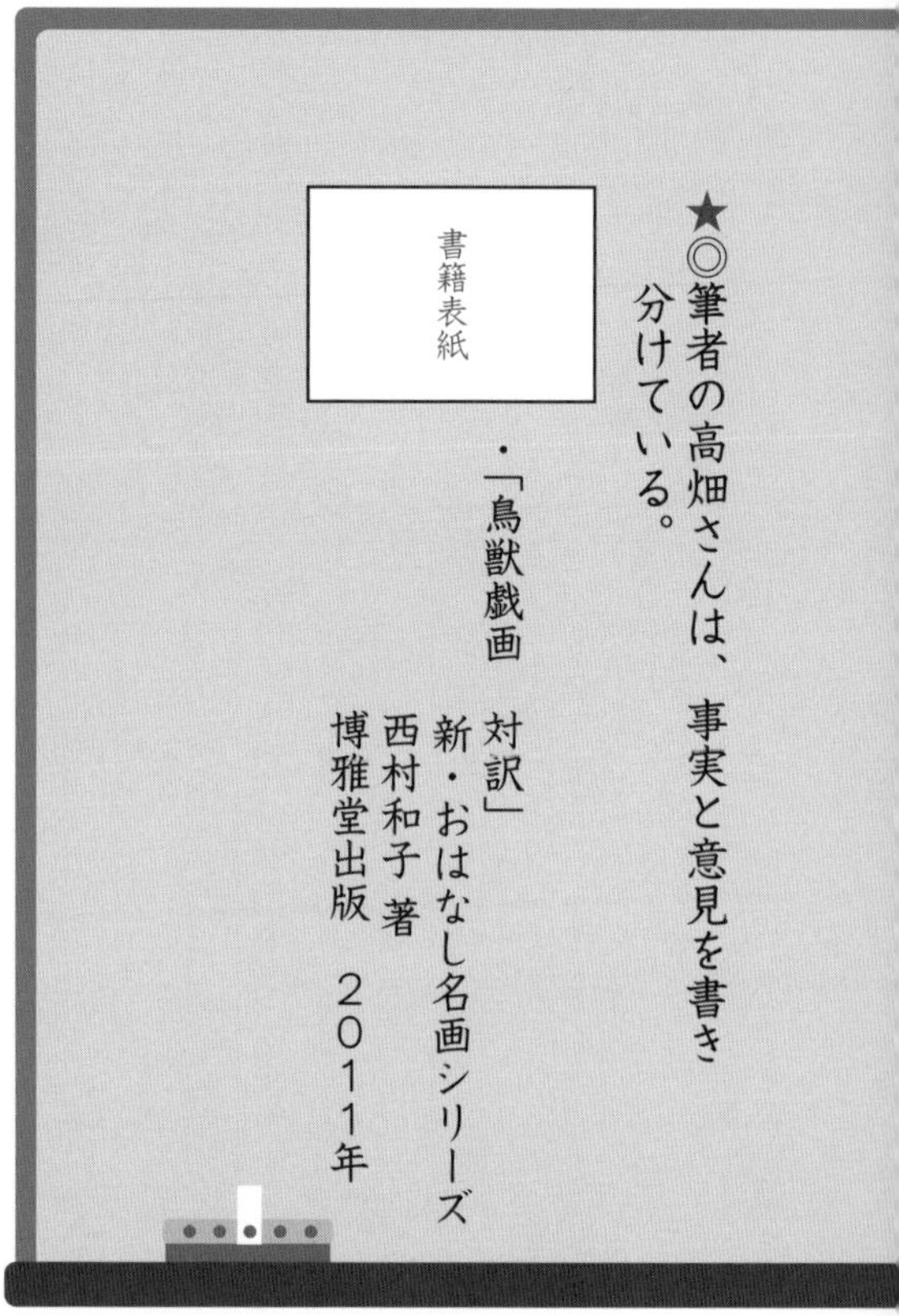

3 別の本とくらべ読みする

同じ絵でも見る人によって違う読み方（解釈）もあるのかな

『鳥獣戯画』の同じ場面について書かれた文章を読み、本教材との比較をする。同じ絵を見ても、様々な解釈ができること（ものの見方）に注目させて読ませたい。

同じ写真を基に書いているのに、書かれていることが違うんだね。
なるほど。他の場面とつながりがあるんだ。

4 書きぶりの違い、それぞれのよさを考える

どっちの書き方が好き？

自分はやっぱり高畑さんの書き方が好きだな。テンポがいい。
どっちがいいか聞かれても、よく分からない…。

効果的な書き方、提示の仕方について「なぜ好きなのか」と問うことで着目させていきたい。そうすることで、第三次でのパンフレットづくりでも活用できるように意識付けする。

配慮㋑

準備物
・センテンスカード（「事実」は赤、「意見」は青のカードを用意する） 5-04~07
・『鳥獣戯画』について書かれた書籍（例 「鳥獣戯画　対訳（新・おはなし名画シリーズ）」西村和子 著、博雅堂出版、2011）

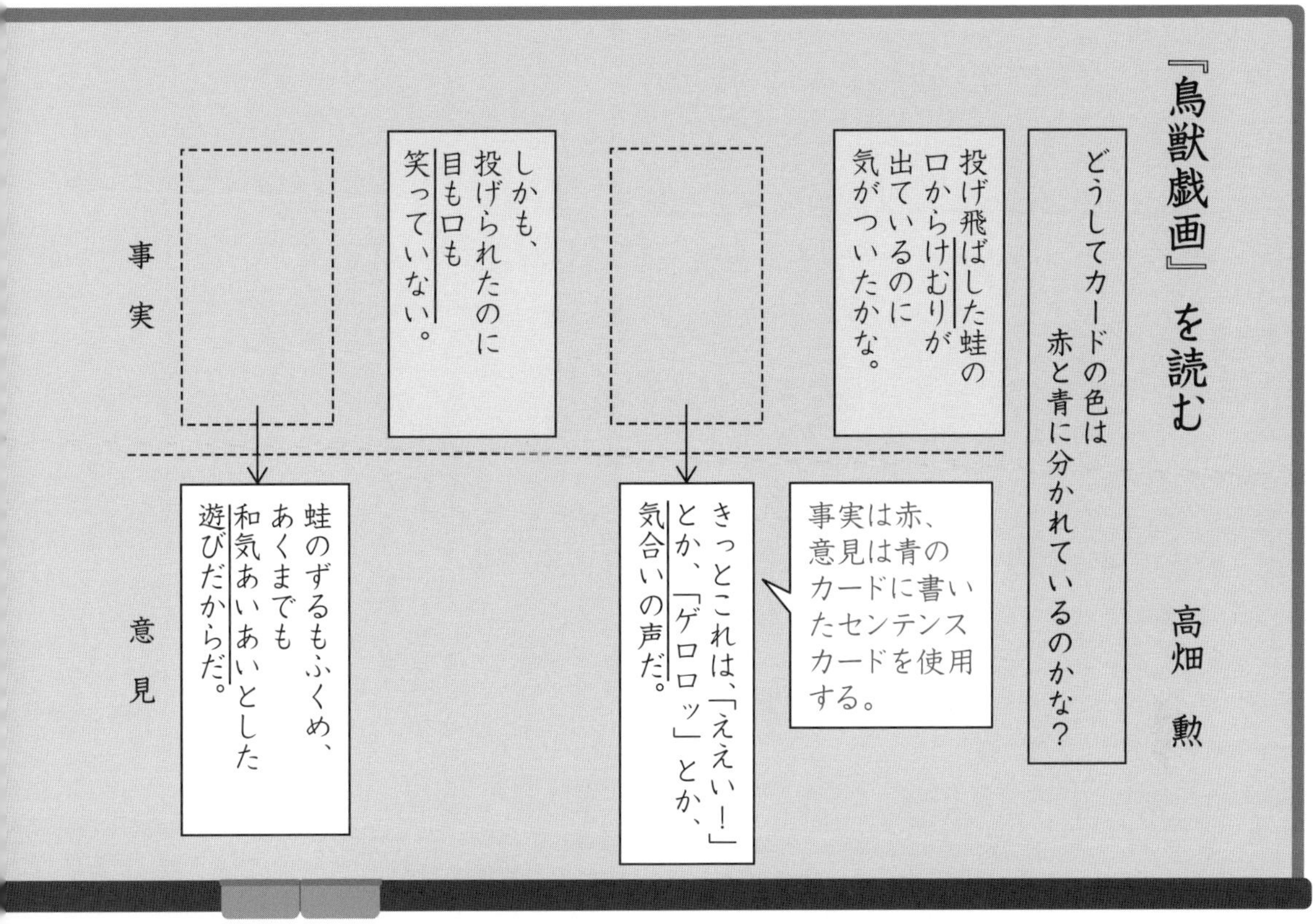

『鳥獣戯画』を読む
高畑 勲
どうしてカードの色は赤と青に分かれているのかな？
投げ飛ばした蛙の口からけむりが出ているのに気がついたかな。
しかも、投げられたのに目も口も笑っていない。
事実
意見
事実は赤、意見は青のカードに書いたセンテンスカードを使用する。
きっとこれは、「ええい！」とか、「ゲロロッ」とか、気合いの声だ。
蛙のずるもふくめ、あくまでも和気あいあいとした遊びだからだ。

1 「ダウト読み」で、文や言葉に着目する

どうして、それだとダメなの？

ダウト読み

着目させたい文や言葉をわざと間違えて提示して（ダウト）、全員の思考を焦点化できるようにする。ダウトにするものは、「事実」と「意見」それぞれが書いてある文を選び、カードには色付けしておく。

「けむり」かどうかは分からないよ。はっきり書いてない。

「気合いの声だ」だと、決めつけている。言い過ぎだ。

2 学習課題について話し合う

カードの色分けの意味は？

「事実」「意見」ってどうやったら分かるの？

「事実」のときはこうやって写真を指差しできるね。

上段を「事実」、下段を「意見」のカードに整理することで、筆者が意図的に書き分けていることを捉えさせたい。「事実」と「意見」を区別するには前時までに行った「指差し読み」を活用する。　配慮ア

本時の展開　第二次　第4時

目標　文章の構造を話し合う活動を通して、筆者の工夫とその意図や思いに気付き、読み取った筆者の意図や思いを話したり書いたりできる。

[本時展開のポイント]

③段落の必要性を話し合う活動を通して、筆者の書いた文章構造のよさについて考えることができるようにする。

[個への配慮]

ア楽しくて簡単な「ダウト読み」から始める

考えを深めていくような重い授業にいきなり入るのが難しい場合、安心して授業のスタートに参加できるように、楽しくて簡単な「ダウト読み」の中で活躍できる場を設定する。

イ板書をシンプルにしたプリントを用意する

板書の情報が多すぎて学習課題について考えにくい場合は、対象をしぼって考えられるように、③⑨段落のみ掲載したプリントを渡す。

ウ「似ている考え」「いいと思う考え」を選択させる

自分の言葉でまとめるのが難しい子供には、友達の意見を組み合わせて話したり書いたりできるように、「自分の意見は誰に似ているか？」「誰の説明がいいと思うか？」を選択させる。

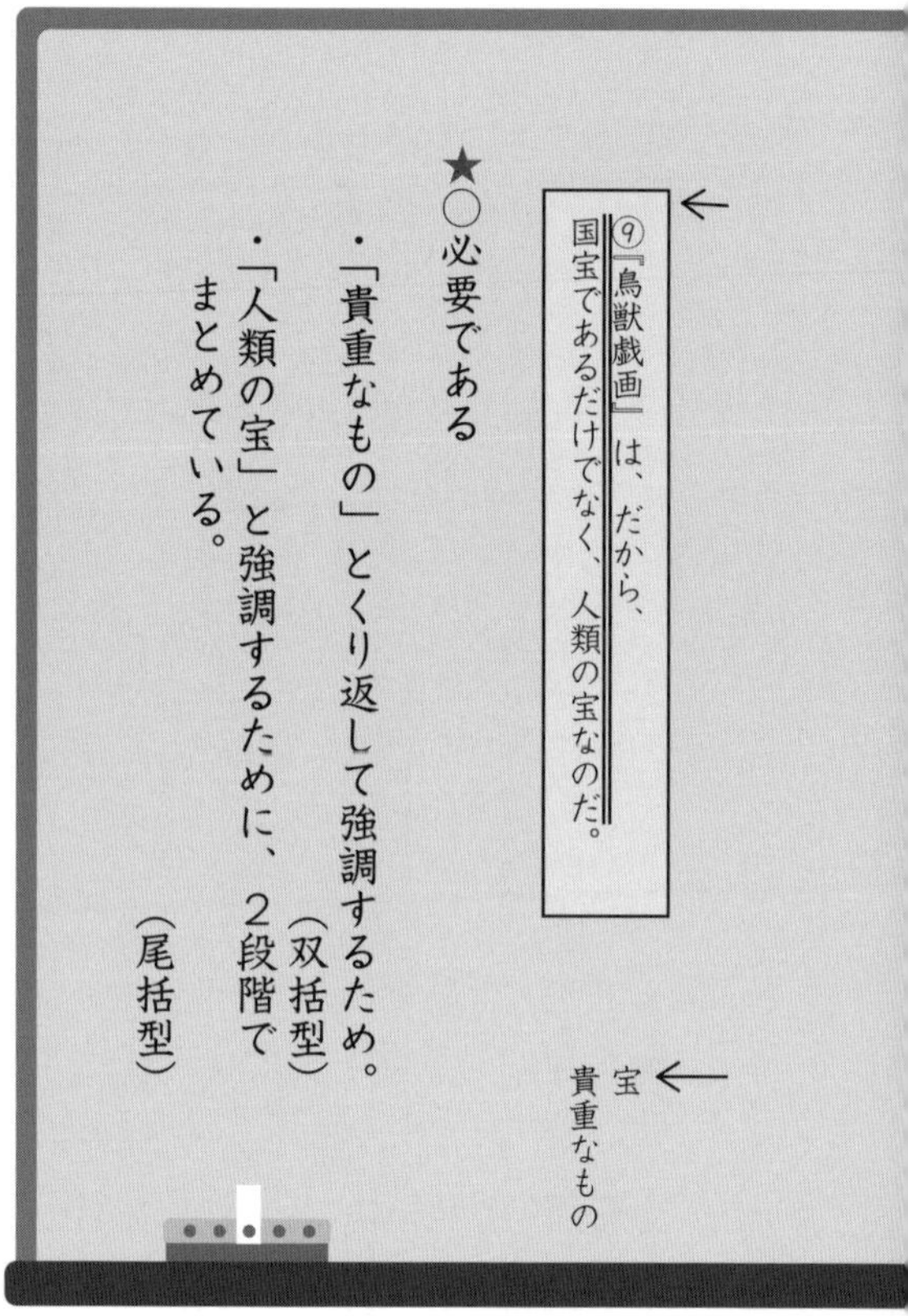

⑨『鳥獣戯画』は、だから、国宝であるだけでなく、人類の宝なのだ。
宝
貴重なもの
★○必要である
・「貴重なもの」とくり返して強調するため。（双括型）
・「人類の宝」と強調するために、2段階でまとめている。（尾括型）

3 考えをゆさぶる発問をする

9段落が伝えたいことだったね。それなら、3段落は、なくなっても大丈夫だよね

3段落の必要性を考え、話し合う中で、説明内容だけでなく、双括型や尾括型などの構造（説明方法）に着目している子供の考えを取り上げ、全体へ広げていく。

『鳥獣戯画』は貴重なものということを、最初と最後で繰り返して強調している。（双括型）

③段落で一旦まとめて、さらにもう一段高めている。ホップ、ステップ、ジャンプ！（尾括型）

4 筆者の工夫について、話したり書いたりする

39段落にこめた高畑さんの工夫をまとめておこう

高畑さんの工夫に気付いたAさんはすごいなぁ。

必要なのは分かるんだけどな。

大切なのは尾括型か双括型かではなく、筆者の高畑さんの意図・思いを考えること、それに寄り添って読もうとしている姿である。　配慮ウ

準備物　・ダウト読みのセンテンスカード９枚 5-08〜16　・ネームプレート

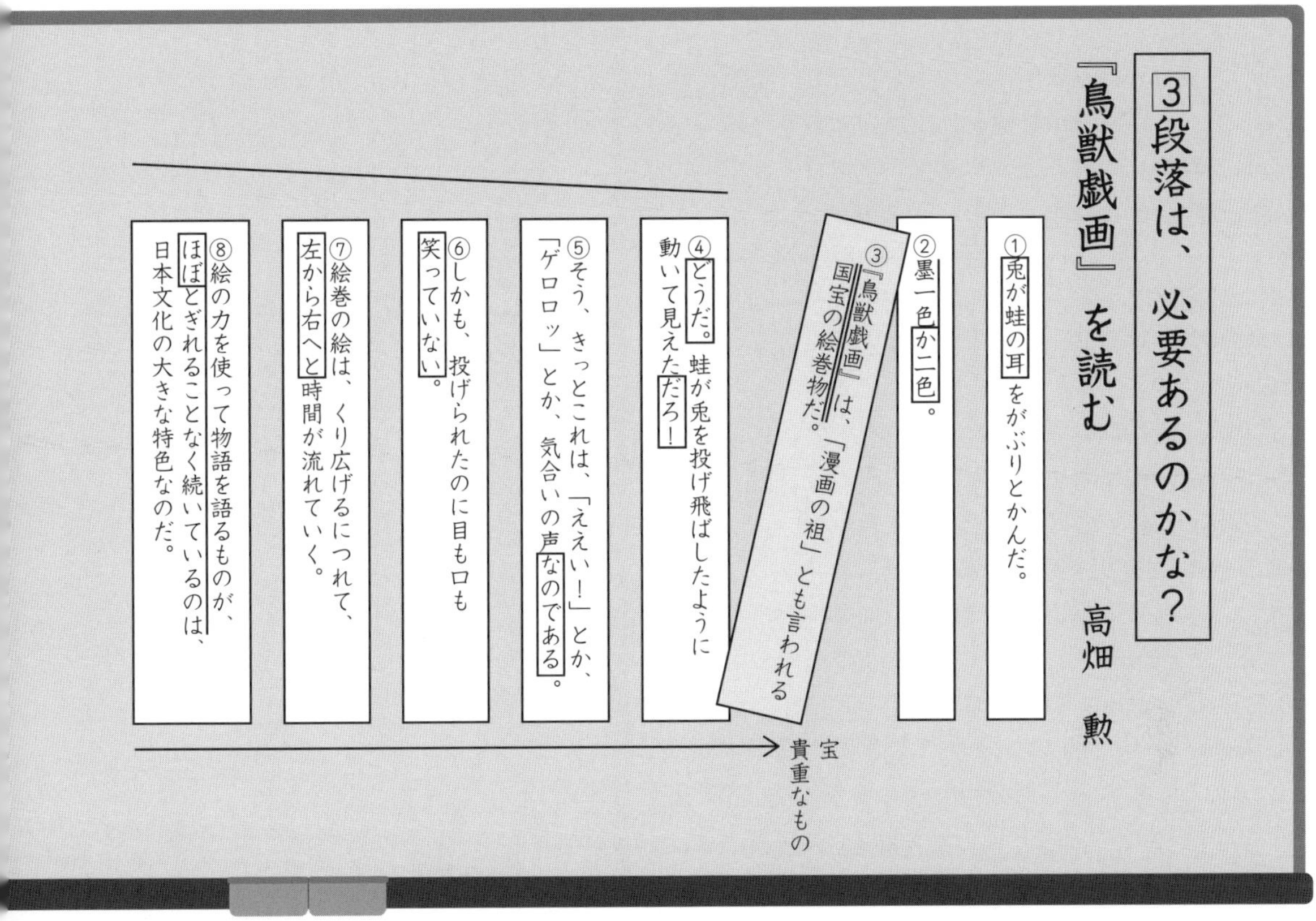

③段落は、必要あるのかな？
『鳥獣戯画』を読む
高畑　勲
①兎が蛙の耳をがぶりとかんだ。
②墨一色か二色。
③『鳥獣戯画』は、「漫画の祖」とも言われる国宝の絵巻物だ。
④どうだ。蛙が兎を投げ飛ばしたように動いて見えただろ！
⑤そう、きっとこれは、「ええい！」とか、「ゲロロッ」とか、気合いの声なのである。
⑥しかも、投げられたのに目も口も笑っていない。
⑦絵巻の絵は、くり広げるにつれて、左から右へと時間が流れていく。
⑧絵の力を使って物語を語るものが、ほぼとぎれることなく続いているのは、日本文化の大きな特色なのだ。
宝
貴重なもの

1 「ダウト読み」で、文章全体を大まかに読む

どうして、それだとダメなの？

兎が蛙の耳（笑）絵を見てよ。蛙がかみついているよ。
「どうだ。」だと高畑さんの性格が変わったみたい。

ダウト読み

授業の初めに、楽しい活動を設定し、全員が参加しやすい雰囲気を作る。間違って提示する文や言葉は、学習課題を考える材料となるものを選び、授業の山場で思考を深めたい。

配慮ア

2 学習課題について話し合う

それなら、3と9段落、筆者が伝えたいのは？

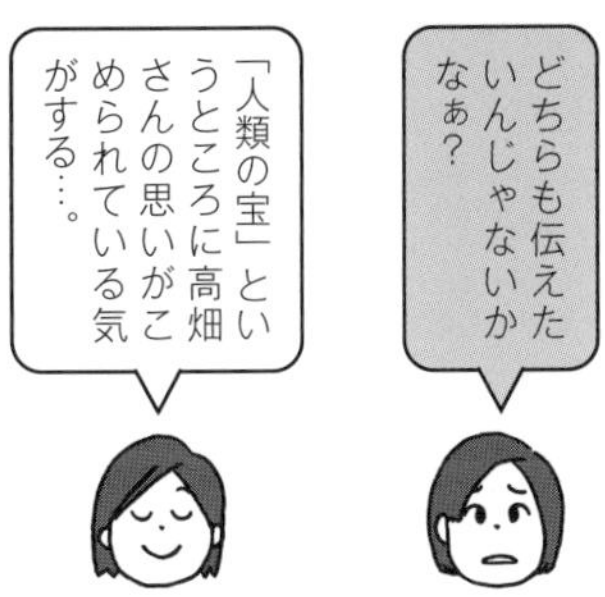

どちらも伝えたいんじゃないかなぁ？
「人類の宝」というところに高畑さんの思いがこめられている気がする…。

Which型課題

「伝えたいところはどこ？」という間口の広い問いから入り、段階的に39段落に着目させる。色付けしたり、高い位置に提示したりすることで、全員で無理なく文章の構造に着目できるようにする。

配慮イ

本時の展開 第三次 第1時

目標 「言葉で遊ぼう」の事例について話し合う活動を通して、全体を俯瞰しながら構成する大切さに気付き、班でパンフレットの構成や、分担を決めることができる。

本時展開のポイント

「言葉で遊ぼう」の事例について考えることで、パンフレットの構成（項目選び、項目の順番等）について全員で理解し、班ごとのパンフレットづくりでは観点をもって話し合いができるようにする。

個への配慮

ア授業前に本時の流れを伝えておき、見通しをもたせる

授業の見通しがもてないと不安になる場合には、安心して授業に参加できるように、事前に「言葉で遊ぼう」の音読練習や内容の確認をしておく。

イ「フライング」して作成を開始しておく

取りかかるまでの時間（構想）や作業時間に時間がかかることが想定される場合、活動4の班での構成の検討へ自信をもって参加できるように、全体よりも早めに作成に取りかかっておくようにする。（※その際、班の子供たちに確認して分担を決めるなど、「特別扱い」と受け取られてしまわないよう配慮が必要である。）

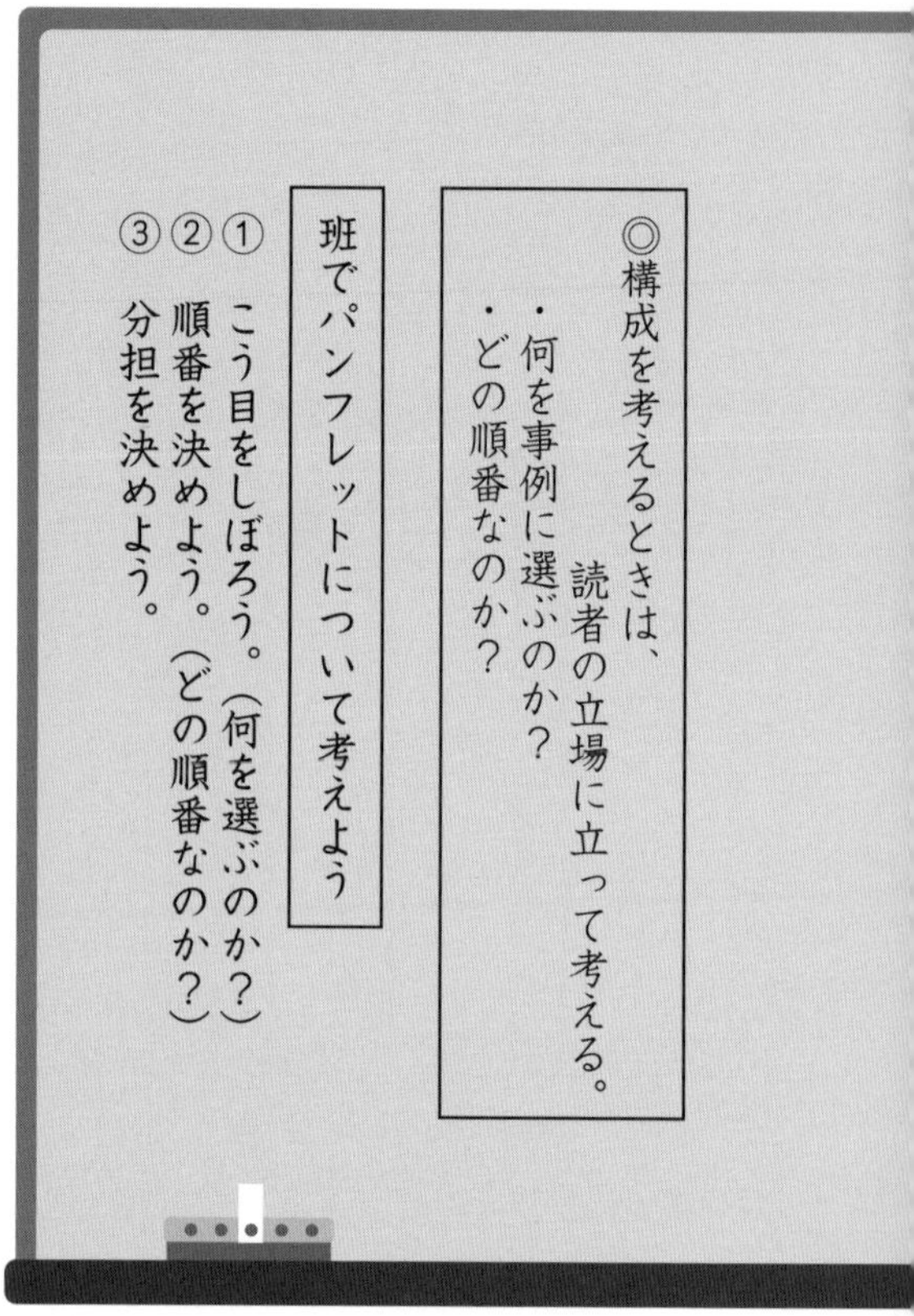

◎構成を考えるときは、読者の立場に立って考える。
・何を事例に選ぶのか？
・どの順番なのか？
班でパンフレットについて考えよう
①こう目をしぼろう。（何を選ぶのか？）
②順番を決めよう。（どの順番なのか？）
③分担を決めよう。

3 構成を考えるポイントを確認する

全体の構成を考えるときに大切なことは何？

読者が興味をもてるようなものを選ぶといいのでは？

読者がよく知らないことも紹介したいね。

どちらの事例がふさわしいかを検討する際に、「読者にとって」という子供の発言を意図的に取り上げ明示的に板書しておき、両方の意見に共通している大切なことをまとめていきたい。

4 班で構成（項目、順序）を考える

パンフレットの構成を決めて、役割分担しよう

「読者に」というのが共通しているね。

項目はたくさん出たけど、重なっているものもある気がするね。

どの順番でのせると「読む人にとって」読みやすいかなぁ？

自分たちのテーマで考えられる項目を付箋で書き出し、取捨選択していく。項目が決まったら、どの順がよいか検討し、分担を決める。（※学級の実態や単元の進め方により第一次で大まかにテーマを決め、項目、分担を決めておくことも考えられる。）

配慮イ

準備物　・「言葉で遊ぼう」（光村図書３年上）教材文コピー　・磁石付き言葉遊び短冊カード（しゃれ、しりとり、早口言葉、回文、アナグラム）

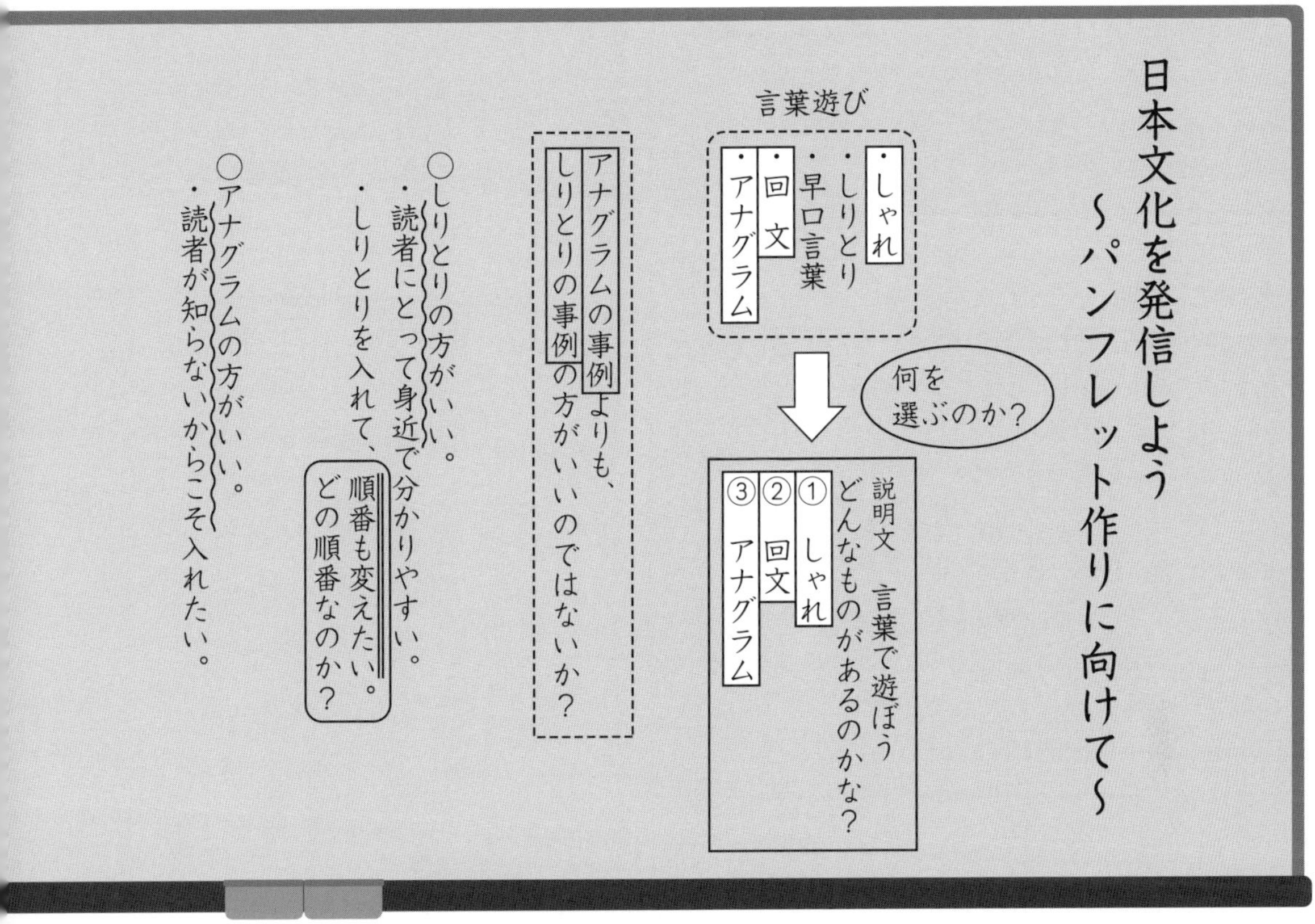

日本文化を発信しよう

・しりとりを入れて、順番も変えたい。

○アナグラムの方がいい。

1 「言葉で遊ぼう」を読む

三年生で日本文化について勉強したね

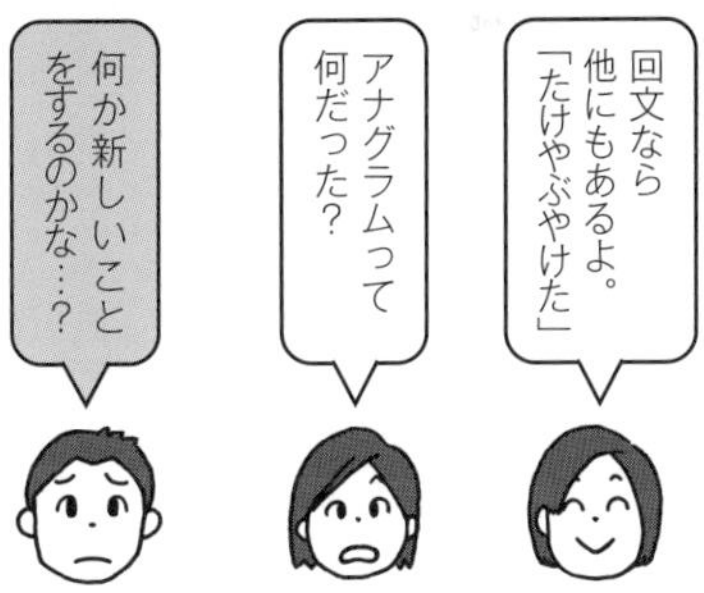

回文なら他にもあるよ。「たけやぶやけた」
アナグラムって何だった？
何か新しいことをするのかな…？

「言葉で遊ぼう」を材料にして、構成について考える。日本文化の「言葉遊び」について見開き二ページで説明してあり、俯瞰して全体を眺めながら、事例について検討するには適当な教材文である。配慮ア

2 事例について解釈・評価読みをする

アナグラムより、しりとりの事例がいいよね

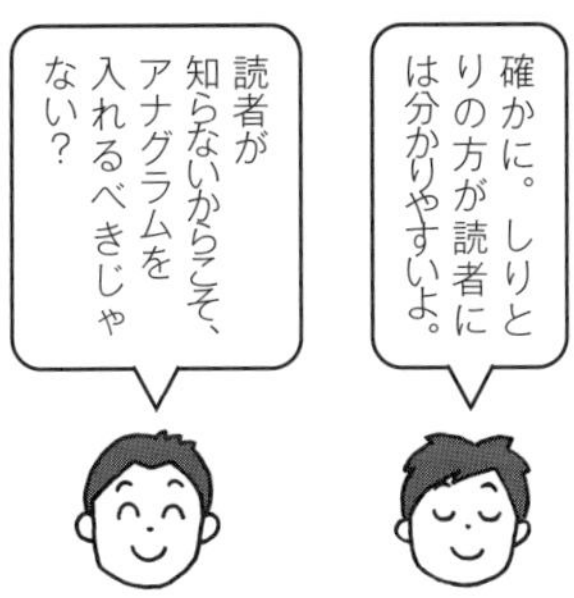

確かに。しりとりの方が読者には分かりやすいよ。
読者が知らないからこそ、アナグラムを入れるべきじゃない？

考えをゆさぶる発問を行い、事例を三つにしぼるという設定の中で、アナグラムとしりとりのどちらかを選ぶ。このことは、パンフレットづくりにおいて、限られた紙面の中で項目を選んでいくという活動4にもつながっていく。

本時の展開　第三次　第2時

目標 見本をダウトのカードとくらべて読む活動を通して、書き手の工夫とそのよさに気付き、自分のパンフレットづくりへ活用しようとすることができる。

本時展開のポイント

間違い（ダウト）を提示することで、書き手の工夫に気付き、自分のパンフレットづくりにも生かそうとすることができる。

個への配慮

㋐教科書コピーを渡して情報を限定する

教科書を開くと情報が多すぎて、着目すべき情報にアクセスできない子供には、写真や文の工夫に気付けるように、黒板と同じパンフレットのカラーコピーを渡す。

㋑PC で作成するという選択肢も検討する

文字を書くことへの苦手意識、またその中で繰り返し修正することでの意欲の半減などが想定される場合には、授業で学んだ論理を生かしてパンフレットづくりに取り組めるように、PC（ワープロソフトなど）で作成することも必要に応じて取り入れたい。

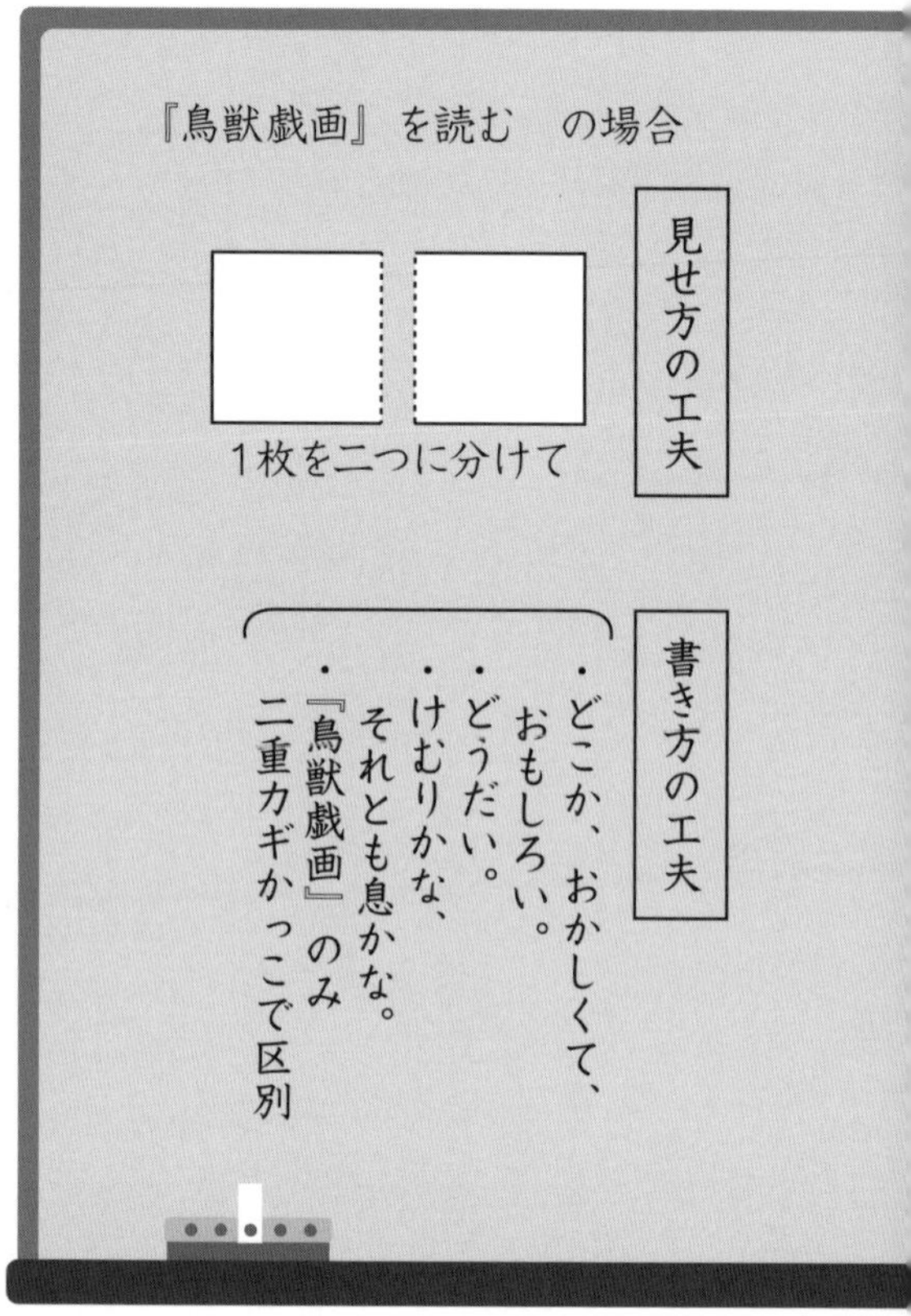

『鳥獣戯画』を読む　の場合
見せ方の工夫
1枚を二つに分けて
書き方の工夫
・どこか、おかしくて、おもしろい。
・どうだい。
・けむりかな、それとも息かな。
・『鳥獣戯画』のみ二重カギかっこで区別

3 書き手の工夫について確認する

「『鳥獣戯画』を読む」でも、同じような工夫があったね

高畑さんは、わざと一枚の絵を二つに分けて見せていたね。

『鳥獣戯画』の部分だけが二重カギかっこだったよ。

「『鳥獣戯画』を読む」だけでなく、他の文章、他のパンフレット、様々な情報においても、「見せ方の工夫」や「書き方の工夫」という観点で見ることができることを伝えておきたい。

4 パンフレットづくりに生かす

自分の下書き、もっと工夫できそうかな？

自分も大切な言葉をカギかっこで強調しよう。

どうやって写真を見せたら読む人が分かりやすいかな？ 興味をもってもらえるかな？

大切なのは「絶対に見本の工夫を取り入れること」ではない。「見せ方の工夫」や「書き方の工夫」をあらためて意識してみようとすることである。自分や友達のものを、観点をもって評価できるようになるとよい。

配慮㋑

準備物
・教科書のパンフレット紙面の例を拡大コピーしたもの（またはデジタル教科書）
・見本とダウトのカード 5-17~20

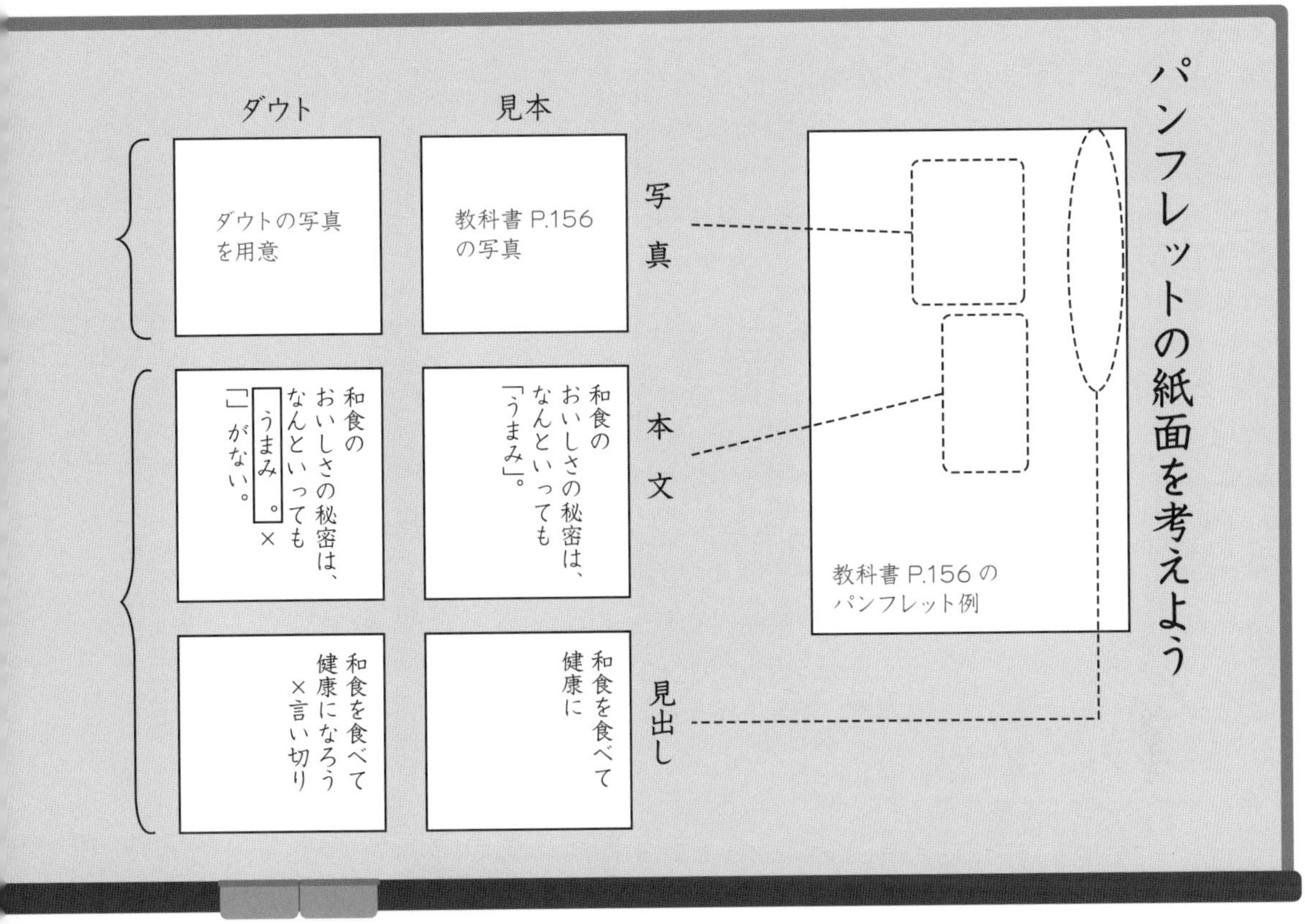

1 パンフレット見本の内容を読む

このパンフレットには、何が書いてある？

和食が健康にいいのはなんとなく知っているよ。

「うまみ」って何？おいしいってこと？

教科書の見本について、内容を確認していく。「一汁三菜」「うまみ」「だし」「主食」など、家庭科の学習と関連付けながら押さえていく。和食をテーマに選んだ班があれば説明させて、活躍の場を設けてもよい。

2 パンフレット見本の工夫を読む

どこがダウトかな？

見出しは「健康に」で終わりだよ。言いきったことで強調している気がする。

「うまみ」というようにカギかっこになっていて強調されているよ。

見本にある工夫について、あえて間違えたもの（ダウト）を提示することで、「見せ方の工夫」や「書き方の工夫」に着目させて、そのよさ（効果）に気付かせたい。 配慮ア

本時の展開　第3次　第3・4時

目標　2枚のセンテンスカードを比較して読む活動を通して、原稿に必要な内容や書きぶりがあることに改めて気付き、観点をもって原稿の再構成をすることができる。

[本時展開のポイント]

作成途中の「ミニ交流会」で原稿を読み合うことで、必要な内容や書きぶりについて全員で改めて確認し、原稿を再構成できるようにする。

[個への配慮]

㋐インタビューの様子をビデオ撮影する

聞きながら情報収集するのが難しい子供には、必要な情報をメモできるように、インタビューの様子をビデオに撮影し、一時停止しながら再生したり、繰り返し視聴したりできるようにする。

㋑パーツごとに作成する

修正することへの抵抗が大きい子供がいる場合、意欲をもって修正や再構成ができるように、1枚の原稿（画用紙等）に書いていくのではなく、テキストや写真、図などの各パーツを、1枚の台紙に貼っていくような方法にする。

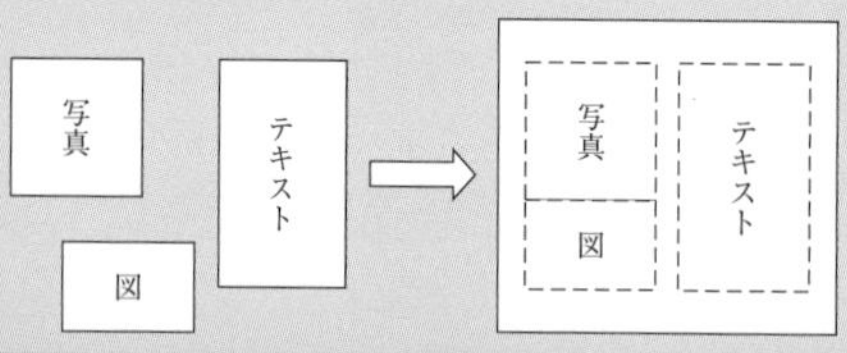

「和食のひみつ辞典」では、「季節の食材を使うことを重視する」とされている。

出典
引用部分
文末表現

参考
木村良子「和食のひみつ辞典」
二〇二〇年　ひかり図書

筆者　書名
発行年　出版社

3 内容や書きぶりについて、客観的に読む

隣の班と、ミニ交流会をしよう

作成途中の段階で感想を交流し合うことで、「内容」や「書きぶり」について不十分な箇所が分かる。全体に関わるような指摘については、学級全員に広げて共有できるようにする。

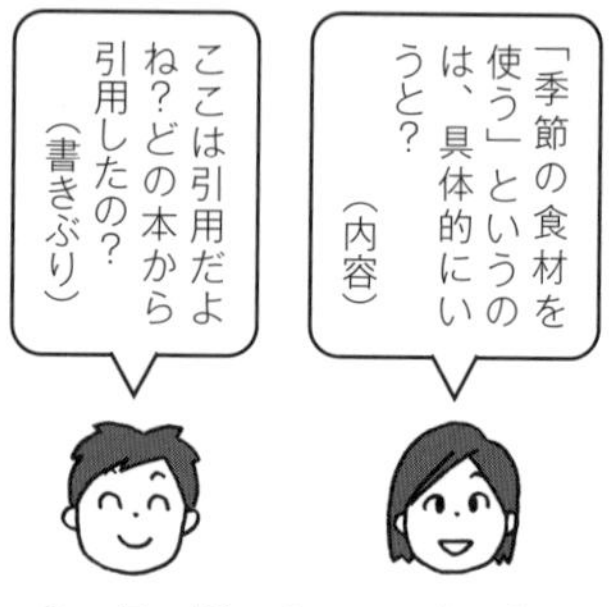

ここは引用だよね？どの本から引用したの？（書きぶり）

4 同じ班の友達と、原稿を再構成する

アドバイスを生かして、原稿を完成させよう

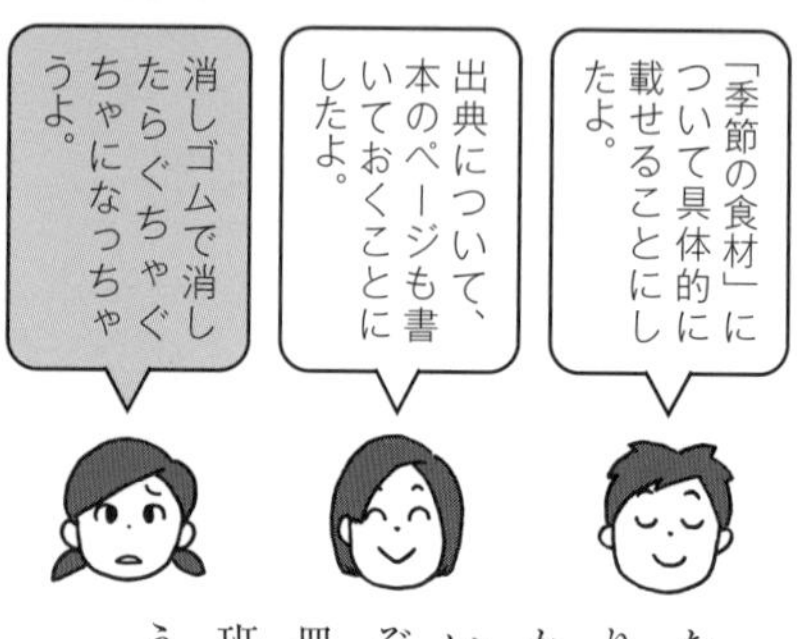

「季節の食材」について具体的に載せることにしたよ。
出典について、本のページも書いておくことにしたよ。
消しゴムで消したらぐちゃぐちゃになっちゃうよ。

「よりよいものを作りたい」という前向きに取り組んでいる姿勢をしっかりと価値付けていきたい。班の中で担当をそれぞれ分担しているが、一冊のパンフレットとして班全員で仕上げていくように声を掛ける。

配慮㋑

準備物
・アとイのセンテンスカード 5-21、22
・タブレット端末　・ビデオカメラ（インタビュー撮影用）

パンフレットを作成しよう

どこで
学校図書館　　本　図鑑
教室（視聴覚室）　　タブレット（PC）

だれに
音楽科の先生
家庭科の先生　　インタビュー
地域の○○さん　　現場を見学

作成するときに気をつけること
◎調べた情報は 適切に 用いる

ア
和食の特徴は、季節感を大切にすることだ。
（自分の意見）
だから、季節の食材を使うことを重視するとよい。
（自分の意見？）

イ
和食の特徴は、季節感を大切にすることだ。
（自分の意見）

1 調べ方を考える

どうやって調べるの？

学校図書館なら和食についての本があった気がする。

地域の○○さんなら、詳しい人をご存知かもしれない。

話すのが速すぎてメモができないよ。

学校図書館やインターネットはもちろん、身近な人（教師や保護者、地域の人材）の中にも、知りたい情報のヒントや答えがあることに目を向けさせたい。そのために、教師自身も普段からアンテナをしっかり張っておく。 配慮ア

2 「調べた情報の用い方」を確認する

アのカードの、ダメなところはどこかな？

アの内容はおかしくないと思うけど。どこか変なの？

調べた情報を、自分が考えたように書いてしまっているんだ。あっ、自分もそうだ。

初めにアのカードだけを提示しても、どこがダメなのか子供たちは気付くことはできない。イと比較することで、引用する際の約束に着目し、自身の作成途中のパンフレットの不備に気付くはずである。

本時の展開　第3次　第5時

目標 パンフレットを読み合い、よさを紹介し合う活動を通して、書き手の思いや工夫に気付き、学んだ書き手として大切にすべきことをノートにまとめることができる。

［本時展開のポイント］

２種類のふせんを黒板に貼って整理していくことで、それぞれの班のパンフレットのよさを視覚的に捉え、全員で「書き手として大切なことは何か」という問いに迫ることができるようにする。

［個への配慮］

㋐ふせんは１種類（１枚）から始める

思考が拡散してしまう子供には、今の活動は何をすればよいのか明確になるように、青のふせんを１枚だけ渡し、まずは「初めて知ったことを書こうね」と一緒に取り組んだ後、「次は青にする？　それとも赤をやってみる？」と本人に選択させていくようにする。

㋑事前に指名することを伝えておく

学習に見通しがもてないと不安になる子供は、安心して自分の考えを発表できるように、活動1の段階で、全体で指名することを伝えておく。また、個人のタブレットで書き込んだものを電子黒板に提示することで、話すことだけに集中できるようにする。

・情報を集める方法を考える。
・複数の情報を比較して意見をもつ。
・文や言葉へのこだわり
・絵や写真、図の役割
・パンフレットの構成（事例の順序や事例の選択）

気をつけること

※引用をする際の約束（出典を紹介する）

3 内容や書きぶりについて共有する

見付けたよいところを、紹介し合おう

「季節の食材を使う」というのが、具体的に例が挙げてあるので分かりやすい。
発表したいけど書きながら話すのは大変そうだな…。

電子黒板に書き込みながら、見付けたよいところを説明させる。教師は、内容に関わることなのか、書きぶりに関わることなのかを整理しながら、子供の発言をつなげていきたい。　配慮㋑

4 パンフレット作りで大切なことをまとめる

大切なのは、内容と書きぶりのどっち？

内容が大切だよ。これだけ調べたからいいものができたんだ。
でも、工夫も大切だよ。せっかくの内容も工夫がないと伝わらないよ。

パンフレット作りについてのまとめを行うだけでなく、書き手として意識させたい項目が挙がっていることに気付かせたい。単元の締めくくりに、改めて「『鳥獣戯画』を読む」を読み、筆者・高畑勲の偉大さに気付かせたい。

準備物 青と赤のふせん、タブレット端末、黒板掲示用の表紙（カラーコピー）

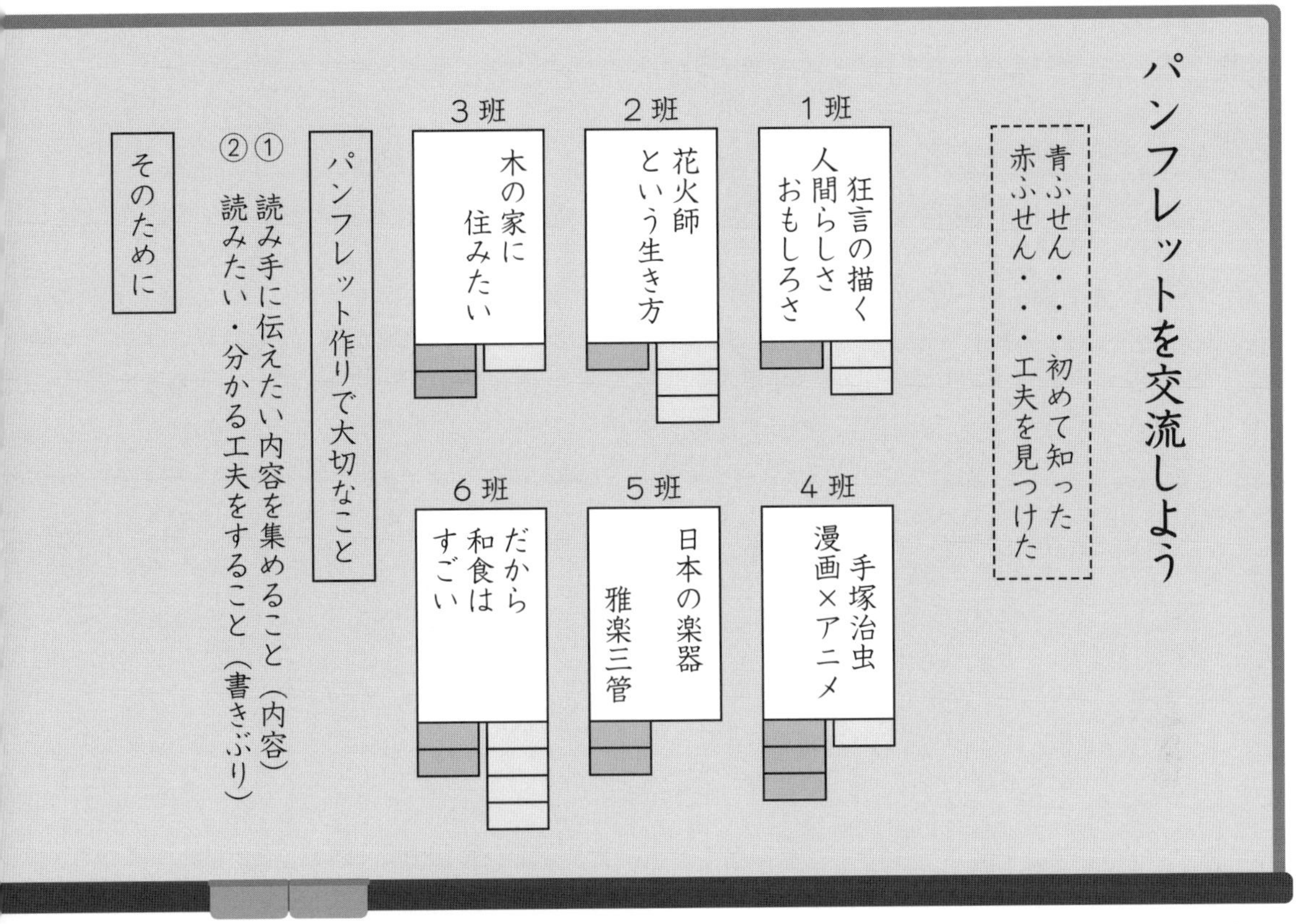

1 パンフレットを読み合う

友達にパンフレットを読んでもらおう

事前にパンフレットをスキャナーで読み込んでPDF等にしておくことで、各自がタブレット端末で一斉に閲覧できるようにする。タブレットには、自由に書き込みをさせておき、活動3の発表でも使えるようにする。

漫画とアニメは高畑さんも書いていたよね。
花火の中身はこんな風になっているんだね。

2 内容や書きぶりについて読む

友達のパンフレットのよいところはどこかな？

よさを見付けて色別のふせんに書き込み、黒板に貼っていく。教師は、同様の意見を重ねて貼るなど黒板を整理していく。活動3では多数意見に目が行きがちだが、少数意見こそ大切にしたい。

配慮ア

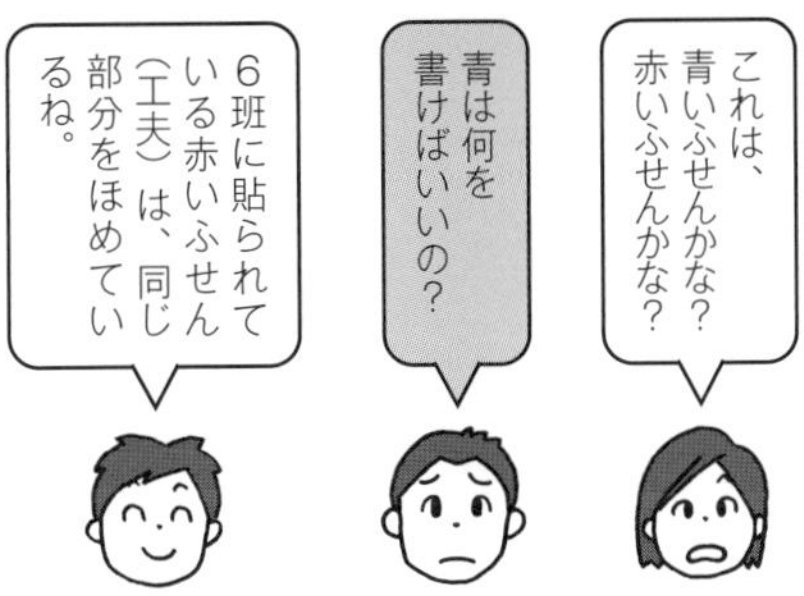

これは、青いふせんかな？赤いふせんかな？
青は何を書けばいいの？
6班に貼られている赤いふせん（工夫）は、同じ部分をほめているね。

「メディアと人間社会」「大切な人と深くつながるために」の授業デザイン

（光村図書６年）

教材の特性

「メディアと人間社会」は、人間のもつ欲求とメディアの発達との関わりについて述べられている文章である。「初め」と「終わり」に筆者の主張がある双括型の構成で、「中」では、各段落に一つのメディアの事例が示されている。

「大切な人と深くつながるために」は、「大切な人」と「深くつながる」ためのコミュニケーションの在り方について述べられている文章である。初めに遊びの相談という身近な事例を挙げて「コミュニケーションが得意」とはどういうことかの説明があり、中（前半）の終わりで一度筆者の考えの中心が示される。中（後半）ではコミュニケーションが得意になるための方法を、スポーツを例に挙げて説明し、終わりでもう一度筆者の主張が展開される。説明文の型としては「尾括型」とも言える。

〈メディアと人間社会〉

終わり	中				初め
6	5	4	3	2	1
事例のまとめ 主張と提言	事例④ インターネットの発明	事例③ 電波を使い映像を送るテレビ放送の始まり	事例② 電波を使った通信（ラジオ放送）の発明	事例① 文字の誕生	話題提示 筆者の主張

〈大切な人と深くつながるために〉

終わり	中（後半）		中（前半）			初め
7	6	5	4	3	2	1
筆者の主張	問題提議	筆者の考え 「コミュニケーションが得意になるためには」	筆者の考えの中心	事例② 遊びの相談（詳細）	筆者の考え 「コミュニケーションが得意とは」	話題提示 事例① 遊びの相談

身に付けさせたい力

- 複数の文章を比較して読み、理解したことを基に、自分の意見を考えながら読む力
- 論の進め方や表現の仕方などの、説明の工夫を捉える力

授業づくりの工夫

焦点化

- 「文章構成の型」や「筆者の主張」、「要旨と題名の関係」など、１時間の授業における指導内容を明確化する。
- 「Which 型課題」や「教材へのしかけ」による、分かりやすい学習活動を設定する。

視覚化

- 全体の構成を表に整理することで、論の進め方を視覚的に捉えられるようにする。
- 重要な語句や文に色を付けることで、二つの教材文の共通点と相違点に気付かせる。

共有化

- ペアでの問題解決や、グループでの説明活動などを組み合わせて、様々な意見を共有することができるようにする。
- センテンスカードや構成表を用いることで、同じものを見ながら音読したり、話し合ったりすることができるようにする。

単元目標・評価規準

目標　文章を読んで、筆者の主張を捉え、これからの社会と生き方について、自分の意見をもち、他者と交流することで考えを広げることができる。

知識・技能

○文と文との接続の関係、文章の構成や論の展開について理解している。　(1)カ

思考・判断・表現

○読むことにおいて、文章を読んで理解したことに基づいて、自分の考えをまとめている。　C(1)オ

○読むことにおいて、文章を読んでまとめた意見や感想を共有し、自分の考えを広げている。　C(1)カ

主体的に学習に取り組む態度

○複数の文章を読んで、自分の考えをまとめることに粘り強く取り組み、意見交流を通して、自分の考えを広げようとしている。

単元計画（全6時間）

次	時	学習活動	指導上の留意点
一	1	**題名から想像しよう**	
		○題名から内容をイメージする。 ○初発の感想を書く。	・二つの説明文をくらべながら学習を進める単元であることを意識できるようにする。
二	1	**これからの社会で、自分はどのように生きていくかを考えよう**	
		○「メディアと人間社会」を読み、筆者の主張を読み取る。 ○共感度は？（5段階）	・全体の構成や論の展開を捉え、筆者の主張を読み取ることができるようにする。
	2	○「大切な人と深くつながるために」を読み、筆者の主張を読み取る。 ○共感度は？（5段階）	・全体の構成や論の展開を捉え、筆者の主張を読み取ることができるようにする。
	3	○二つの文章をくらべ、説明の工夫を整理する。「より読みやすく、分かりやすい説明文はどっち？」	・観点を示した上で説明の工夫をくらべることで、評価の理由をはっきり述べられるようにする。
	4	○「これからの社会をどう生きていくか」ということについて、自分の意見をまとめる。	・二人の筆者の考えを比較した上で相違点を明らかにし、自分の考えをもつことができるようにする。
三	1	**友達と交流して、自分の考えを広げよう**	
		○自分の意見をグループやクラスで共有する。	・異なるグループで意見交流を繰り返すことで、より多様な考えに出会うことができるようにする。

教材分析

ることにつながる。読み手を引き付ける説明の工夫の一つである。

エ 文章構成の型

文章の「初め」と「終わり」で「人間の欲求がメディアを発達させてきた」という筆者の主張が、くり返し述べられている双括型の文章である。

文字の誕生

物語や話を文章にして残せば、本となります。社会の出来事を書いて知らせれば、新聞になります。しかし、文字を使った情報伝達は、書いたものを人が持って移動する必要があるため、伝えるのに時間がかかります。

ラジオの発明

3 電波を使った通信の発明は、情報を早く伝えたいという思いに応えるものでした。初めは、遠くの海を航海する船で重宝されましたが、やがてラジオ放送が始まると、多くの人々に広く同時に情報を伝えるメディアとして、大きな力をもつようになりました。ラジオでは、効果音なども工夫されるようになり、聞き手に豊かに想像させるドラマなども多数生み出されました。一九三八年には、アメリカでドラマ「宇宙戦争」を聞いた人々が、本当に火星人がやって来たとかんちがいし、パニックになるという出来事がありました。これは、メディアが社会を混乱させてしまうほどにえいきょう力をもったことを示す事例といえます。

テレビ放送の開始

4 やがて、電波を使って映像を送るテレビ放送が始まります。テレビは、ラジオとはちがい、いちいち言葉や効果音で説明しなくても、映された場所の様子、人物の服装や顔立ちなどが瞬時に理解されます。また、遠くはなれた世界の映像も同時に中継することができます。テレビは、情報をありありと伝えたい、理解したいという人々の思いに応えるものだったのです。人々は、テレビ

	−	+	−	+

問うことで、四つの事例の関係についても考えさせることができる。（エ）

「筆者の考えにどれくらい共感できるか」（Which型課題）

筆者の主張に対して、どれくらい共感できるかという学習課題に5段階で自分の立場を決めることで、自分の考えをはっきりさせる。自分がなぜその立場をとったのか、理由をはっきりさせることで、さらに自分の考えを明確にすることができる。（カ）

■第二次・第3時

「どちらの説明の方が分かりやすいか」（Which型課題）

説明文の分かりやすさを問うことで、それぞれの文章に見られる説明の工夫に注目させたい。多くの意見を交流する中で、語りかけの表現や、敬体の文末表現、双括型や尾括型など、説明の共通点、相違点、どちらにも気付けるようにしたい。（イ・ウ）

◆教材分析のポイント　その①【要旨と事例の関係】

抽象的に書かれた要旨を、具体的に説明するのが四つの事例である。各段落には「人間の欲求」とそれを満たすために生み出された「メディア」が合わせて書かれている。また、段落後半では、各メディアの問題点を述べ、新たなメディアの誕生につながる書き方をする。それは、「人間の欲求とメディアの進化はこの先も続いていく」という将来的な予測であり、筆者の主張にもつながる考えである。

◆教材分析のポイント　その②【文章構成の型】

最初と最後の段落には、「人間」「欲求」「メディア」など、同じ語句が用いられているため、筆者の考えを捉えるためのキーワードが分かりやすい。特に「思いや考えを伝え合いたい。」「社会がどうなっているのか知りたい。」という人間の欲求はまったく同じ書き方をしている。双括型の構成という論の展開を理解することによって、筆者の考えをより捉えやすくなることを実感させたい。

指導内容

ア　話題提示

人間と他の動物を比較する中で、メディアを使った情報伝達を行う人間の特性を取り上げている。

イ　要旨と題名の関係

題名にある「メディア」には、「情報伝達を媒介する手段」という意味がある。また「人間社会」という言葉からは、読み手を含めた、人間社会、つまり「あなた自身の暮らす社会についての話をしますよ」という呼びかけにも似た響きを感じ取ることができる。

ウ　語りかけの表現

冒頭の「私たち人間は、一人では生きられません。」という一文によって、読者は書かれている内容を当事者として受け止め

■筆者の主張■■話題提示■

メディアと人間社会

池上（いけがみ）　彰（あきら）

1 〔ウ〕私たち人間は、一人では生きられません。だれもが、社会の中で、他の人と情報をやり取りしながら生きています。たがいに情報のやり取りを行う動物はいますが、さまざまなメディアを使って高度な情報伝達を行うのは、人間だけでしょう。〔オ〕人間は、「思いや考えを伝え合いたい。」「社会がどうなっているのかを知りたい。」という欲求をもっています。そのような欲求が、メディアを発達させ、高度な情報化社会を作ってきたのです。

2 情報を伝えるための手段として、古くから用いられてきたのは、〔オ〕文字です。文字のない時代には、遠くの相手と思いや考えを伝え合いたいと思っても、難しいものでした。文字の誕生によって、時間や空間をこえて情報を伝えることができるようになったのです。伝えたい内容を文字にして相手に届ければ、手紙となります。おもしろい

指導のポイント

■第一次・第1時

題名から想像する

「メディア」という言葉は、聞き慣れているようであり、実際は正しく意味を捉えられていない言葉である。子供にとって身近にあるメディアとその関わりを想起させた上で、内容を想像させてから読むことで、内容への興味をもたせる。（ア）

■第二次・第1時

メディアと人間の欲求を結び付ける

内容理解を確実にするために、センテンスカードを組み合わせる活動を取り入れる。また本文にも色を付けることで、人間の欲求とメディアの発達が組み合わせて説明されていることを理解する。

さらに、事例の順序について

✓ 教材分析

指導内容

オ 要旨と事例の関係

筆者の主張を支える四つの事例（文字・ラジオ・テレビ・インターネット）を段落ごとに提示している。それぞれのメディアが人間のどのような欲求から生み出されてきたのかということと合わせて述べられている。

各段落内では、前半で該当メディアの長所（＋）を、後半で短所や注意点（－）を挙げ、対比的な書き方をしている。

また、前段落で述べたメディアの短所をカバーし、進化したメディアという形で新たなメディアが紹介されている。

カ 筆者の説明に対する自分の意見

筆者の考え方や、主張、論の展開の仕方や説明の工夫などについて、共感や納得することができるのか、または反論したいのか、自分の意見を考えながら読む力を身に付けさせたい。

筆者の主張　インターネットの発明

から伝えられる内容の豊富さに圧倒され、ラジオ以上に、放送されたものが動きようのない事実だと受け取られるようになりました。社会に対するえいきょう力も、さらに大きなものになったのです。

－

5 そして、二十世紀の終わりが近づくと、インターネットが発明されます。かつては、情報を広く発信したいと思っても、それができるのは限られた人だけでした。インターネットの登場で、ごくふつうの人々が手軽に情報を発信できるようになり、これまで報じられなかったような、社会や個人に関わる情報が伝えられるようになったのです。しかし、手軽であるということは、誤った内容も簡単に広まるということでもあります。また、わざとその情報をまぎれこませることも容易になりました。現在では、こうした情報で社会が混乱することも起こっています。

＋

⑥ メディアは、「思いや考えを伝え合いたい。」「社会がどうなっているのかを知りたい。」という人間の欲求と関わりながら進化してきました。その結果、今、私たちは、大量の情報に囲まれる社会に生きています。今後も新しいメディアが生まれ、社会に対してえいきょう力をもつでしょう。しかし、どんなメディアが登場しても重要なのは、私たち人間がどんな欲求をもっているか、そして、その結果メディアにどんなことを求めているのかを意識し、メディアと付き合っていくことなのではないでしょうか。

－

教材分析

を説明するために用いられている構文である。

オ 文章構成の型

「中」で「コミュニケーションが上達すれば、大切な人とつながることができる」という筆者の考えの中心が示される。さらに上達の方法を説明し、「終わり」で「コミュニケーションが上達すれば、大切な人と深くつながれることができる」という筆者の主張が述べられる。段階的に筆者の考えが展開される尾括型の文章である。

カ 対比的な課題の提示

第⑥段落で、大人たちが直面しているコミュニケーションに関する課題を示している。第7段落での「あなたはどうですか。」につながっていく。

キ 結論

「中」の後半で述べたコミュニケーションの技術をみがく方法を加えた、最終的な主張を述べている。

ク 筆者の説明に対する自分の意見

筆者の考え方や、主張、論の展開の仕方や説明の工夫などについて、共感や納得することができるのか、または反論したいのか、自分の意見を考えながら読む力を身に付けさせたい。

筆者の主張　コミュニケーションが得意になるには　筆者の考え

す。

4 もちろん、それは簡単なことではないです。でも、あなたに大切な人がいたら、その人とはちゃんと理解し合いたいと思うでしょう。(オ)この人にだけは、分かってほしいと思うでしょう。コミュニケーションの技術が上達すればするほど、あなたは大切な人とつながることができるのです。

5 (ウ)では、コミュニケーションが得意になるためには、どうしたらいいのでしょう。コミュニケーションは、おたがいがうまく折り合いをつけるための技術です。スポーツの場合、テクニックをみがく方法を知っていますか。そう、何回も何回も練習しますね。コミュニケーションも同じです。相手とぶつかり、むっとしたり、苦手だなあと思ったりしても、いろんな相手といろんな場所で何度もコミュニケーションしていくうちに、話し方や断り方、アドバイスのしかた、要求のしかたが得意になっていくのです。

6 昔は、話し相手や遊び相手は人間しかいませんでしたから、ぶつかり、きそい、交渉する中で、コミュニケーションの技術はみがかれました。でも、最近はインターネットが発達して、人は人と直接話さなくても、時間が過ごせるようになりました。(カ)大人たちは、メールやゲームをしたり、ウェブサイトを見たりする時間が増えて、どんどん人間との直接のコミュニケーションが苦手になっています。

7 (ウ)あなたはどうですか。人と会話する時間は増えていますか。減っていますか。本当に自分の言いたいことを言い、本当にしたいことをしようと思ったら、あなたは人とぶつかります。それが、あなたがあなたの人生を生きるということです。そういうときは、悲しむのではなく、「コミュニケーションの練習をしている」と思ってください。最初は苦しいですが、だいじょうぶ。スポーツと同じで、(オキ)やればやるだけまちがいなく上達します。そうして、あなたは大切な人と出会い、深くつながっていくのです。

技術をみがく方法

コミュニケーションに関わる課題

述べられている内容は4段落の主張をより具体的に述べるための内容になっていることが分かる。このように、段階的に主張を述べる書き方は、読み手を引き付ける表現の工夫になっていることも捉えさせたい。

「筆者の考えにどれくらい共感できるか」（Which型課題）

筆者の主張に対して、どれくらい共感できるかという学習課題に5段階で自分の立場を決めることで、自分の考えをはっきりさせる。自分がなぜその立場をとったのか、理由をはっきりさせることで、さらに自分の考えを明確にすることができる。（オ）

■第二次・第3時

「どちらの説明文の方が分かりやすいか」（Which型課題）

説明文の分かりやすさを問うことで、それぞれの文章に見られる説明の工夫に注目させたい。多くの意見を交流する中で、語りかけの表現や、敬体の文末表現、双括型や尾括型など、説明の共通点、相違点、どちらにも気付けるようにしたい。（イ・ウ）

◆教材分析のポイント　その①【文章構成の型】

本教材文では、筆者の主張が「終わり」で述べられている尾括型と言える。内容的には、初めに「コミュニケーションが上達すれば大切な人とつながることができる」と述べ、ではそのためにはどうすればよいのかという具体的な方法が示され、最後の主張につながっている。段階的に主張を示す書き方は、読み手を引き付ける表現の工夫にもなっている。

◆教材分析のポイント　その②【語りかけの表現】

第2・4・5・7段落に見られるように、この説明文では語りかけの表現を多用している。これは筆者がこの説明文を「あなたに考えてほしいのです。」と常に訴えてくるような、力強い表現の工夫であると言える。「これからの社会をあなたはどう生きていくか」という、単元を通しての学習課題を毎時間、子供に意識させるようにしたい。

指導内容

ア　話題提示

身近な遊びの相談を具体例に挙げ、分かりやすく説明している。

イ　題名と主張の関係

題名にある「大切な人」「深くつながる」は、筆者の主張にも用いられる言葉である。

ウ　語りかけの表現

第2・5・7段落では問いかけの後に、関連する内容が説明される形式になっている。筆者の論の展開を捉える際に理解する必要がある。

エ　譲歩構文

たしかに　X
しかし　Y
「コミュニケーションが得意」とはどのようなことを言うのか

話題提示　「コミュニケーションが得意」とは

大切な人と深くつながるために　鴻上尚史（こうかみしょうじ）

1 あなたが友達と、いっしょに遊びに行く相談をするとします。本当の気持ちを言わないで周りに合わせているだけなら、あなたはだれとでも仲よくできます。でも、アあなたが、本当に行きたい場所、したいことを言いだしたら、だれかとぶつかります。それは悪いことではありません。それは当たり前のことで、それでいいのです。そういうとき、人は、なんとかうまく自分の意見を言って、相手と話し合い、コミュニケーションしようとします。

2 ウさて、あなたは、コミュニケーションが得意ですか。それとも苦手ですか。「コミュニケーションが得意」とは、だれとでも仲よくなれることだと、エ一般（ぱん）的には思われています。エでも、「コミュニケーションが得意」とは、相手ともめてしまったとき、それでも、なんとかやっていける能力があるということです。

3 私たちは一人一人ちがうので、遊びの相談をしていても、おたがいの希望がぶつかります。例えば、あなたが遊園地に遊びに行きたいと言い、友達は買い物に、別の友達は山か海に行きたいと言う。そういうとき、かっとしたり、だまったり、無視したり、だれかががまんしたりするのではなく、おたがいが少し不満だけど、とりあえずやっていける解決を見いだせるのが、「コミュニケーションが得意」ということなので

話題転換　遊びの相談

指導のポイント

■第一次・第1時

考える音読（つぶやき読み）をする

本教材文では、読み手に語りかける文末表現が多く用いられている。他者の音読に対して反応を声に出しながら読む「つぶやき読み」を取り入れることで、その特徴に気付かせたい。また、つぶやくことで「自分はどうかな。」とその都度考えながら読むことにもなり、主体的に読みを深めることができる。（ウ）

■第二次・第2時

「もしもこの説明文が4段落で終わりだったら？」と仮定して考える

全体の文章構成（尾括型）に気付くことができるように、文章構成を仮定して考えてみる。そうすることで、「中」の後半で

本時の展開 第一次 第1時

目標 2つの教材文をくらべて読むことを通して、自分の経験を想起し、初発の感想を書くことができる。

[本時展開のポイント]

これからの社会を生きていく上で何が大切かという、単元を通しての学習課題に対して初めの自分の意見をもてるようにする。

[個への配慮]

㋐ICT 機器の活用

声を出して発表することが苦手であったり、人前で話すことが困難であったりする場合には、苦手な部分を補うために、書画カメラを活用し、ノートに書いたことを紹介できるようにする。

㋑要点共感シートを準備する

2つの教材文をくらべて読むことや要点を読み取ることが困難な場合には、それぞれの教材文の要点が示されたシートを用意し、共感できる内容に○を付けるようにする。自分が共感できるポイントを視覚的に捉えられるようにする。

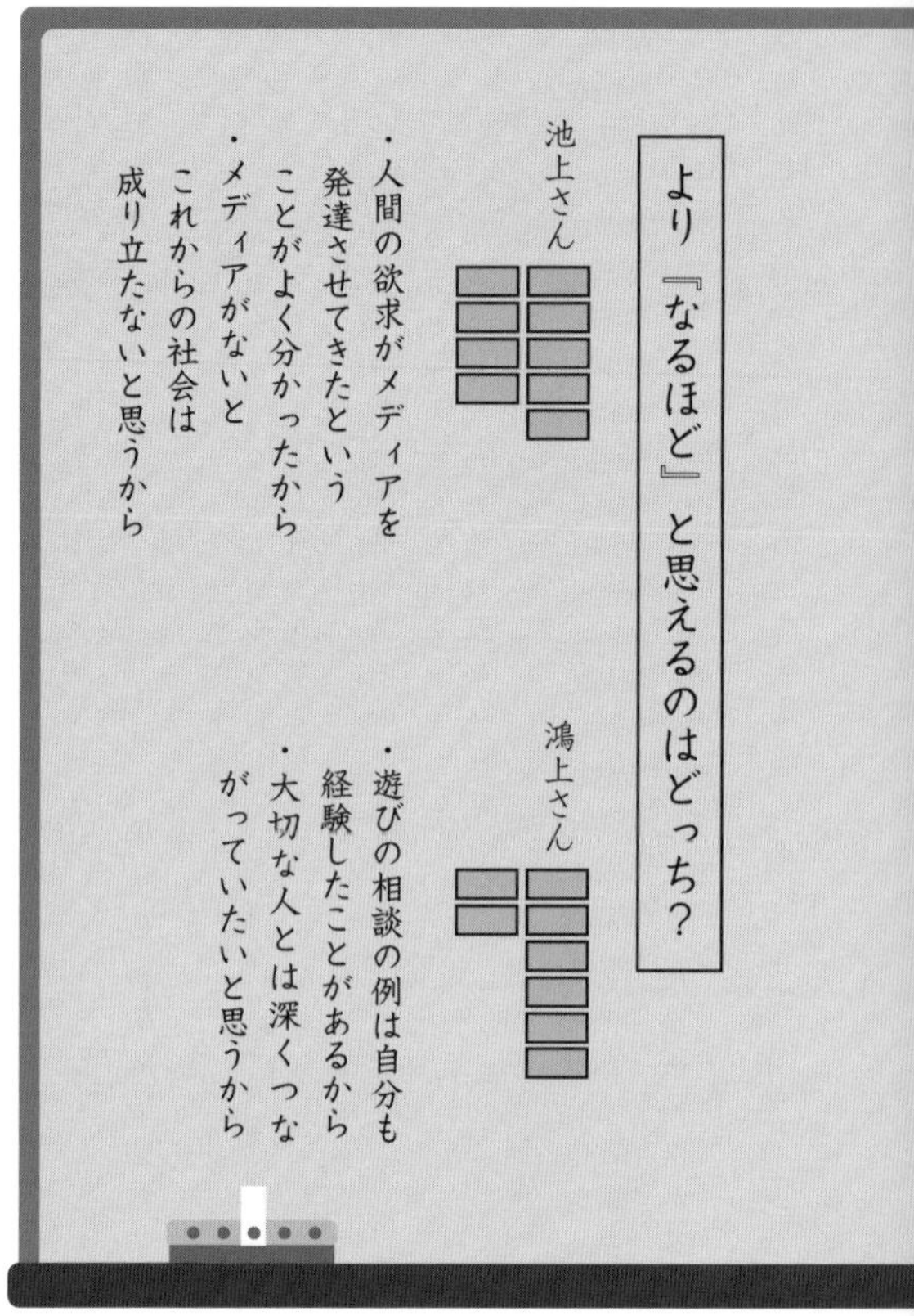

・メディアがないとこれからの社会は成り立たないと思うから

3 二つの教材文を読んで話し合う

二つの説明文を読んで、より「なるほど」と思えるのはどちらの説明文かな？

本当の気持ちを言えずにモヤモヤしたことがあるよ。
書かれている内容がよく分からない。

Which型課題「より○○なのは？」

叙述や自分の経験を基に理由を話し合わせる。

単元後半に同じ発問をされたときに、より深い理由をもって自分の意見を述べられるようにしたい。 配慮㋑

4 本時の学習を振り返る

今日の学習を振り返ろう

きちんと自分の気持ちを伝えることが大切だと思った。
○○さんの～という意見は自分にはなかったな。

これからの社会を生きていく上で大切だと考えていることや、友達の意見を聞いて考えたことなど、視点を決めて本時を振り返ることができるようにする。

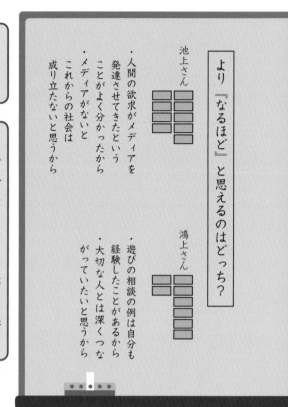

準備物 ・写真資料（3枚） ・筆者の写真（2枚） ・ネームプレート

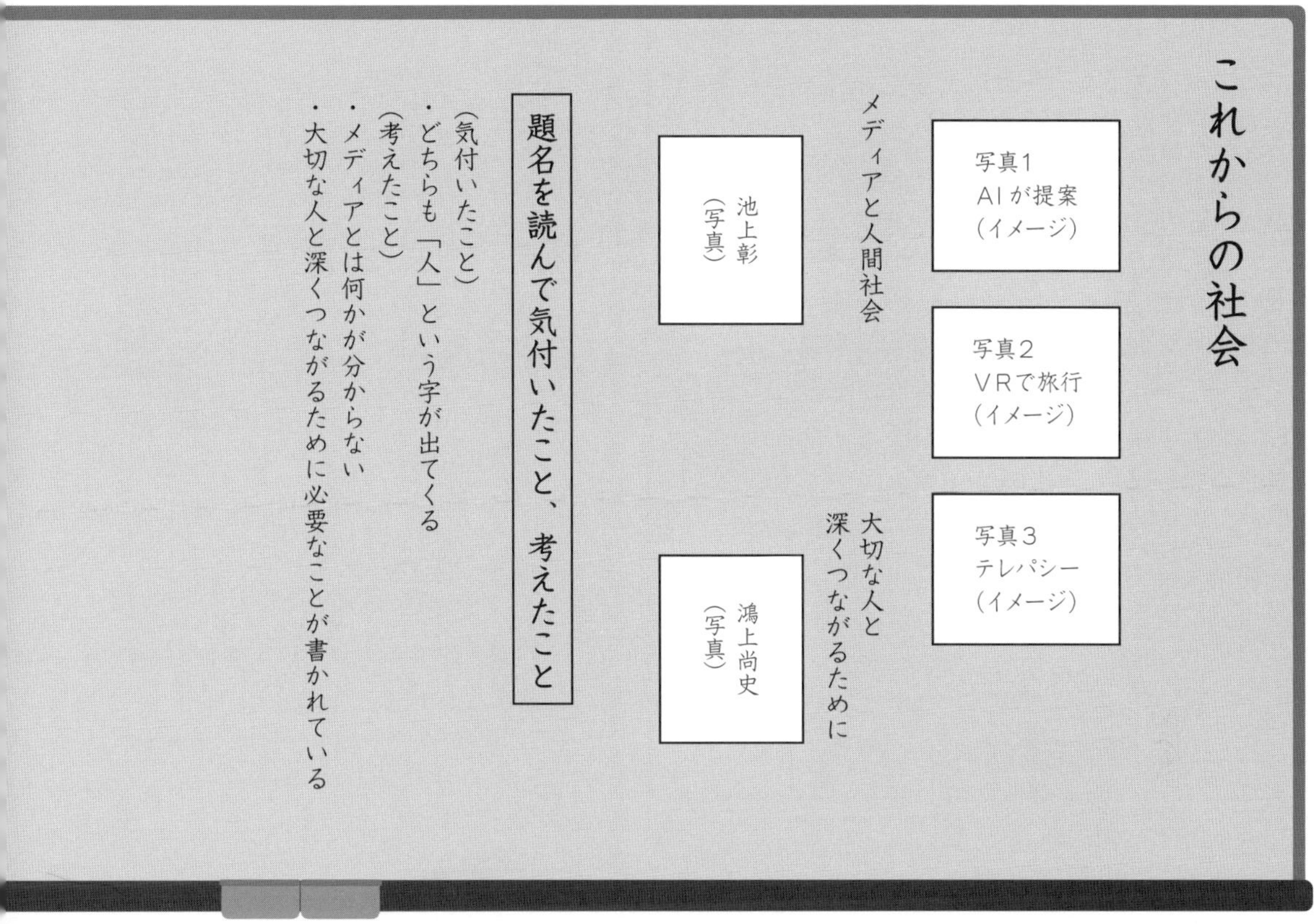

これからの社会
写真1
AIが提案
（イメージ）
写真2
VRで旅行
（イメージ）
写真3
テレパシー
（イメージ）
メディアと人間社会
池上彰
（写真）
大切な人と
深くつながるために
鴻上尚史
（写真）
題名を読んで気付いたこと、考えたこと
（気付いたこと）
・どちらも「人」という字が出てくる
（考えたこと）
・メディアとは何かが分からない
・大切な人と深くつながるために必要なことが書かれている

1 これからの社会についてのイメージをもつ

「人間社会」や「つながり」をヒントに、これからの社会を想像してみよう

「インターネットがもっと発達すると思うよ。」

「人と話すということがなくなるかもしれない。」

教材名やリード文にあるキーワードを基に、これからの社会について想像する。イメージを膨らませやすいように補助資料を用意する。

2 題名読みをして、考えたことを話し合う

題名を読んで、気付いたことや考えたことはあるかな？

「どっちの題名にも「人」という言葉があるね。」

「考えたことはあるけど、うまく話せない。」

教材文の題名から内容を広く捉え、教材文への興味や期待感をもてるようにする。また「メディア」という言葉に関しては本文にも説明されていないので全員で確認しておく必要がある。

配慮ア

本時の展開　第二次　第1時

目標　文章全体の構成について話し合うことを通して、要旨と事例の関係に気付き、筆者の主張を読み取ることができる。

［ 本時展開のポイント ］

文章全体の構成や論の展開の仕方に気付かせるために、「欲求」と「メディア」のセンテンスカードを組み合わせたり並べ替えたりしながら話し合えるようにする。

［ 個への配慮 ］

ア「初め」と「終わり」だけの本文を用意する

「初め」と「終わり」に共通して出てくる「人間」「メディア」「欲求」などのキーワードを見付けることが困難な場合には、内容を読み取りやすくするために「中」を抜いた本文プリントを配布し、情報量を減らす。

イ選択肢を二つにしぼる

５段階のスケーリングで自分の考えをもつことが難しかったり、悩んで決められなかったりする場合は、自分の立場を決めやすくするために「共感できるか、できないか」という二択の問いかけで設定し直す。

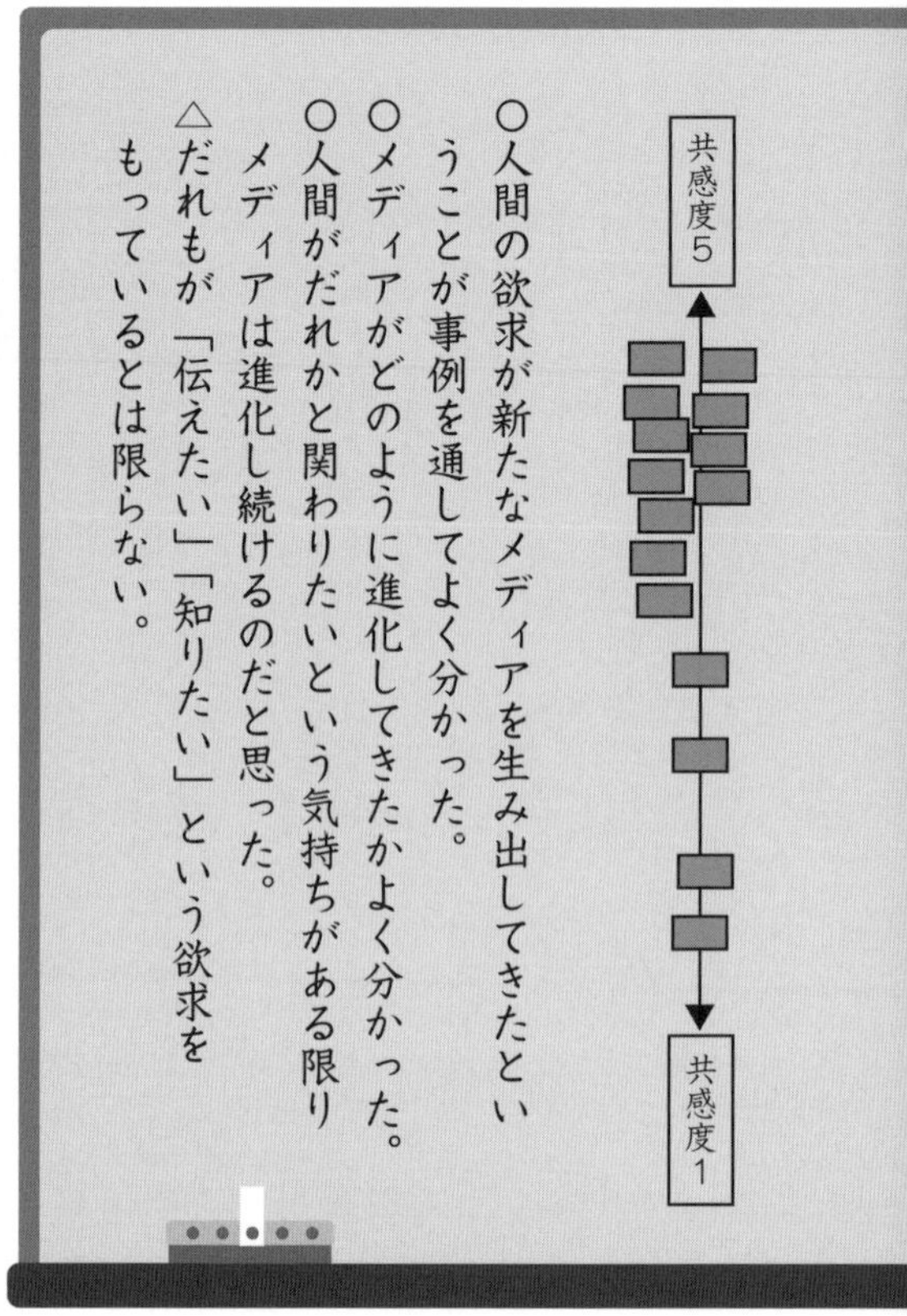

共感度5
共感度1
○人間の欲求が新たなメディアを生み出してきたということが事例を通してよく分かった。
○メディアがどのように進化してきたかよく分かった。
○人間がだれかと関わりたいという気持ちがある限りメディアは進化し続けるのだと思った。
△だれもが「伝えたい」「知りたい」という欲求をもっているとは限らない。

配慮ア

3　筆者の考えについて自分の考えをもつ

筆者の主張に対して、どれくらい共感できる？

Ｗｈｉｃｈ型課題
「共感度を５段階で表すと？」

共感度を５段階で表すことで、納得できる部分とできない部分を考えることができる。叙述や経験を根拠に考えさせたい。

配慮イ

4　本時の学習を振り返る

今日の学習を振り返ろう

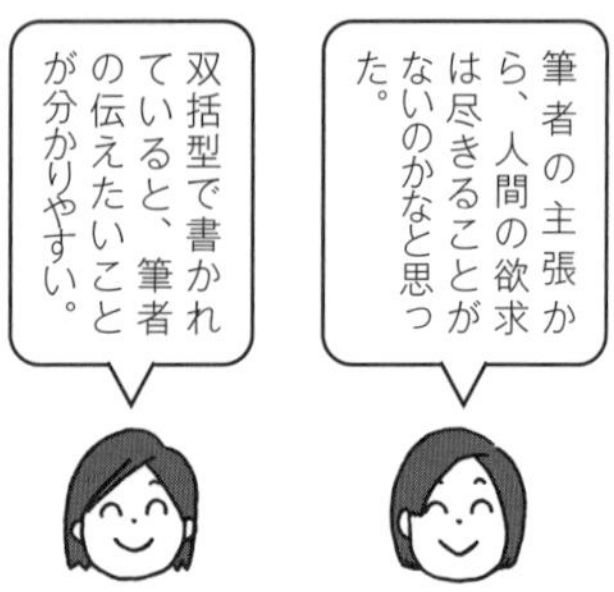

筆者の主張から、人間の欲求は尽きることがないのかなと思った。
双括型で書かれていると、筆者の伝えたいことが分かりやすい。

筆者の考えについて、自分の知識や経験と関連付けて考えたことを発表したり、表現の工夫を捉えて筆者の考えを読み取ることで気付いたことを書いたりする。

準備物
・センテンスカード８枚（人間の欲求４枚、メディアの発達４枚）6-01～08
・ネームプレート

メディアと人間社会

池上　彰

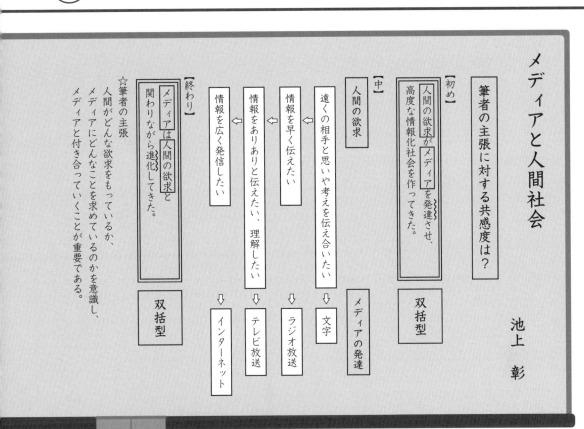

筆者の主張に対する共感度は？

【初め】
人間の欲求がメディアを発達させ、高度な情報化社会を作ってきた。

双括型

【中】

人間の欲求 / メディアの発達

遠くの相手と思いや考えを伝え合いたい ⇨ 文字

情報を早く伝えたい ⇨ ラジオ放送

情報をありありと伝えたい、理解したい ⇨ テレビ放送

情報を広く発信したい ⇨ インターネット

【終わり】
メディアは人間の欲求と関わりながら進化してきた。

双括型

☆筆者の主張
人間がどんな欲求をもっているか、メディアにどんなことを求めているのかを意識し、メディアと付き合っていくことが重要である。

1 四つのメディアの事例を確認する

この説明文にはいくつの事例が挙げられているかな？

最初は文字が誕生したんだよね。

人間の欲求が新しいメディアを誕生させてきた。

四つの事例の並べ替えと、欲求との組み合わせを通して、中に書かれている内容を理解する。事例の順序が本当に「進化している」と言えるのか、生活経験と合わせて振り返り、内容理解を深める。

2 全体の構成について話し合う

この説明文は何型の説明文かな？

全体の文章が長くて分からない。

同じことが「初め」と「終わり」に書かれているね。

「欲求」「情報」「社会」など、最初と最後の段落に同じ語句が用いられていることがヒントになる。説明文の型を理解することによって、「人間の欲求とメディアの進化は密接に関わり合っている」という筆者の考えをより捉えやすくなる。

本時の展開 第二次 第2時

目標 文章全体の構成について話し合うことを通して、要旨と題名の関係に気付き、筆者の主張を読み取ることができる。

[本時展開のポイント]

筆者の主張が段階的に述べられていることに気付かせるため、「もしもこの説明文が④段落で終わっていたら」という仮定の発問をし、全体の構成を捉えることができるようにする。

[個への配慮]

㋐段落の要点一覧表を用意する

全文の中から、答えにあたる叙述を見付けることが困難な場合は、答えを選べるようにするために、①段落～⑦段落までの要点をまとめたシートを配布する。

㋑選択肢を二つにしぼる

5段階のスケーリングで自分の立場を決めることが難しかったり、悩んで決められなかったりする場合は、自分の立場を決めやすくするために、「共感できるか、できないか」という二択の問いかけで設定し直す。

○遊びの相談の話は自分も経験したことがある。
○言いたいことをがまんするようになって、仲よく遊べなくなったことがある。
○コミュニケーションも練習すればうまくなるという考えに「なるほど」と思った。
△相手が自分と同じように考えていなければぶつかって終わってしまうかもしれない。

3 筆者の考えについて自分の考えをもつ

筆者の主張に対して、どれくらい共感できる？

Which型課題
「共感度を5段階で表すと？」

共感度を5段階で表すことで、納得できる部分とできない部分を考えることができる。叙述や経験を根拠に考えさせたい。 配慮㋑

4かな。確かにメディアは人間の欲求とともに発達していると思ったから。

5段階の中から決めるのは難しい。

4 本時の学習を振り返る

今日の学習を振り返ろう

筆者の考えについて、自分の知識や経験と関連付けて考えたことを発表したり、表現の工夫を捉えて筆者の考えを読み取ることで気付いたことをノートに書いたりする。

筆者の主張を読んで、なんだか自信がもてるようになった。

説明を重ねるようにして進めていく書き方が分かりやすかった。

準備物　・センテンスカード2枚 6-09、10　・ネームプレート

大切な人と深くつながるために

鴻上　尚史

筆者の主張に対する共感度は？

題名の答えが書いてある段落は？

4段落

コミュニケーションの技術が上達すればするほど、あなたは大切な人とつながることができる。

7段落

コミュニケーションは練習すればするほど上達し、あなたは大切な人と深くつながっていく。

もしも、4段落で終わっていたら…

・コミュニケーションが得意になるにはどうすればいいかが分からない。
・コミュニケーションの技術が上達するにはスポーツのように練習すればよいということが分からない。
・筆者の主張があいまいなものになってしまう。

☆筆者の主張
苦しくてもコミュニケーションの練習を続ければ、大切な人と出会い、深くつながることができる。

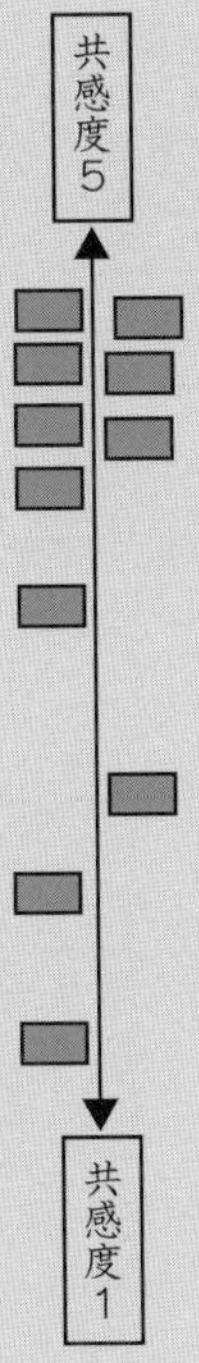

1 要旨について話し合う

題名の答えはどの段落にあるかな？

④段落と⑦段落に「大切な人」という言葉があるよ。

どこに答えが書いてあるのか分からない。

題名に出てくる「大切な人」「深くつながる」というキーワードに着目することで4段落、7段落に要旨が書かれていることが分かる。　配慮ア

2 全体の構成について話し合う

もし、この説明文が4段落で終わっていたら…

どうすればコミュニケーションが得意になるのかが分からないよ。

中途半端な説明文になってしまうよね。

4段落でも筆者の主張が述べられていることに注目させ、考えをゆさぶるで、5段落以降の役割を考えさせる。段階的に考えを述べる筆者の説明の工夫にも気付かせたい。

✓ 本時の展開　第二次　第3時

目標　二つの説明文を読み比べることを通して、論の進め方や表現の工夫の相違点に気付き、書き方のよさをまとめることができる。

[本時展開のポイント]

それぞれの説明文の論の展開や構成、表現の工夫に気付かせるため、観点に照らして比較することで、相違点を話し合えるようにする。

[個への配慮]

㋐ひみつ（表現の工夫）カードを用意する

本文から自分で表現の工夫を見付けることが困難な場合は、それぞれの表現の工夫に気付くことができるようにするために、「ひみつ（表現の工夫）カード」を観点に沿って分類する活動を行う。

㋑友達の意見から選択する

自分の言葉で書き方のよさをまとめられなかったり、複数の観点を整理して考えることが難しかったりする場合は、少しでも客観的に考えられるように、黒板に書かれた全体の意見の中から、自分が最もよいと思うものや、自分の考えにはなかったけれど共感できるものを選んで書くとよいことを伝える。

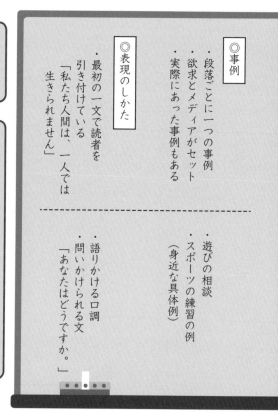

◎事例
・段落ごとに一つの事例
・欲求とメディアがセット
・実際にあった事例もある

◎表現のしかた
・最初の一文で読者を引き付けている
「私たち人間は、一人では生きられません」

・遊びの相談
・スポーツの練習の例
（身近な具体例）
・語りかける口調
・問いかけられる文
「あなたはどうですか。」

3　学習課題について話し合う

読みやすい、分かりやすいと思った理由を明らかにして発表しよう

鴻上さんの文章は謎解きが進むみたいで楽しく読めた。

池上さんの事例の書き方がどれも同じで読みやすい。

板書を項目ごと、上下に書き分け、二つの説明文を比較しながら考えることで、初めはあいまいだった評価の理由をはっきりと説明し、理解できるようにする。

4　表現の仕方を整理し、学習を振り返る

それぞれの筆者の書き方のよさをまとめよう

自分の気持ちを大切にしよう。

どう書けばいいか分からない。

読みやすさ、分かりやすさには筆者の書き方の工夫があったことを認識させる。また、自分が目を向けていなかった筆者の書き方のよさも気付かせたい。　配慮㋑

準備物
・文章構成図（４枚）⬇6-11、12
・短冊３枚（文章構成・事例・表現のしかた）⬇6-13～15　・ネームプレート

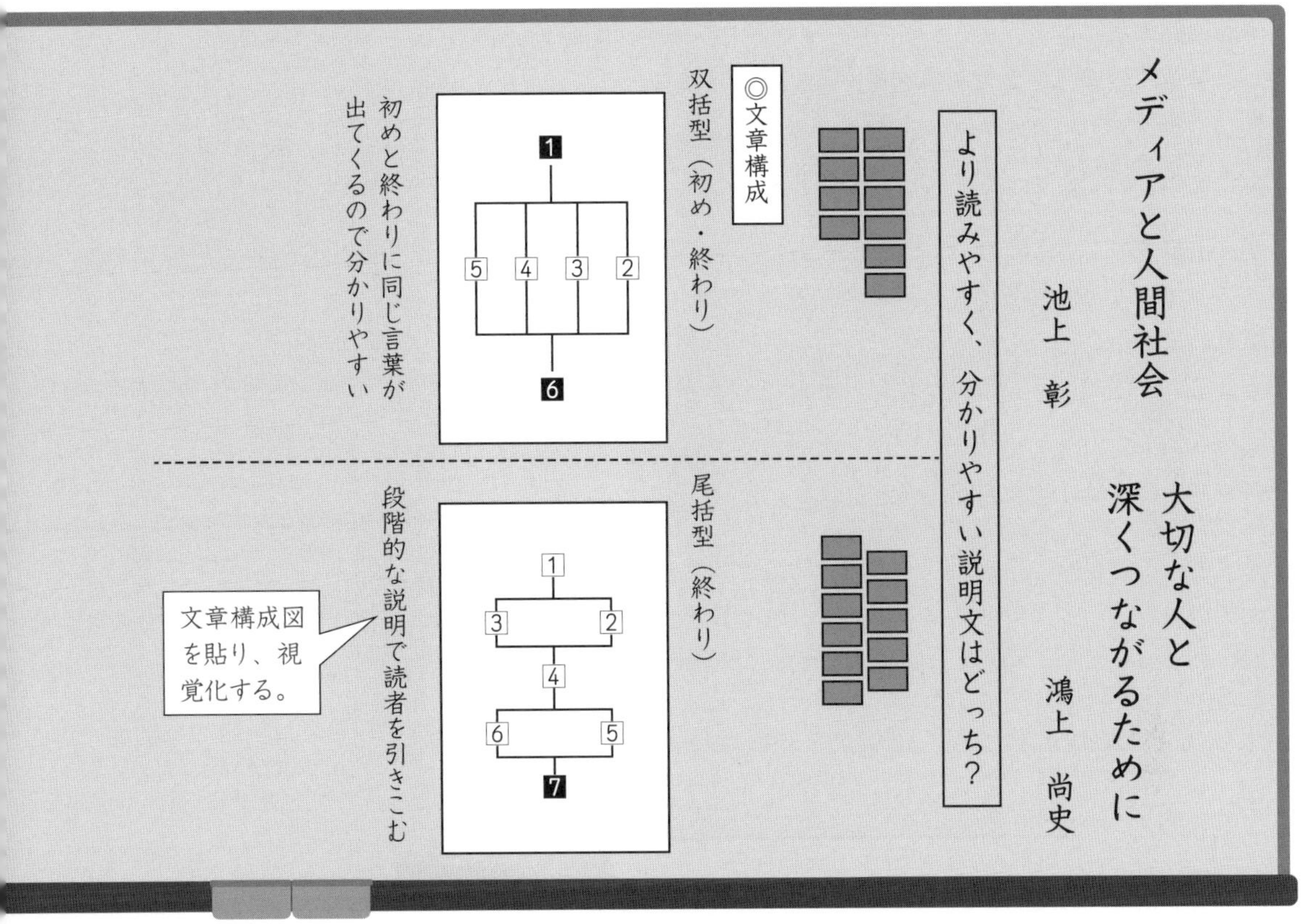

双括型（初め・終わり）

初めと終わりに同じ言葉が出てくるので分かりやすい
尾括型（終わり）

1 二つの説明文をくらべて評価する

より読みやすく、分かりやすいのはどちらの説明文かな？

池上さんの方は少し難しい言葉が多かったな。

鴻上さんの文章は遊びの話で読みやすかった。

Which型課題

「より○○なのは？」
まず自分の立場を決める。はじめの段階では理由がはっきりと述べられなくてもよい。

2 比較する観点を確認する

読みやすさ、分かりやすさのひみつを見付けよう

事例が横並びの構成図は「メディアと人間社会」だね。

ひみつが見つけられない。

「文章構成」「事例」「表現の仕方」の三つの観点に着目して考えることを伝える。文章構成については、四つの選択肢から適切な文章構成図をそれぞれ選択する活動を通して全体で確認する。

ひみつはそれぞれカードに書いて選べるようにしてもよい。配慮ア

本時の展開　第二次　第4時

目標 2つの説明文を比べて読むことを通して、それぞれの筆者の主張を捉え直し、自分の意見をまとめることができる。

［ 本時展開のポイント ］

二人の筆者の考えの共通点に気付くことができるように、主張や要点の分類をしてから、考えの相違点を話し合えるようにする。

［ 個への配慮 ］

ア手元で操作できる吹き出しカードを用意する

黒板の吹き出しでは分類が困難な場合は、内容理解ができるように、キーワードが色付けされた吹き出しカードを手元に用意し、叙述と読みくらべする。

イ自分の考え形成プリントを用意する

自分の考えをまとめることが困難であったり、順序立てて書くことが難しかったりする場合には、自分の考えを整理することができるように、プリントにある選択肢から中心となる考えを一つ選び、選んだ理由を書くことを活動のメインにする。

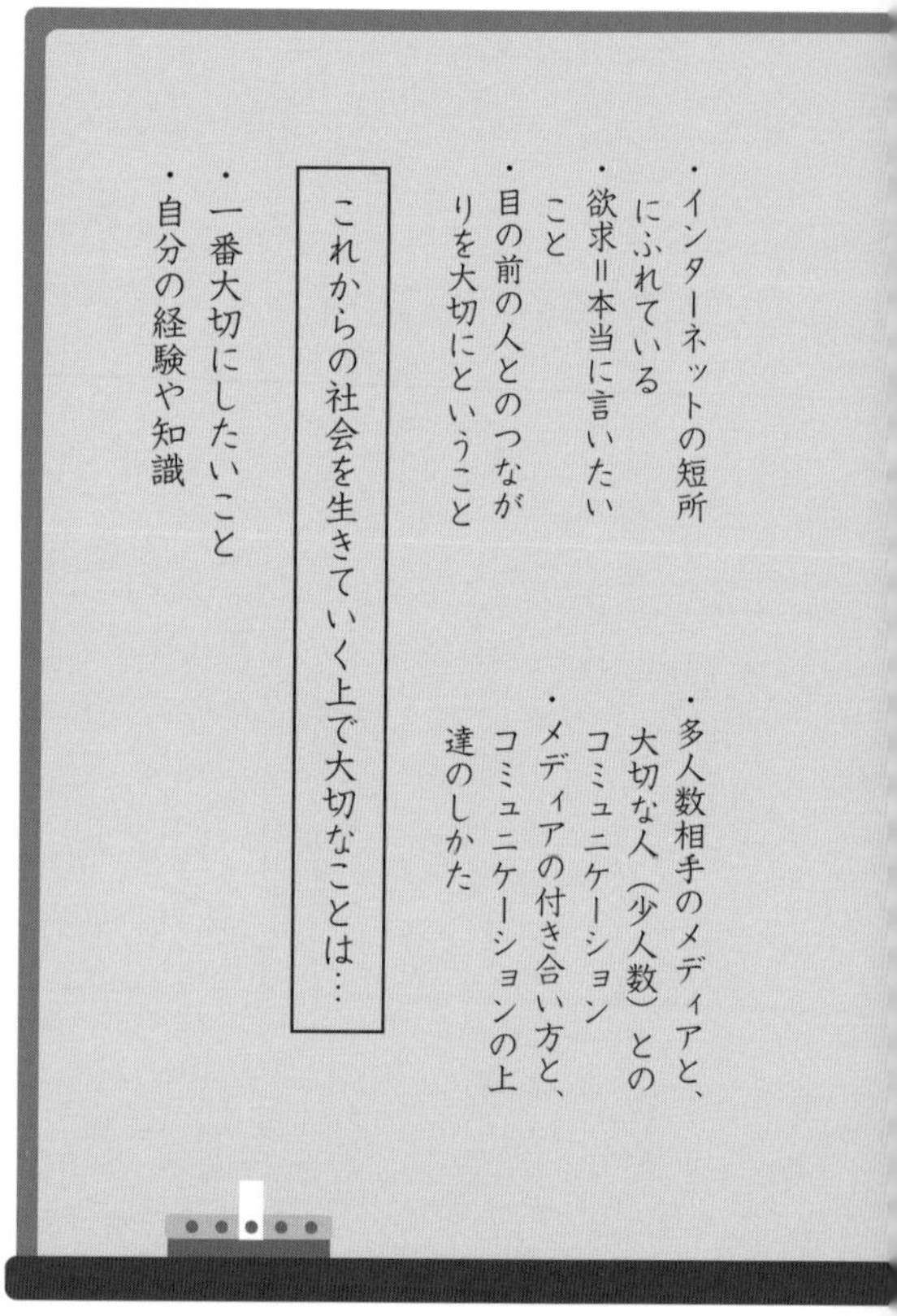

・インターネットの短所にふれている

・目の前の人とのつながりを大切にということ

・一番大切にしたいこと

3 自分の考えをまとめる

「これからの社会でどう生きていくか」について自分の考えをまとめよう

人とぶつかる勇気をもつことが一番大切だと思う。
自分の考えをまとめられない。

資料「プログラミングで未来を創る」も読み、意見形成の参考として活用する（筆者の主張も提示）。自分の考えの要点を分かりやすく示せるように、書き出しを提示する。配慮イ

4 本時の学習を振り返る

今日の学習を振り返ろう

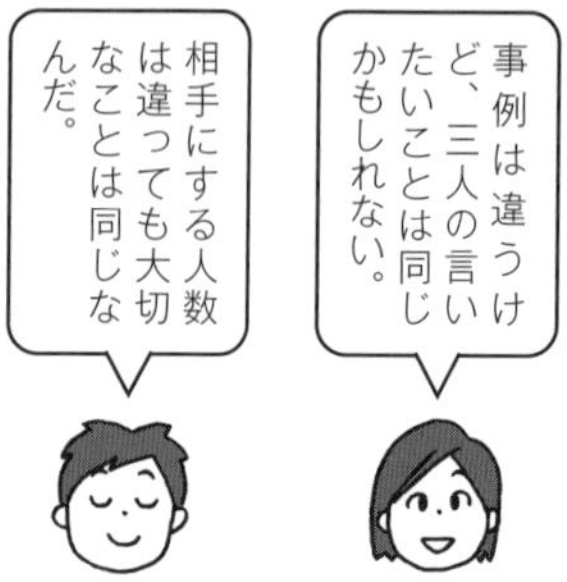

事例は違うけど、三人の言いたいことは同じかもしれない。
相手にする人数は違っても大切なことは同じなんだ。

自分が三人の筆者のどの考えに最も影響を受けているかや、友達の意見を聞いて考えたことなど、視点を決めて本時を振り返ることができるようにする。メタ認知を通して、自分の考えが広がったり、深まったりしている子供を紹介し、称賛する。

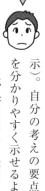

準備物
・センテンスカード（筆者の考え）5枚 ⤓ 6-16~20
・筆者の顔写真（黒板掲示用に1枚ずつ）　・ネームプレート

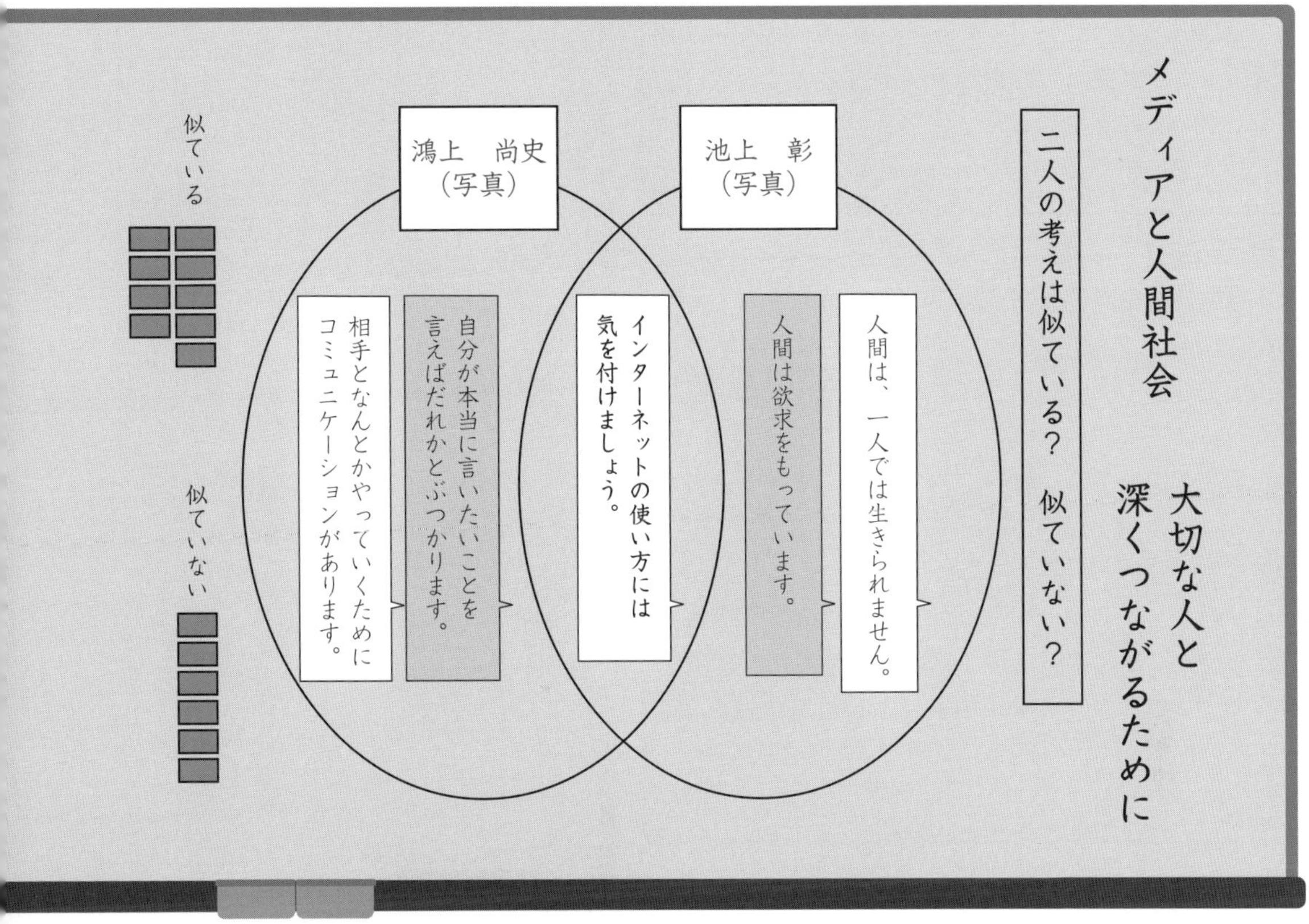

1 それぞれの筆者の考えを確認する

次の言葉は、どちらの筆者が言っていることかな？

池上さんの最初の言葉だ。
どっちの筆者の言葉か分からない。

吹き出しカードの分類を通して二人の筆者の考えを確認する。考えの共通点に目が向くような文言を叙述から選択する。カードを色分けすることで内容の共通点に気付くようにする。　配慮ア

2 学習課題について話し合う

二人の考えは似ているかな？　似ていないかな？

どちらも人との関わりについて言っているよ。
関わる相手の数が全然違う。

Which型課題
「○○か○○でないか?」
くらべて読むことで、考えの相違点を明らかにし、自分の考えをまとめる活動につなげる。

本時の展開 第三次 第1時

目標 友達との話し合いを通して、自分とは違う考えのよさに気付き、自分の考えを広げることができる。

[本時展開のポイント]

意欲をもって話し合いができるようにするために、グループの編成を工夫し、より多くの多様な考えに出会えるようにする。

[個への配慮]

ア意見交流メモを用意する。

自分の考えを順序だてて話すことが困難な場合には、混乱しないように話型に当てはめて作成した意見交流メモを見ながら話すことができるようにする。またそれを基に、事前に教師を相手に話す練習をしておく。

イ振り返りシートを用意する。

自分の考えがどのように広がったのかを書くことが困難な場合には、学習を通しての自分の変化を認識できるように項目ごとに振り返るシート（メディアについて、コミュニケーションについて、説明文について、など）に書き込む。

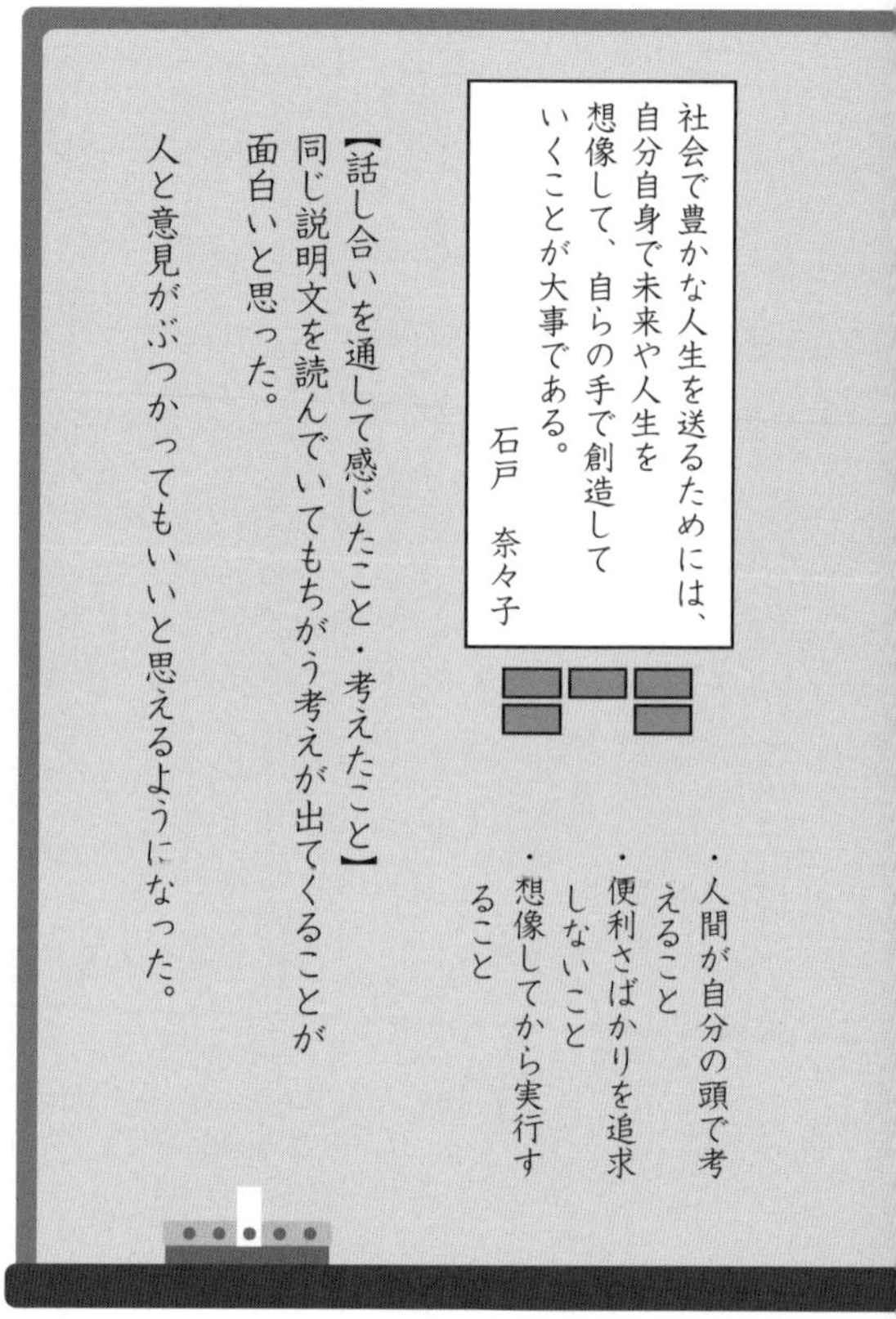

社会で豊かな人生を送るためには、自分自身で未来や人生を想像して、自らの手で創造していくことが大事である。
石戸 奈々子
・人間が自分の頭で考えること
・便利さばかりを追求しないこと
・想像してから実行すること
【話し合いを通して感じたこと・考えたこと】
同じ説明文を読んでいてもちがう考えが出てくることが面白いと思った。
人と意見がぶつかってもいいと思えるようになった。

3 自分の考えを基に、課題に沿って話し合う

テーマについてグループで意見を交流しよう

〇〇という考えは自分の中にはなかったな。
コミュニケーションとは、相手ときちんと話し合うことなんだ。

違う筆者を選んだ子供同士で意見を交流する。適宜本文に立ち返らせることで、筆者の考えをより深く理解させたい。発表を通して話し合った内容の共有まで行う。

（「★大事なこと」板書）

4 単元全体の学習を振り返る

この単元の学習を振り返ろう

自分の気持ちを大切にしよう。
自分の考えはどう変わったのかな。

単元の初めと終わりで自分の考えがどのように広がったかを認知できるようにする。内容的な価値に対する考えの変容だけでなく、説明文という文種や、複数の説明文をくらべて読むことのよさにも目を向けさせる。

配慮イ

準備物
・センテンスカード（筆者の主張）3枚 ⇩ 6-21～23
・筆者写真（3枚）　・ネームプレート

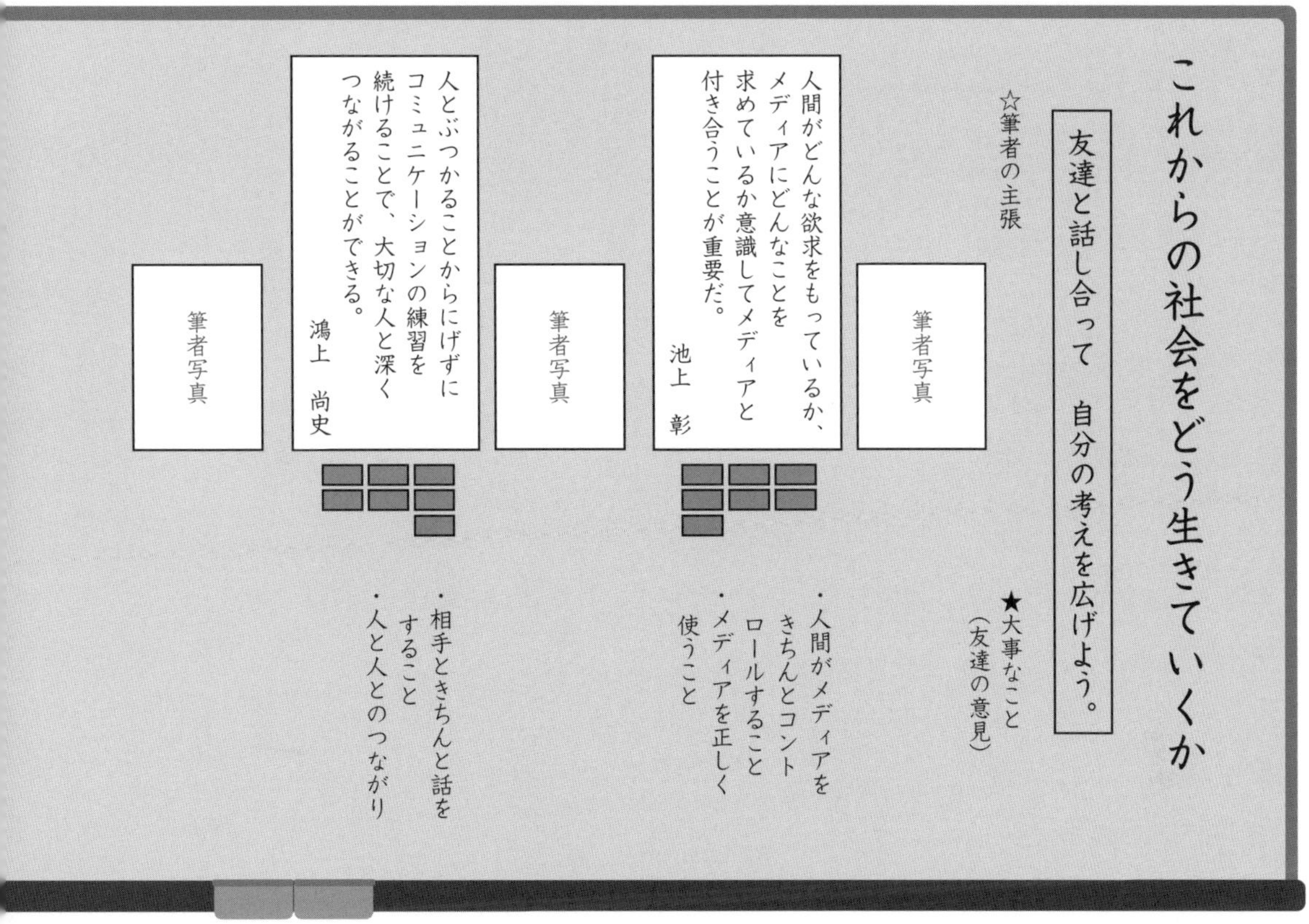

これからの社会をどう生きていくか
友達と話し合って　自分の考えを広げよう。
☆筆者の主張
★大事なこと（友達の意見）
筆者写真
人間がどんな欲求をもっているか、メディアにどんなことを求めているか意識してメディアと付き合うことが重要だ。
池上　彰
・人間がメディアをきちんとコントロールすること
・メディアを正しく使うこと
筆者写真
人とぶつかることからにげずにコミュニケーションの練習を続けることで、大切な人と深くつながることができる。
鴻上　尚史
・相手ときちんと話をすること
・人と人とのつながり
筆者写真

1 自分の考えを確認する

自分の考えはどの筆者の考えに最も影響を受けているかな？

私は池上さんの主張に近いことを書いている。
鴻上さんの考えにはとても共感することができたな。

Which型課題
「自分の考えはどこ？」
前時にまとめた自分の考えが、三人のうち、どの筆者の主張を基に考えられたものかを考える。

2 自分の考えを基に、課題に沿って話し合う

テーマについてグループで意見を交流しよう

私は鴻上さんの主張から、本当の友達について考えました。
どう話せばいいか分からない。

同じ筆者を選んだ子供同士で意見を交流する。適宜本文に立ち返らせることで、筆者の考えをより深く理解させたい。発表を通して話し合った内容の共有まで行う。（「★大事なこと」板書）

配慮ア

総　括

6年生にふさわしい思考活動を助ける授業UDの工夫

小貫　悟（明星大学）

本書で取り上げた「帰り道」「やまなし」「海の命」「笑うから楽しい」「時計の時間と心の時間」「『鳥獣戯画』を読む」「メディアと人間社会」「大切な人と深くつながるために」は、中学生への架け橋となるに値する堂々たる教材文ばかりである。

本書でここまでに示された「授業デザイン」について、以下に、授業UDの視点で総括を試みる。

「帰り道」

「周也」と「律」。二人の少年が同じ時間、同じ空間をそれぞれの気質で感じている。その思いの流れを語る面白い教材である。告白すると、つい私はこの作品を特別支援教育の「専門家メガネ」で見てしまう。自分の殻に閉じこもりがちで周囲のペースに合わせるのが苦手な律と、思考がどんどんと飛び運動が好きで活発な周也に、発達に個性のある子供たちの姿を重ねてしまうのである。この個性が友人としてお互いを想い合い、そして、その違いを理解しようとする姿にさわやかな感動を覚える。その中で、最後の二人のやりとり〈「行こっか。」「うん。」は、どっちの言葉〉の学習テーマの設定はなんとも秀逸である。雨が降ってきた後、二人のぎこちなさが溶け消えてしまった瞬間のそのフィーリングはどのようなものなのだろうかを考えると、遡って相手の様子にどのような思いを感じながら「帰り道」を歩んだのかの見直しと想像へと思考が自然に進んでいく。〈「行こっか。」「うん。」〉がどちらの言葉か分からないような個性を超えて「共に歩む」クラス作りに、この教材を是非生かしてほしい。

「やまなし」

読めば読むほどにその世界に引き込まれ、陶酔しそうになりながら、はっと、これが授業の教材文であることを思い出して我に返る…そんな、授業者泣かせの教材文であろう。賢治が感覚を研ぎ澄ませ、生死のテーマを内包させて描く世界をどう子供たちと分かち合えるか。授業UDの腕の見せ所である。ここでの工夫は、UD技法の原点と言えるもの、つまり「視覚化」を駆使する。しかし、単純なものであってはいけない。なぜなら、賢治の作品そのものがその世界の視覚イメージを必死で伝えようとしているからである。それを壊さない視覚化の工夫とは…。本書で示した工夫は、あくまで記述にこだわる形で切り抜ける。つまり「二枚の青い幻灯」としての視覚化、さらにその二枚を「視覚的に」並べることによる対比の思考への誘いと基盤作りをする。そして、その世界での出来事をあえて「＋」と「－」の二分法で考えさせる。この工夫には抵抗を感じる方もいるであろう。しかし、その二分法はできるだけ多くの子を賢治の世界にいざなうための入口に過ぎないことが分かっていく。「五月」と「一二月」での二分法の「逆転」によって、混沌として溶け合う雰囲気（賢治が目指したであろう）をむしろ伝えられることになっていく。面白い。この授業デザインの工夫に関する議論は続けていく価値がありそうである。

「海の命」

6年間の学びの最後に出会う物語文であり「いのち」を考える大作である。そして、ここまでに学習した大部分の表現技法が多彩に使われる。どの子にも、この作品を楽しめる子になってほしいと授業UDの立場から思う。ここでの単元計画の中心は〈心情の変化を表現技法を手がかりに読もう〉である。まさに小学校の国語学習の集大成の目標設定であろう。そして、クライマックスの場面での最大の謎「どうして太一はクエを打たなかったのか」に取り組むのが第二次第3時である。この作品の核心に迫る問いに、論理の枠組みを浮かび上がらせる本書の得意の技法で攻める。「初め」と「終わり」の間にこの作品においてだけは「葛藤」を挟む。まさにこの葛藤にこの作品の核心がある。浮かんでは潜り、浮かんでは潜る繰り返しの中で太一の心の中に起きる変化を上下に記した板書によって、その葛藤を「浮かび上がらせていく」。板書がカギである。この作品の深みは単元終了後にも「いのち」の意味を考えさせ続けるところにある。授業ですべてが分かるわけではない、しかし、思考することの意味を知る。授業UDはそこに寄与したい。

「笑うから楽しい」「時計の時間と心の時間」

練習教材「笑うから楽しい」から「時計の時間と心の時間」へと移行する単元である。「初め」「終わり」に主張が述べられているということを確認した上で、「中」にある事例の意味を考えさせるために「事例って必要？」という大胆な「仮説」によって、その存在感と主張との関係に気付かせる工夫を用意した。あえて、逆説的な「不用論」を持ち出すことで、主張とはあくまで主張であり、それを裏付ける事例（事実）があってこそ、その主張は認められ、説得力（納得感）をもつのだということを理解させる作りになっている。「事例は大切である」という正論を押しつけない授業。様々に応用できそうである。

「『鳥獣戯画』を読む」

850年も前の絵巻物であるのに、現代人にも「そう！」と感じ取れる描画技法を楽しげに解説することで、一気に時空を超え、古代の人々とともに笑い合えるような錯覚すら湧かせる文章である。この雰囲気を作っている秘密を子供に気付かせたい。一つは「書きぶり」への注目である。「どうだい」「だね」「だろう」とまさに話しかけてくるかのような技法が、文章自体がアニメーションであるようなイリュージョンを作っている。そして、事実と意見の相互の出し入れで「なるほど…」とつい言葉が出てきてしまう展開に気付かせること。この二つを達成する工夫の肝は、やはり「板書の工夫」である。

「板書」がその授業の展開やねらいを伝える力をもち、そしてそれが子供たちを思考と想像の旅につれていく。まるで『鳥獣戯画』の一枚が多くを伝える力をもつように。授業UDの工夫はまだまだ続く。

「メディアと人間社会」「大切な人と深くつながるために」

社会的に影響力のある著名な二人を筆者とする説明文への挑戦である。そこに難解な語彙の使用はない。しかし、内容そのものには深い含蓄がある。二つの文章を並べることで、その主張の中身を伝えるための論理構造を対比的に理解できる教材である。ここでの授業UDの工夫は「共感度」を指標にして内容にコミットさせる手法を取っている部分である。それぞれに違った切り口の文章であるが、それぞれに自分にとっての「新しさ」があるはずである。この思考プロセスの提供で、メディアとしてのツールと、それは「伝え合いたい」という欲求に支えられているという視点、コミュニケーションは「練習」「大切な人との出会い、つながり」を作ることなど、筆者の言いたいことに迫らざるを得ない。

ところで、6年間の説明文の学びの中では「大切な人…」は異質である。論理構造が、一見、自由な展開に思えるからである。しかし、双括型を堅持する「メディアと…」との比較の中で、論理構造は保たれており、これもまた主張の仕方の工夫であることを知る。「型から入りて、型から出る」教材との出会いが教科書の最後の説明文であることが面白い。授業者はこの意味を十分に考慮して、子どもたちが6年間の学びを存分に駆使して、語り合う場を準備してほしい。

■編著者

桂　　聖
一般社団法人 日本授業UD学会　理事長／筑波大学附属小学校　教諭

小貫　悟
明星大学心理学部心理学科　教授

■執筆者　＊執筆順、令和3年２月現在

桂　　聖（前出）　…第１章　国語授業のユニバーサルデザインに関する理論と方法

小貫　悟（前出）　…第2章　授業のユニバーサルデザインを目指す国語授業と個への配慮
―「学びの過程において考えられる困難さに対する指導の工夫」の視点から―
第3章　総括　6年生にふさわしい思考活動を助ける授業UDの工夫

小山　航
神奈川県綾瀬市立上棚小学校
…第３章「帰り道」の授業デザイン
「笑うから楽しい」「時計の時間と心の時間」の授業デザイン

窪内　直人
東京都板橋区立高島第六小学校
…第３章「やまなし」の授業デザイン

高渕　美千代
弘前大学教育学部附属小学校
…第３章「海の命」の授業デザイン

宮野　大輔
山口県山口市立良城小学校
…第３章「『鳥獣戯画』を読む」の授業デザイン

石原　厚志
東京都立川市立新生小学校
…第３章「メディアと人間社会」「大切な人と深くつながるために」の授業デザイン

■編集責任者　＊五十音順

石原　厚志（前出）

宮野　大輔（前出）

『授業 UD を目指す「全時間授業パッケージ」国語　6 年』付録資料について

・本書の付録資料は、以下のリンク先に収録されています。
https://www.toyokan-publishing.jp/book/UD/06/UD06.zip

ID：UD06-user
PASS：Ec7WtSa6
・各フォルダーには、以下のファイルが収録されています。
　①　授業で使える短冊類（PDF ファイル）
　②　児童用のワークシート（PDF ファイル）
・収録されているファイルは、本文中では のアイコンで示しています。

【使用上の注意点】
・リンク先にはパソコンからアクセスしてください。スマートフォンではファイルが開けないおそれがあります。
・PDF ファイルを開くためには、Adobe Acrobat もしくは Adobe Reader がパソコンにインストールされている必要があります。
・PDF ファイルを拡大して使用すると、文字やイラスト等が不鮮明になったり、線にゆがみやギザギザが出たりする場合があります。あらかじめご了承ください。

【著作権について】
・収録されているファイルは、著作権法によって守られています。
・著作権法での例外規定を除き、無断で複製することは法律で禁じられています。
・収録されているファイルは、営利目的であるか否かにかかわらず、第三者への譲渡、貸与、販売、頒布、インターネット上での公開等を禁じます。
・ただし、購入者が学校での授業において、必要枚数を児童に配付する場合は、この限りではありません。ご使用の際、クレジットの表示や個別の使用許諾申請、使用料のお支払い等の必要はありません。

【免責事項】
・収録ファイルの使用によって生じた損害、障害、被害、その他いかなる事態についても弊社は一切の責任を負いかねます。

【お問い合わせについて】
・お問い合わせは、次のメールアドレスでのみ受け付けます。 tyk@toyokan.co.jp
・パソコンやアプリケーションソフトの操作方法については、各製造元にお問い合わせください。

授業 UD を目指す
「全時間授業パッケージ」国語　6 年

2021（令和 3 ）年 3 月28日　初版第 1 刷発行
2023（令和 5 ）年 5 月30日　初版第 2 刷発行

編　著　者：桂　　聖・小貫　悟・
　　　　　　一般社団法人 日本授業 UD 学会
発　行　者：錦織圭之介
発　行　所：株式会社　東洋館出版社
〒101-0054
東京都千代田区神田錦町 2 丁目 9 番 1 号
コンフォール安田ビル 2 階
代　表　電話 03-6778-4343／FAX 03-5281-8091
営業部　電話 03-6778-7278／FAX 03-5281-8092
振　替　00180-7-96823
U R L　https://www.toyokan.co.jp
装　　幀：小口翔平＋三沢　稜（tobufune）
印刷・製本：藤原印刷株式会社

ISBN978-4-491-04339-5　　Printed in Japan